참 쉬운
무역실무

참 쉬운
무역실무

초판 1쇄 발행 | 2020년 9월 30일
초판 2쇄 발행 | 2023년 7월 10일

지은이 | 김은주
펴낸이 | 박영욱
펴낸곳 | (주)북오션

주 소 | 서울시 마포구 월드컵로 14길 62 북오션빌딩
이메일 | bookocean@naver.com
네이버포스트 | post.naver.com/bookocean
페이스북 | facebook.com/bookocean.book
인스타그램 | instagram.com/bookocean777
유튜브 | 쏠쏠TV·쏠쏠라이프TV
전 화 | 편집문의: 02-325-9172   영업문의: 02-322-6709
팩 스 | 02-3143-3964

출판신고번호 | 제 2007-000197호

ISBN 978-89-6799-556-0 (93320)

글로벌 비즈니스의 첫걸음

참 쉬운 무역실무

인코텀즈
2020

김은주(무역언니) 지음

북오션

영어강사 출신으로 전 세계 25개국, 150회 출장, 20만 마일리지 해외 영업 경험과 무역회사 수입바이어 경험을 바탕으로 수출컨설팅 기업의 대표 수출컨설턴트, 다양한 공공기관의 수출 자문위원과 무역실무 강사로 활동하고 있다.

2015년부터 전기전자, 자동차, 건축, 기계 설비, 금형, 생활소비재, 문화컨텐츠 등 산업재와 소비재 전반에 거쳐 다양한 기업을 대상으로 수출 컨설팅 및 멘토링을 진행하고 있으며, 또한 무역실무 강사로서 누적 수강생 수 약 5000명을 대상으로 무역실무 강의를 한 기록을 달성했다.

해외영업을 꿈꿨으나 영어강사로 사회생활을 시작하여 국내 영업사원을 거쳐 제대로 무역교육을 받지 못한 상태에서 해외영업인으로 무역현장을 뛰었기에 좌충우돌하며 많은 실패와 시행착오를 거쳤다.

이렇게 수많은 시행착오를 거치며 얻게 된 무역현장의 경험과 노하우를 수출컨설팅 기업과 무역실무 수강생들에게 공유하며 수출기업으로의 도약을 꿈꾸는 여러 기업들의 비상을 응원하고 있다.

이 책은 그동안 무역현장에서 해외영업, 수입오퍼, 수입바이어, 수출컨설턴트, 수출자문위원 등 다양한 역할을 수행하며 직접 또는 간접적으로 습득한 경험과 무역지식을 바탕으로 집필했으며 수출입 무역 경험이 없는 무역실무자나 기업도 무역현장에서 바로 적용할 수 있도록 무역현장의 상황을 철저히 반영하였다.

특히, 삼성전자 1차 벤더인 중소 전자부품 제조사에서의 오랜 근무 경험과 중소기업 대상 수출컨설팅을 하며 파악한 중소기업의 인적, 경제적 자원 부족 그리고 어려움을 충분히 고려해 중소기업이 겪을 실패 위험을 줄이고 성공 확률을 높일 수 있는 효과적인 방안을 중점적으로 다루고 있다.

또한, 이 책은 처음부터 하나씩 단계적으로 수출 준비를 해서 성공적으로 해외시장에 진출할 수 있도록 무역용어 정리부터 수출 전략, 바이어 발굴 기법, 바이어 상담 기법, 인코텀스의 이해와 실전 적용, 무역 계약 체결, 무역결제, 수출입 통관, 국제운송, 보험, 무역서식, FTA 활용 등 해외마케팅과 해외영업 실무 노하우를 아우르는 무역실무 핵심 전 과정을 상세하게 다루고 있다.

더불어 무역실무 이론과 무역현장에서 실제 적용할 때의 차이를 비교 설명하는 방식으로 기술해 실무 경험이 부족한 무역실무자의 현장 대응능력을 강화할 수 있는 다양한 실무 팁을 포함했다.

무역전쟁을 치른다고 할 만큼 치열한 국제무대에서 무엇을 어떻게 해야 할지 모르는 막막한 마음으로 달려야 했던 지난 시간을 되돌아보며, 책에 소개된 다양한 무역 이슈와 수출실패 사례, 성공사례가 한국 기업이 해외시장으로 뻗어나갈 수 있는 성장 동력이 되길 바란다.

마지막으로 집필 초기부터 어려운 무역실무 원고를 읽고 피드백을 해준 아들에게 고마운 마음을 전한다.

2020년 9월 무역언니 김은주

contents

prologue   4

PART 1 무역 실무의 총론

Chapter 1 무역이란 무엇인가

note1   수출과 수입의 차이부터 파악하라   14

note2   무역 용어의 이해   18

note3   무역 관련 국제 규범 및 국내 법규의 이해   22

note4   HS 코드와 관세율의 이해   27

note5   무역장벽의 이해   30

Chapter 2 수출, 겁먹지 마라

note6   수출과 국내 유통의 차이   38

note7   수출 프로세스의 이해   42

note8   수출 흐름의 이해   53

note9   해외 수입자 발굴 방법: 오프라인 발굴 노하우   60

note10 해외 수입자 발굴 방법: 온라인 발굴 노하우   75

note11 효과적인 수입자 발굴 방법   83

note12 수출협상 실무   88

note13 무역사기 방지 방법   94

Chapter 3 국제 무역 계약의 시작

note14 무역 계약 체결 흐름(Flow)   102

note15 무역 계약 종류와 특성   107

Chapter 4 인코텀즈, 무역 거래 조건(trade terms)에 관한 국제 규칙

note16 인코텀즈 개요   138

note17 인코텀즈 주요 내용   144

note18 인코텀스 실전 적용   165

PART 2 무역 실무의 핵심

Chapter 5 결제 방식

note19 송금 방식, 통장으로 송금해주세요   176

note20 신용장 방식, 은행만 믿자   183

note21 추심 방식, 확실히 믿지 않으면 할 수 없다   192

note22 해외 미수채권 회수 방법, 끝까지 받아낼 수 있을까   196

Chapter 6 운송 방식

note23 수출입 운송 프로세스, 수출의 완성은 운송이다   202

note24 수출입 운송 형태, 딱 맞는 운송 방법을 찾아보자   207

note25 수출입 운송 방식에 따른 B/L 유형, B/L은 돈이다   213

note26 적하보험, 안 들면 후회한다   218

note27 선적 서류(Commercial Invoice, Packing List),   221
수출의 시작이자 끝이다

Chapter 7 통관 절차

note28 통관 프로세스, 이것을 반드시 거쳐야 한다   228

note29 관세 환급, 받을 건 받아야 한다   235

note30 FTA의 이해 및 활용, 좋은 수출 전략으로   237
활용하자

note31 FTA 원산지증명서의 이해, 잘 알아야   242
잘 활용할 수 있다

Chapter 8 무역 클레임

note32 무역 클레임 대응과 처리, 성의 있는   250
태도가 필요하다

note33 무역 클레임의 해결 방안, 양보와 타협으로   255
해결하자

PART 3 무역 실무의 노하우

Chapter 9 무역언니의 무역 실무 Q&A 장부

note34 왜 미국과 중국은 무역전쟁을 하는가　262

note35 국가별 결제 유형은 어떻게 다른가　269

note36 국가별 거래 유형은 어떻게 다른가　281

note37 제품별 수출 유형은 어떻게 다른가　286

note38 해외 바이어와의 커뮤니케이션은 무엇이 다른가　291

note39 이렇게 하면 수출에 반드시 실패한다　297

note40 이렇게 하면 수출에 반드시 성공한다　305

note41 직접수출과 간접수출의 차이는 무엇인가　312

note42 환율은 수출에 어떤 영향을 주는가　317

Chapter 10 무역 계약 서식

PART

1

무역 실무의 총론

Chapter1 무역이란 무엇인가

Chapter2 수출, 겁먹지 마라

Chapter3 국제 무역 계약의 시작

Chapter4 인코텀즈, 무역 거래 조건(trade terms)에 관한 국제 규칙

1

Chapter

무역이란 무엇인가

note1 수출과 수입의 차이부터 파악하라

note2 무역 용어의 이해

note3 무역 관련 국제 규범 및 국내 법규의 이해

note4 HS 코드와 관세율의 이해

note5 무역장벽의 이해

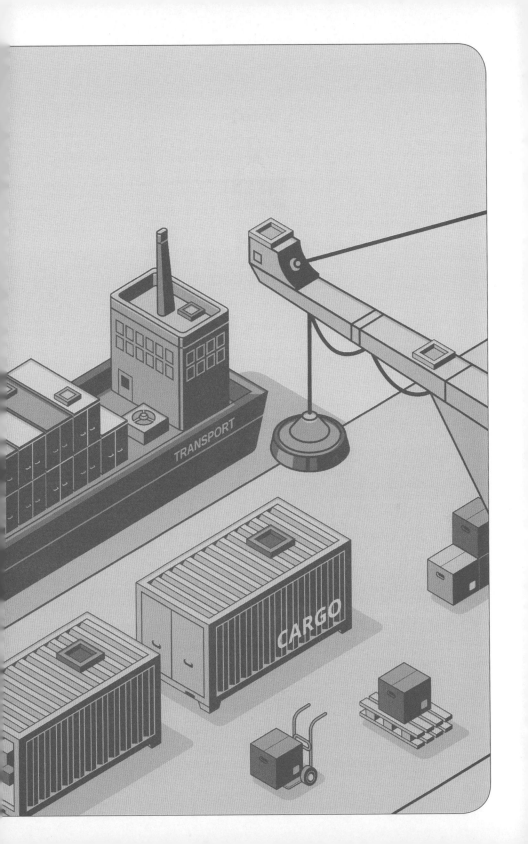

note1

수출과 수입의 차이부터
파악하라

다른 국가 간 제품을 서로 교환하는 것을 무역이라고 한다.

기존에 무역거래라고 하면 유형의 상품을 거래하는 것이 일반적이었으나 최근에는 서비스, 디자인, 문화 콘텐츠, 소프트웨어, 기술 특허 등 지적재산권과 같이 형상이 없는 무형의 상품을 사고파는 무역거래가 증가하는 추세다.

무역거래는 크게 수입과 수출로 구분한다.

수입은 다른 나라로부터 자국으로 제품을 사오는 것을 지칭하고, 수출은 다른 나라에 자국의 제품을 판매하는 것을 지칭한다.

수출과 수입은 기본적으로 사고판다는 개념에서는 국내 거래와 동일하나 서로 다른 국가 간 거래라는 점에서 차이가 난다고 할 수 있다.

국가 간의 수출과 수입은 국내 거래와 무엇이 다른지 정확히 이해할 필요가 있다.

　일반적으로 자국의 제품 중 세계적으로 경쟁력이 높아 해외 소비자의 수요가 많은 제품을 중심으로 수출하며, 다른 나라의 제품이 자국의 제품보다 품질이 우수하고 가격이 저렴해 국내 소비자의 수요가 많은 경우에 수입을 한다.

　결국 시장에서 소비자가 사고자 하는 수요가 있어야 수출과 수입 거래가 발생한다.

　수출과 수입은 서로 반대의 개념일 뿐 거래 방식이 기본적으로 동일하다고 생각할지 모르지만 실제 거래에서는 매우 다른 특징이 있다.

　실제 수출과 수입을 진행하는 현장에서는 고민해야 하는 부분이나 중점 사항이 전혀 다르다.

　기본적으로 수출은 수출 아이템 선정이 가장 중요하고, 수입은 수입한 해외제품을 국내에 판매할 곳, 즉 유통망이 확보돼 있느냐가 매우 중요하다.

　세계시장으로 수출하고 싶은 수출 아이템이지만 품질과 가격 경쟁력이 떨어져 사고자 하는 해외 소비자가 없다면 수출할 시장이 없으므로 수출은 어렵게 된다.

　반대로 아무리 우수한 해외 제품도 국내 어디에 판매할지 판매 네트워크가 구축돼 있지 않다면 수입한 제품을 판매하기 어렵다.

　따라서 누군가의 추천이나 인맥이 있다고 해서 무작정 제품을 수출하거나 수입하겠다고 결정했다가는 실패할 확률이 높다.

　수출은 가격 및 품질 경쟁력 이외에도 수입국의 수입허가를 받는 데 필요한 인증, 검역 등과 같은 수입 요건이 준비돼 있는지 여부가 성패를 좌우할 정도로 매우 중요한 핵심 사항이다. 품질과 가격에 대한 수출 경쟁력 확보뿐 아니라 수입국이 요구하는 의무 인증이 있다면 수출 전에 해당 인증을 반드시 획득하고 요건과 검역 기준을 준수해야 한다.

수입도 수입품을 어디에 판매할지 유통망을 확보해야 할 뿐 아니라 수입할 제품이 한국의 수입 규정에 따른 수입 요건을 충족하는지를 수입 전에 반드시 확인해야 한다.

일반적으로 사람의 인체에 영향을 주지 않는 공산품은 수입 요건이 완화돼 있으나 제품 또는 용도에 따라 안전성 검증이 필요한 경우도 있다. 수입 요건 확인과 준비가 제대로 되지 않은 상태로 수입하다가는 많은 비용을 들여 수입한 제품이 통관 거부당해 세관창고에 장기간 억류되거나 반송 또는 폐기될 수 있다.

수입은 제품을 수입해서 국내에 판매하고 다시 수입하는 과정에서 통상 수출보다 많은 자금이 들지만 일단 수입과 국내 유통이 안정되면 수출에 비해 위험 부담이 적다.

수출은 수입보다는 비교적 적은 자금이 필요하지만 국내시장이 아닌 해외시장의 판매망을 개척하고 확보해야 하므로 수입보다 많은 노력이 필요하며 시간도 많이 걸린다.

수출과 수입은 서로 다른 특성이 있으나 상품을 국가 간에 이동시키는 국제 무역거래라는 특수성 때문에 상품을 수입할 수입국이 요구하는 수입 규정을 준수하는지 엄격하게 확인하고 검증하는 절차를 거쳐야 수입이 허용된다는 공통점이 있다.

국제 무역거래를 시작하기 전에 수입과 수출의 특성과 장단점을 충분히 고려해 기업의 장점을 최대한 발휘할 수 있는 무역 방식을 택해야 한다.

note2

무역 용어의 이해

의학 드라마에서 의사들이 주고받는 전문용어를 들으면 매우 생소하다. 그러나 그런 전문용어는 의사들 사이에서는 일을 진행할 때 일반적으로 사용하는 매우 상식적인 용어다.

몇 년 전 드라마 〈미생〉에서 한 직원이 무역 용어를 제대로 알지 못해 고전하는 일화가 나왔는데, 무역 현장에서 무역 용어를 정확히 이해하지 못하고 업무를 하면 해외 거래처와 원활하게 커뮤니케이션하기가 어렵고 업무 진행이 잘못돼 큰 문제를 야기할 수도 있다.

그러므로 해외 기업과 무역거래를 하려면 반드시 무역 전문용어를 숙지해야 한다.

무역은 한국 내 거래가 아니라 국가 간 거래이므로 기본적으로 영어를 통용 언어로 사용한다. 따라서 통상적으로 사용하는 무역 용어는 모두 영어로 되어 있으며, 긴 무역 용어를 간략하게 약어로 표기하는 경우가 많아서 무역 업무를 처음 시작하는 사람들에게는 매우 생소하게 들릴 수 있다.

하지만 무역의 핵심 개념 및 프로세스와 더불어 무역 전문용어를 정확히 이해한다면 보다 쉽게 무역 업무를 수행할 수 있다.

무역에서는 사는 사람과 파는 사람을 다양한 영어로 표현한다.

무역 용어에서 파는 사람은 영어로 Seller, Supplier, Vendor, Exporter 등으로 다양하게 표기하고, 한글로는 매도인, 수출자, 공급자, 판매자 등으로 표기한다.

사는 사람은 영어로 Buyer, Importer 등으로 표기하고, 한글로는 매수인, 수입자 등과 같이 표기한다. 실무에서는 영어 단어 그대로 Buyer, 즉 '바이어'라고 지칭하는 것이 일반적이다.

전 세계를 대상으로 하는 국제 무역거래라서 국가나 수입자의 성향에 따라 선호하는 무역 용어가 다르기 때문에 기본적으로는 모두 숙지하고 있어야 원활하게 의사소통 할 수 있다.

수출자가 수입자에게 이메일을 보내거나 무역 상담을 할 경우에 다양한 무역 용어 중에서 가능한 한 수입자가 선호하거나 자주 쓰는 용어를 사용하면 더 쉽고 정확하게 의사소통을 할 수 있다.

통상 무역 교재나 관련 법규에서는 '매도인' 또는 '매수인'과 같은 용어를 많이 사용한다. 하지만 최근에는 '수출자' 또는 '수입자'와 같이 일상생활에서 많이 쓰는 좀 더 친숙한 용어를 사용하므로 무역 전반을 보다 쉽게 이해할 수 있다.

이와 더불어 무역 진행 단계에 따라 수출자와 수입자를 지칭하는 용어가 다르기 때문에 이에 대한 이해가 필요하다.

결제대금 지급 단계에서, 수입자가 수출자에게 결제대금을 지급하지 못할 경우 은행이 대신 지급하겠다고 보증하는 **신용장 방식으로 거래할 경우에 신용장에 수출자는 Beneficiary, 수입자는 Applicant로 표기된다.**

Beneficiary는 수출대금을 받을 '수혜'자이므로 수출자이고, Applicant는 신용장 개설을 '신청'하는 당사자이므로 수입자를 지칭한다. 신용장 업무를 처리하려면 이를 반드시 숙지해야 한다.

제품을 국제운송하는 단계에서 작성하는 중요 무역 서류인 선적 서류에는 수입국에서 제품을 수령할 수입자를 Consignee, 수출국에서 제품을 선적할 수출자를 Shipper라고 지칭한다.

이처럼 수입자와 수출자는 무역 단계에 따라 다양한 용어로 부를 수 있다.

또한 아래와 같이 무역 실무를 진행하는 데 필요한 일반적인 무역 용어도 반드시 숙지해야 한다.

수출자가 수입자에게 제품 가격, 결제 조건 등의 거래 조건을 제시할 때 사용하는 무역 서식을 Offer sheet라고 한다.

Sales Agreement, Sales Contract, Purchase Contract는 수입자와 수출자가 국제 무역거래를 하는 데 필요한 운송 방식, 결제 방식, 클레임 해결 방식 등 전반적인 거래 조건을 구체적으로 명시해 체결한 국제 무역거래 '계약서'다.

수입자가 수출자에게 제품을 주문하려고 발행하는 주문서는 PO라 한다.

국제운송 관련 용어로는 Forwarder, B/L(Bill of Lading), AWB(Air Waybill), Commercial Invoice, Packing List 등이 있다.

Forwarder 또는 Forwarding Company는 국제운송을 전문으로 하는 국제운송회사를 지칭한다.

B/L은 선박회사가 수출자의 상품을 인수해서 배에 선적한 후에 발행하는 선하증권이고, AWB는 항공사가 화물 선적 후에 발행하는 항공화물운송장이다.

Commercial Invoice는 통상 Invoice라 부르며 발송한 화물의 상품명, 수량, 단가, 총 금액 등을 자세히 적은 화물 명세서이고, Packing List는 발송한 화물의 포장 수량, 무게, 크기 등을 상세히 적은 포장 명세서다.

무역 업무를 처음 시작하는 사람은 이러한 무역 용어가 무척 혼란스러울 수 있으나 업무를 진행하면서 점차 익숙해진다. 특히 실무에서는 특정 용어를 반복적으로 사용하는 경우가 많으므로 무역 용어에 대해 큰 부담감을 가질 필요는 없다.

그러나 필수 무역 용어를 제대로 숙지하지 못하고 무역 업무를 시작한다면 무역거래 상대방이 무엇을 원하는지 정확히 이해하지 못해 업무 진행이 어렵거나 엉뚱하게 일을 처리해 문제가 될 수도 있다는 것은 알아두자.

note3

무역 관련
국제 규범 및 국내 법규의 이해

무역거래를 시작하는 초기 단계에 무역 관련 국내외 규범을 정확히 숙지하기는 쉽지 않다.

그러나 수출자 또는 수입자로서 불필요한 분쟁을 피하고 타당한 권리를 주장하려면 무역거래 시 준수해야 할 의무와 책임 범위 및 중요 법규 그리고 규칙을 이해할 필요가 있다.

CISG, Incoterms, New York Convention는 무역 관련 국제 규범이고, 대외무역법, 관세법, 외국환거래법은 무역 관련 국내 법규다.

국제적으로 적용되는 국제 규범인 CISG, New York Convention, Incoterms의 주요 개요는 다음과 같다.

CISG는 국제 물품 매매 계약에 관한 유엔 협약(United Nations

Convention on Contracts for the International Sale of Goods)이다. 국제 무역거래 계약 당사자인 수출자와 수입자 간의 권리와 의무를 규정하는 통일된 국제거래 계약법으로 비엔나에서 체결돼 **'비엔나 협약'**이라고도 불린다.

New York Convention은 외국 중재 판정의 승인 및 집행에 관한 유엔협약(United Nations Convention on the Recognition and Enforcement of Foreign Arbital Awards)으로 뉴욕 협약이라 불리며 수입자와 수출자 간의 분쟁을 해결하기 위한 중재 판정의 승인 및 집행이 국제적으로 효력이 발휘된다는 것을 보장한다고 명시한 국제 협약이다.

Incoterms는 International Commercial Terms의 약어로 '무역 조건의 해석에 관한 국제 규칙'이다. 통상 영문 표기대로 '인코텀스'라고 지칭하며 실무에서 가장 많이 적용 및 활용되는 국제 규칙이다.

인코텀스는 국제상업회의소(ICC, International chamber of commerce)에서 제정하였으며, 수입자와 수출자의 국제 무역거래에서 서로 다른 국가의 법률 및 관습 때문에 발생할 수 있는 무역 분쟁을 예방하기 위해 무역거래 조건에 대한 해석을 통일한 것이다.

인코텀스는 제품을 누가 어디까지 보낼 것인지, 운송비용을 누가 어디까지 부담할 것인지, 운송 중 분실 또는 파손은 누가 어디까지 책임질 것인지, 운송 및 보험 계약은 누가 체결할 것인지 등 수출자와 수입자의 책임 및 의무를 명확히 규정하고 있다.

한국 내에서 적용되는 국내 법규인 대외무역법, 관세법, 외국환거래

법의 주요 개요는 다음과 같다.

대외무역법은 수출입 무역거래를 총괄하는 법으로서 국제 통상의 진흥과 수출입 거래 전반의 관리 및 통제뿐 아니라 원산지 표시 및 판정 등에 관한 법규다.

관세법은 제품 수출입 시 관세 부과와 징수, 통관에 관한 법이고, 외국환거래법은 수출입 거래 시 결제대금 지급 및 수령에 관한 법으로 원활한 국제거래와 국제수지의 균형, 통화가치의 안정을 목적으로 한다.

그 외, 제품 수입 시 안전성 검증이 필요한 제품에 대한 화장품법, 약사법, 식품위생법 등 무역거래를 규제하는 개별법이 해당 제품별로 적용된다.

여러 국제 규범 및 국내 법규 중 실무에서 가장 많이 활용되며 실제 적용할 때 유의해야 하는 규범은 인코텀스와 관세법, 외국환 거래법이다.

인코텀스는 수출자와 수입자가 어떤 조건으로 무역거래를 하느냐에 따라 의무와 책임이 달라지며, 이에 따라 수출자와 수입자의 비용 부담, 위험 부담과 보험 가입을 누가 하느냐가 결정되므로 매우 중요한 국제 규칙이다. 또한 어떤 조건으로 거래하느냐에 따라 제품의 수출 가격도 달라지므로 인코텀스 조건은 무역 실무의 핵심이라 할 수 있다.

관세법은 수출입 물품에 부과하는 관세에 관한 법으로 모든 제품은 각 제품별로 규정된 특정 관세를 납부해야 합법적으로 국내 또는 해외로 이동이 가능하다. 현행 관세법은 수입품에만 관세를 부과하며 수출품에 관세를 부과하면 수출 가격이 인상되므로 수출품에는 관세를 부과하지 않는다.

외국환거래법은 수출입과 같은 국제 무역거래에서 상품과 상품의 구매 대금을 교환하는 방식을 정하는 규정이다. 외국환거래법에 따르면, 원칙적으로 제품을 해외로 수출했다면 수출 금액 전액을 수령해야 하고, 반대로 제품을 해외에서 수입했다면 수입 금액 전액을 해외 수출자에게 지급해야 한다.

실무에서 외국환거래법의 핵심은 수출입 거래 당사자 간 제품과 결제대금의 교환이 정확해야 하며 수출자가 제품을 해외에 수출하고 받아야 할 결제대금에 대한 회수 의무가 있다는 점이다.

제품을 계속 해외로 수출했으나 수출 결제대금을 받지 못한 미회수 금액이 지속적으로 누적되면 외국환거래법상 이상 거래로 간주될 수 있으므로 유의해야 한다.

실무에서는 수출입 경험이 부족한 기업들이 수출 시 수출대금 회수 의무, 수입 시 수입 대금 지급 의무와 같은 수출입 거래 당사자 간 준수해야 할 외국환거래법을 제대로 이행하지 못해 외환조사를 받는 경우도 있으므로 주요 외국환거래법을 유의하여 준수해야 한다.

2017년에 외국환거래법이 개정되기 전에는 계약 건당 50만 달러를 초과하는 수출대금은 채권의 만기일 또는 조건성취일(수출대금 지급기일)로부터 3년 이내에 국내로 회수해야 하며 기한 내 회수가 불가능한 경우에는 한국은행에 기한연장신고 또는 회수대상채권 제외 신고를 하도록 했다.

그러나 2017년 외국환거래법 개정 후에는 평상시 대외채권 회수 의무를 폐지하고 비상시에만 세이프가드 조치에 따라 대외채권을 회수하도록 하여 수출자의 부담이 다소 경감되었다.

이와 같이 외환거래 시의 편의성을 향상시키려고 일부 외국환거래법이 개정되고 완화되었으나 외국환거래법을 위반하면 위반사항의 경중에 따라 벌칙과 과태료가 부과되는 등 엄격히 적용되고 있다는 점을 간과해서는 안 된다.

note4

HS 코드와 관세율의 이해

HS 코드(HS Code)는 세계관세기구(WCO: World Customs Organization) 에서 제정한 통일 상품 부호체계에 관한 국제협약(The International Convention on the Harmonized Commodity Description and Coding System), 즉 약칭 'HS 협약'에 따라 각 품목에 부여되는 고유한 품목분류번호다.

HS 코드는 상세하게 표기할 경우 최대 10자리까지 숫자를 부여할 수 있으며 우리나라는 HS 코드를 10단위까지 표기하고 있다.

HS 코드의 10단위 중에 상위 6단위까지는 국제적으로 동일하며 하위 7단위에서 10단위까지는 각 국가별로 독자적으로 부여한다. 상위 6단위 숫자 중에 첫 두 자리는 어떤 제품류인지를 구분하고, 나머지 네 자리는 용도, 재질 등에 따라 달라진다.

예를 들어 73**.**와 같은 6단위 HS 코드라면 첫 두 자리 73은 철강 제품류를 의미하며 철강제품의 구체적인 재질 또는 용도 등에 따라 7301.**, 7302.** 등과 같이 특정 숫자가 부여된다.

HS 코드의 개념을 정확히 이해해야 하는 중요한 이유는 HS 코드에 따라 국가별, 제품별 수입관세와 수입 요건이 달라지기 때문이다.

일반적으로 처음 수출하는 제품은 HS 코드 분류표를 보고 적합한 HS 코드를 부여한다. 그러나 HS 코드 판정이 어렵거나 명확하지 않은 경우는 관세청에 문의해 정확히 확인할 필요가 있다.

제품의 HS 코드를 어떻게 부여하느냐에 따라서 수입관세율과 요구 인증 또는 검사 등의 수입 요건이 완전히 달라진다.

실무에서는 제품에 부여된 특정 HS 코드가 관세율이 높다는 이유로 관세율이 낮은 HS 코드로 임의로 변경하거나, 수입 요건이 까다로운 HS 코드를 수입 요건이 완화된 HS 코드로 임의 변경했다가 수입국에서 HS 코드 위반으로 문제를 삼은 경우도 있었으므로 HS 코드를 임의 변경해서는 안 되며 정확하게 부여해야 한다.

수출입 무역거래 전에 해당 수출입품의 국가별 HS 코드 분류 및 HS 코드별 관세율을 관세법령정보포탈(https://unipass.customs.go.kr/clip)에서 자세히 확인할 수 있다.

또한 통합 무역정보 서비스인 TradeNAVI(http://www.tradenavi.or.kr)에서는 한국 주요 수출국의 수입관세율뿐 아니라 수입국의 요구 인증, 수입 요건, 규제, 기술 장벽, 통관 거부 사례 등의 상세 정보도 확인할 수 있다.

HS 코드에 따라 책정된 수입관세율에 의해 수입 제품의 수입 가격이 결정되며 관세율이 높으면 수입 가격이 올라가므로 시장에서 판매 가격이 비싸진다.

판매 가격이 비싸지면 가격 경쟁력이 떨어져 많이 팔리지 않을 수 있기 때문에 관세율은 매우 민감한 이슈이며 관세율을 결정하는 기준이 바로 HS 코드이므로 실무에서 HS 코드 판정은 굉장히 중요하다고 할 수 있다.

HS 코드를 정확하게 판정하려면 수출입품이 어떤 제품류인지, 재질이 무엇인지, 용도가 무엇인지 등을 정확히 이해하고 있어야 한다.

외관상으로는 비슷하게 보이는 제품도 재질과 용도에 따라 전혀 다른 HS 코드가 부여되기도 하므로 제품에 대한 이해가 부족하면 HS 코드 판정이 잘못될 수도 있다.

특히 처음 수출한다면, 수출 전에 국제운송사나 관세사를 통해 해당 HS 코드로 수출할 경우, 수입국의 관세율과 수입 요건, 수입 애로 등 관련 정보를 미리 확인해 보는 것도 성공적인 수출을 위한 첫 걸음이라 할 수 있다.

note5

무역장벽의 이해

　서로 다른 국가가 필요한 상품을 서로 교환하는 국제 무역거래에서 각 국가는 다양한 방식으로 수입을 제한하고 있다.

　최근 모든 국가가 자국의 제품을 수출하는 데는 총력을 기울이지만 자국 경제와 산업을 보호하기 위해 수입 규정을 더욱 강화하고 있는 추세다.

　무역장벽이란 수입국이 자국민의 안전과 자국 산업을 보호하려고 까다로운 안전성 검증과 수입 허가를 수입품에 적용하는 무역 규제를 의미한다.

　무역장벽은 크게 관세 장벽과 비관세 장벽(NTBs: Non-Tariff Barriers)으로 구분할 수 있다.

　관세 장벽은 외국 제품을 국내에 수입할 때 부과하는 세금, 즉 관세를 높여 수입품이 지나치게 싼 가격에 수입돼 기존에 형성돼 있는 국내 시장 가격을 무너트리거나 국내 소비시장을 장악해 자국 경제가 타격을 받는 것을 막는 일종의 방어 시스템이다.

비관세 장벽은 관세를 제외한 모든 수입 관련 규제를 의미한다.

비관세 장벽은 수입국의 자체적인 수입 제한 전략이라고 할 수 있으며 국가에 따라 다르고 종류도 다양하기 때문에 우리나라와 같은 수출 주력 국가는 주요 교역국의 비관세 장벽 현황을 중점적으로 모니터링하고 적절한 대응책을 강구하려고 노력한다.

대표적인 비관세 장벽으로는 기술 장벽, 환경 규제, 인증, 규격, 수입 요건(위생 및 검역 제도, 성분 규제) 등이 있다.

FTA(자유무역협정)와 같은 우호 관세 조약을 체결한 국가 간에는 관세를 낮추거나 철폐하고 있지만 비관세 장벽은 늘어나고 있는 추세다.

기술 장벽(TBT: Technical Barriers to Trade)은 표준, 기술 법규, 인증 제도 등과 같은 기술 관련 규제를 강화해 다른 나라 제품의 수입을 통제하고 제한하는 것으로 최근에는 기술 장벽이 주요 비관세 장벽으로 크게 부각되고 있다.

최근 유럽을 포함한 많은 국가가 자국 소비자의 인체 안전과 환경 보호에 관심을 쏟으면서 수입품에 더욱더 까다로운 기술 표준과 법규를 적용하고 있다.

기술 장벽은 기술적 우위를 가진 선진국뿐 아니라 모든 나라에서 활용할 수 있으며 첨단제품을 포함해 모든 무역거래 품목에 적용될 수 있다.

수입품에 대한 성분 규제 및 안전성 검증 등 위생 및 검역 제도를 강화하고 엄격히 적용해 수입허가를 하는 방식도 기술 장벽과 더불어 수입을 규제하는 대표적인 비관세 장벽이라 할 수 있다.

통합무역정보서비스인 TradeNavi의 통계에 따르면, 한국산 제품의 수입통관 거부 건수는 미국과 중국이 가장 많았다.

미국의 경우에는 의료 기기 및 의약품, 화장품, 가공식품 등과 같은 제품류를 통관 거부하는 건수가 많고, 주로 표준 미준수, 서류 미비, 라벨링 및 포장 불합격 등과 같은 사유였다.

중국의 경우에는 가공식품, 화장품 등과 같은 제품류의 통관 거부 건수가 많고, 주요 사유는 금지 성분 또는 허용 기준치 초과 검출, 라벨링 및 포장 불합격, 요구 증명서 또는 재료합격 증명서 미비 등이다.

이와 같은 미국과 중국의 위생과 검역제도는 수입 규정을 강화하거나 까다롭게 적용해 수입통관을 거부하는 일종의 비관세 장벽이라 할 수 있다.

국제 정치나 복잡한 경제 상황의 여파로 주요 수출국의 비관세 장벽이 강화된다면 기업의 수출은 더욱 어려워질 수 있다. 실제 한국의 주력 수출 대상국인 중국이 한국 내 사드 배치에 관련한 조치로 비관세 장벽을 강화함으로써 한국 기업의 중국 수출이 어려워지기도 했다.

중국 국가질량감독검험검역총국의 통계에 따르면, 최근 5년간 한국산 식품의 수입통관을 거부한 최다 원인은 미생물 수 초과로 매년 증가하고 있는 추세다.

중국의 대표적인 비관세 장벽 적용 식품으로는 조미김과 젓갈을 들

수 있다. 조미김은 비 살균 식품으로서 세균 수를 완전히 제어하기 어렵고, 젓갈 역시 비 가열 발효식품으로 제품의 특성상 세균 수 제어가 어렵다.

한국, 미국, 일본 등에서는 조미김 및 젓갈 수입 시 세균 수 허용 기준이 없으나 중국만 세균 수를 엄격하게 제한하고 있어 대표적인 비관세 장벽이라고 할 수 있다.

중국 국가질량감독검험검역총국의 통계에 따르면 한국산 화장품의 수입통관 거부 건수 역시 증가하고 있으며 통관 거부 최다 원인은 제출서류 미비다.

2017년 대한화장품협회가 발행한 〈중국 화장품 위생행정허가 구비서류 및 수출절차조사〉에 따르면, 화장품의 경우 수입을 위한 위생허가를 신청하는 데에만 성분표, 제조공정도, 제조판매증명서 등 십여 종이 넘는 서류를 요구하고 서류 준비와 시험 검사 및 기술 심사를 거쳐야 하므로 위생허가증 발급까지 상당히 많은 시간과 비용이 소요된다.

최근 특수용도 화장품은 기존과 동일하게 사전허가제로 유지하고 비특수용도의 일반화장품은 온라인등록제로 변경돼 수입 규제가 부분적으로 완화되었으나 여전히 넘어서야 할 비관세 장벽이다.

수입국이 수입품에 대해 요구하는 강제 인증도 수출 기업들이 넘어서야 할 주요 비관세 장벽이다. 중국이 요구하는 대표적인 강제 인증으로는 화장품을 대상으로 하는 위생등록/허가와 전기용품, 소방용품, 아동용품, 자동차용품, 건축자재 등을 대상으로 하는 강제성 제품 인증인 CCC(China Compulsory Certificate)가 있다.

특히 CCC 대상 품목은 반드시 인증을 획득해 'CCC' 인증 마크를 부착해야만 중국 수출 및 유통 판매가 가능하다.

최근 대상 품목이 점차 늘어나고 있는 CCC와 위생허가를 받는 데 들어가는 비싼 인증획득비용 그리고 장기간의 인증획득 소요기간이 중국이 주요 수출국인 기업에게 큰 부담으로 작용하고 있다.

전 세계의 다양한 수입국들이 수입허가에 필요하다고 요구하는 의무인증, 인증 획득 절차, 비용 등 인증제도 정보를 해외인증정보시스템(http://www.certinfo.kr)에서 확인할 수 있으며, 수출 기업의 인증 획득과 비용을 지원하는 다양한 사업 정보도 함께 제공하고 있다.

중국의 CCC 인증뿐 아니라 유럽의 CE 인증, 미국의 FDA 인증 등과 같이 수입국이 요구하는 강제 인증은 많은 시간과 비용을 투자해야 획득할 수 있고, 까다로운 절차와 과정을 거쳐야 하므로 일단 인증 획득에 성공하면 인증이 없는 경쟁사에 비해 독보적인 차별성과 경쟁력을 가지게 되며 더 많은 수출 기회를 얻을 수 있다.

실제로 많은 한국 기업의 사례를 면밀히 확인해보면 수출 대상 국가에서 요구하는 의무 인증을 획득한 후 수출과 시장 진입에 성공한 경우가 많다.

비관세 장벽을 제대로 대비하지 않고 수출하다가는 목표 수출국 진입에 실패할 뿐 아니라 수출품이 반송, 소각, 억류 조치되므로 막대한 손실을 감수해야 한다.

따라서 갈수록 강화되는 비관세 장벽을 뛰어넘으려면 수출 전에 수출목표 국가의 수입규제를 철저히 조사하고 대응 전략을 마련해야 한다.

제대로 준비도 하지 않고 '그냥 시도해보고 아니면 말고' 식의 자세로 수출에 도전한다면 백전백패 할 것이다. 위기가 곧 기회이듯 까다로운 수입규제가 곧 기회일 수 있다.

수출, 겁먹지 마라

note6   수출과 국내 유통의 차이

note7   수출 프로세스의 이해

note8   수출 흐름의 이해

note9   해외 수입자 발굴 방법: 오프라인 발굴 노하우

note10 해외 수입자 발굴 방법: 온라인 발굴 노하우

note11 효과적인 수입자 발굴 방법

note12 수출협상 실무

note13 무역사기 방지 방법

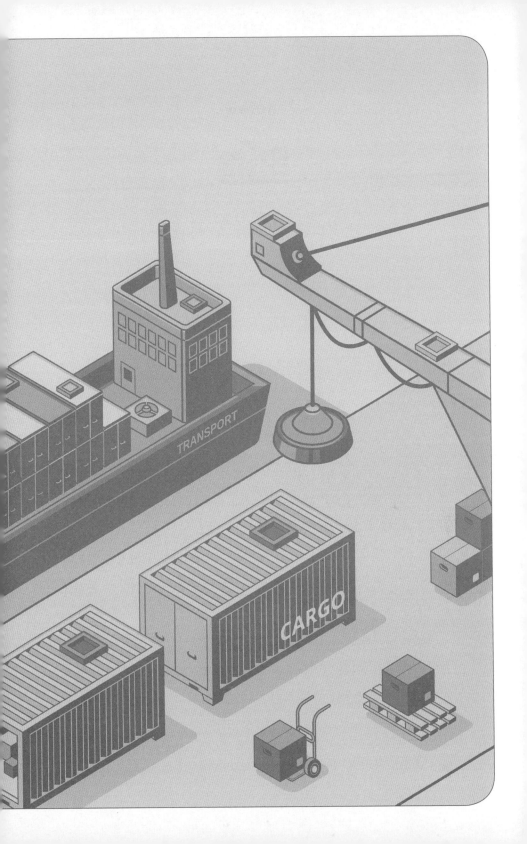

note6

수출과 국내 유통의 차이

일반적으로 해외에 판매하는 것을 수출이라 하고 국내에 판매하는 것을 유통이라 한다.

실제 수출 경험이 없는 기업이 수출하는 과정에서 겪는 크고 작은 문제점을 분석해보면 대부분 수출과 국내 유통의 차이를 정확하게 숙지하지 못한 채 수출을 시작했다가 생기는 문제들이었다.

기업이 성장해 국내 인지도가 상승하고 매출 규모가 커지면 해외에 수출하고자 하는 의욕이 생기고 해외로부터 구매하고 싶다는 문의가 오기도 한다.

기업의 덩치가 커지고 어느 날 갑자기 해외에서 구매 문의가 오면 수출이 무엇인지, 어떤 마인드로 수출을 시작해야 하는지 제대로 이해하지 못한 상태에서 국내 유통을 하던 마인드와 자세로 수출에 임하게 된다. 수출과 국내 유통이 별다른 차이가 없을 것이라는 안이한 자세는 대형 사고로 이어지기 마련이다.

국내 유통은 서울에서 부산, 부산에서 서울과 같이 한국 내에서 제품을 이동시키는 것이므로 한국의 법과 규제에 따른다. 문화, 언어, 상관습, 정서가 같기 때문에 판매자와 구매자의 의사소통이 쉽고 제품 불량이 나더라도 교환과 반품이 쉽다.

해외 수출은 국내 유통과 차원이 다르다는 점을 인지해야 한다.

수출은 국경을 넘어 다른 나라의 국경 내로 제품을 이동시키는 것이므로, 한국의 국경을 벗어나 다른 나라에 도착하는 순간 그 나라의 법과 규제에 따라 여러 가지 절차를 거쳐야 하고, 이 절차에 따라 수입 여부가 결정된다.

수입국의 엄격한 수입 규정에 따른 검사 또는 검역 과정을 거쳐야 수입이 허가되는 제품이 있고 간단히 신고만 하면 수입이 허가되는 제품도 있다.

일반적으로 공산품은 간단한 수입 신고만 하면 수입이 가능하나 수입국의 소비자에게 치명적인 영향을 줄 우려가 있는 화장품, 식품, 의약품 같은 제품은 매우 엄격한 수입통관 과정을 거치며 안전성과 수입국의 규정을 준수한다는 여러 증빙 자료들을 제시하거나 검사를 받아야 수입이 허가된다.

수입국이 수입이 가능한 제품인지를 검토하고 허가하기까지 거치는 모든 절차를 수입통관이라고 한다.

수출이 국내 유통과 가장 다른 부분이 '통관'이라는 과정을 거친다는

점이다.

　제품의 수출통관 또는 수입통관은 사람의 출국 또는 입국 심사와 매우 유사하다 할 수 있다. 제품을 한국 밖으로 이동시키는 데에는 수출하기 위한 절차, 즉 '수출통관'이 필요하고, 수입국에 도착하여 수입국 내로 합법적으로 이동시키는 데는 수입하기 위한 절차, 즉 '수입통관'이 필요하다.

　수출은 이러한 수출통관과 수입통관의 모든 과정을 거쳐야 하며, 제품을 어느 나라에 수출할 것이냐에 따라 따라야 할 규제 또는 규정이 달라진다.

　농산물이라면 한국의 농약 사용 규제와 일본의 농약 사용 규제가 다르다. 따라서 한국에 유통하려는 목적이 아니라 일본에 수출하려고 농산물을 재배한다면 일본의 농약 규제에 따라 재배해야 일본의 수입통관 절차에서 문제없이 수입이 허가된다.

　이러한 차이점을 정확히 이해하지 못하고 한국에서 허용되는 방식으로 농산물을 재배하다가 매우 심각한 문제를 야기할 수 있다. 또한 한국에서는 허용되는데 왜 일본에서는 허용되지 않느냐며 일본이 너무 까다롭다고만 생각해 수입자와 커뮤니케이션이 잘 안될 수도 있다.

　만약 제품을 대충 검사하거나 문제점을 발견하고도 무시하고 그냥 수출했는데 수입국에 도착한 다음 문제점이 발견되면 막대한 반송 운송비를 부담해야 한다. 뿐만 아니라 막대한 운송비를 지불하고 반송된 제품을 폐기해야 하기도 하고 새로운 대체품이나 수리한 제품을 다시 보낼 때도 운송비를 수출자가 부담해야 한다.

많은 기업이 이렇게 비싼 수업료를 지불하고 수출과 국내 유통이 다르다는 점을 배운다. 이렇게 비싼 대가를 치르지 않고 성공적으로 수출하려면 수출 초기부터 수출과 국내 유통의 개념을 정확히 이해하고 수출 기업으로 기업의 체질부터 바꿔야 한다.

note7

수출 프로세스의 이해

다른 국가에 제품을 수출하는 것은 한국 내에서 제품을 판매하는 것과 달리 매우 복잡한 과정을 거친다.

정치, 종교, 상관습, 언어, 정서가 전혀 다른 국가에서 한국 제품을 원하는 고객을 발굴해 수출계약을 체결하고 수입국의 법과 규제에 따라 제품을 생산해 수출하는 전 과정은 마치 치밀한 작전을 수행하는 듯하다.

통상적으로 수출은 크게 해외마케팅, 해외 영업, 무역업무와 같은 3단계 과정을 거쳐 완수하며, 실무 경험에 의하면 이러한 프로세스를 체계적으로 거쳤을 때 가장 효과가 높았다.

'해외마케팅'은 본격적인 해외 영업 활동을 하기 전에 수출 전략을 수립하고 수입국의 수입 규정을 파악하는 동시에 외국어 홍보 자료를 준비하는 단계다.

'해외 영업'은 해외마케팅을 하며 준비한 여러 홍보 자료를 활용하고 수출전략을 실행해 본격적으로 해외 수입자를 발굴하고 수출계약을 체결하는 단계다.

'무역 업무'는 체결한 수출계약을 이행하는 단계로서 수출계약에 따라 제품을 생산하고 수출대금을 받은 후에 제품을 수입자에게 운송하고 수입자의 품질 클레임에도 대응한다.

수출 경험이 없는 기업이 겪는 가장 일반적인 시행착오는 해외마케팅 단계를 거치지 않고 바로 해외 영업을 실행하는 것이다.

상황에 따라 해외 영업을 바로 실행해야 하는 경우도 있을 수 있으나 수출 전략도, 외국어 홍보 자료도 없이, 수입국의 수입 규정도 모른 채 무모하게 해외 영업부터 실행했다가는 시간과 돈만 낭비하고 성과 없이 끝날 가능성이 높다.

다음과 같은 3단계를 거쳐 수출 활동을 실행한다면 좀 더 성공적인 수출 성과를 기대할 수 있다.

첫 번째, 제품을 수출하고자 하는 타깃 국가와 타깃 시장을 선정하고 어떤 제품을 어떻게 수출할 것인지와 같은 효과적인 수출 전략을 수립하는 해외마케팅 단계다.

효과적인 수출 전략을 수립함으로써 실패를 줄이고, 거래 성사율을 높일 수 있으며, 최소의 시간과 비용을 투자해 최고의 수출 성과를 이룰 수 있다.

성공적으로 해외시장에 진입하려면 타깃 국가와 타깃 시장이 명확해야 하고 타깃 국가의 수입 요건에 대비해야 한다는 것이다.

타깃 국가와 타깃 시장은 미국 아시안 마켓, 중국 유아 시장, 말레이시아 화교 시장 등과 같이 구체적으로 정해서 공략해야 한다.

타깃 국가와 타깃 시장에 따라 수출품의 품질, 가격, 포장 방식이 달라질 수 있기 때문에 먼저 타깃 국가와 시장을 결정한 후에 타깃 소비자의 수요에 적합한 수출 상품을 준비해야 수출 성공 확률을 높일 수 있다.

타깃 국가 및 수출 품목 선정, 수입 요건 대비

수출하고 싶은 국가와 수출할 수 있는 국가는 다르며, 수출하고 싶은 제품과 수출할 수 있는 제품은 다르다. 또한, 타깃 국가의 수입 규정에 대비하지 않으면 실패 확률이 높아진다.

목표 국가를 선정하지 않고 전 세계를 대상으로 수출하겠다는 전략은 가장 실패 확률이 높은 수출 전략이다. 타깃 국가에 수출품을 사고자 하는 소비자가 많은지, 가격 수준은 적절한지, 수출품에 대한 소비자 반응이 좋은지 등을 시장 조사 한 후에 신중히 선정해야 한다.

수출하고자 하는 제품이 한국에서는 잘 판매되지만 해외에서 잘 팔리지 않을 수 있고, 제품 특성상 국제운송에 적합하지 않을 수 있으며, 제품의 부피가 너무 커서 수출 금액보다 국제운송비가 더 많이 들어갈 수도 있으므로 수출 품목의 검토도 매우 중요하다.

시장조사보고서는 수입국의 시장조사 전문기관이 조사 후에 작성해 발행하는데, 실무에서는 시장조사보고서와 수입자 반응이 전혀 다른 경우도 있다. 따라서 제품을 수출할 만한 시장성이 있는지 여부는 시장 조사보고서와 실제 수입자 반응을 모두 확인해 종합적으로 검토한 다음 판단해야 한다.

실무에서는 수출 상담회에 참가해 타깃 국가의 수입자와 상담함으로써 상품성, 제품 선호도, 가격, 포장 방식, 시장 수요 등 반응과 피드백을 보다 쉽게 확인할 수 있다. 특히 소비자에게 수출품이 바로 판매되는 소비재, 식품 등은 제품 디자인, 포장 디자인, 포장 크기에 따라 판매량이 달라질 수 있으므로 타깃 소비자의 피드백이 매우 중요하다.

또한 수입자로부터 의무인증과 수입 요건 등 수입 허가와 관련한 유용한 정보를 얻을 수 있을 뿐만 아니라 수입자 의견을 반영해 현지 시장에 적합하게 제품 완성도를 높일 수 있는 좋은 기회다.

먼저 다양한 수출지원기관에서 무료로 제공하는 유사품의 시장조사보고서를 참고하고, 타깃 국가의 시장조사보고서가 필요할 경우에 별도 신청해 확인하도록 한다.

만약 시장조사보고서와 수입자 반응을 종합적으로 확인했는데 시장성이 없다고 판단되면 과감하게 타깃 국가를 변경해야 한다. 또한 정치 경제적으로 불안한 국가나 전쟁 위험이 높은 국가, 외환 송금을 까다롭게 규제하는 국가도 매우 신중하게 검토해야 한다.

더불어 타깃 국가 검토 시에는 타깃 국가의 수입허가 규정인 수입 요건을 확인하는 것도 중요하다. 타깃 국가의 수입자가 제품의 수입 허가를 받는 데 필요한 강제 인증과 규제 성분, 허용 성분의 허용 기준치, 검역 대상 여부, 수입 금지 대상 여부 등을 사전에 확인해 대비하지 않으면 시장성이 좋은 국가라 할지라도 시장 진입에 실패할 수 있다.

따라서 수출 기업의 여건을 고려해 타깃 국가의 수입 규정에 현실적으로 대응 가능한지 여부를 신중히 검토해 국가를 선택해야 한다.

수입 허가 규정이 까다롭지 않은 국가라도 수입국의 수입 요건에 따라 제대로 수출 준비를 하지 않으면 수출에 실패할 수 있다. 특히, 포장 라벨링 위반은 수출 준비가 안 돼서 발생하는 대표적인 수입 요건 위반 사항이다. 이러한 수입 규정을 제대로 준수하지 않으면 수입국 세관에서 수입을 거부하므로 반송, 폐기, 압류 조치를 당할 뿐만 아니라 불가피한 손실을 감수해야 한다.

그러므로 타깃 국가에 성공적으로 수출하려면 수출 전에 타깃 국가가 의무적으로 요구하는 강제 인증을 획득하고 수입 요건을 철저히 확인하자.

통합무역정보서비스인 TradeNAVI를 활용하면 타깃 국가가 수출품에 대해 요구하는 인증과 수입 요건을 보다 쉽게 확인할 수 있다.

타깃 국가의 시장에 진입하는 초기 단계에는 소량으로 수출을 시작해 수입국 통관에 문제가 없는지, 소비자 반응이 어떤지 등 시장 테스트를 거쳐 어느 정도 안정되면 단계적으로 수출 물량을 늘리는 것도 수출 실패를 줄이는 방법이다.

또한 수출품을 전문적으로 다루는 수입상과 거래한다면 수입국의 수입 요건 정보를 공유할 수 있고 수입 허가를 받는 데 필요한 서류나 필수 점검 사항을 사전에 안내받을 수 있으므로 시장 진입에 성공할 확률이 보다 높아진다.

후보 국가는 2개 국가 이상 검토해 먼저 한 국가를 타깃 국가로 선정하고 공략해 수출에 성공하면 단계적으로 다른 국가를 공략하는 것이 효과적이다.

한 타깃 국가에 성공적으로 수출하고 나서 유사한 성향의 국가를 다음 타깃 국가로 선정해 역시 단계적으로 공략하면 수출에 성공할 가능성이 높고, 타깃 수입자도 수출계약 체결에 성공한 수입자의 경쟁사 또는 유사한 성향의 수입자를 공략하면 수출 성공 확률이 높다.

외국어 홍보 자료 준비

수출하려는 타깃 국가와 시장, 주력 수출품을 선정했다면, 영어나 타깃 국가의 언어로 기업과 제품을 소개할 회사소개서, 카달로그, 동영상, 홈페이지를 준비해야 한다.

외국어 홍보 자료가 없으면 수입자에게 거래를 제의하기 어렵기 때문에 외국어 홍보 자료는 매우 중요한 해외마케팅 준비 과정이라고 할 수 있다.

보통 영어로만 홍보 자료를 준비하는 경우가 많으나 중국은 대부분 제품 소개나 상담이 중국어로만 가능하므로 중국 시장을 목표로 한다면 반드시 중국어 홍보 자료도 준비해야 한다.

외국어 홍보 자료는 제품의 특징과 장점을 최대한 부각할 수 있도록 제작해야 하나 지나친 과장 광고는 유의해야 한다. 특히 중국 시장을 목표로 홍보 자료를 만든다면 과장 광고는 중국의 광고법에 저촉되므로 유의하여 제작하도록 한다.

외국어 카탈로그는 수입자와 상담할 때 꼭 필요한 기본 홍보 자료다. 그러므로 짧은 상담 시간 안에 효과적으로 정보 전달을 할 수 있도록 제작한다.

카탈로그를 회사소개와 제품소개를 함께 할 수 있도록 기획하면 별도로 회사소개서를 준비하지 않아도 되는 장점이 있다.

카탈로그는 기업의 규모, 연혁 등 기업을 지나치게 세부적으로 소개하기보다는 기업의 주요 공급 실적, 주력 사업 및 수출품의 특징 등 장점을 쉽고 빠르게 요약 전달할 수 있도록 제작해 정해진 상담 시간 안에 기업과 제품 소개뿐 아니라 실질적인 거래 상담까지 진행될 수 있도록 한다.

기업과 제품에 대한 설명이 길고 장황하면 수입자와 어렵게 잡은 상담 시간 대부분을 기업과 제품 소개에 할애하다 별다른 성과 없이 끝날 수 있다. 따라서 기업과 제품의 핵심 특징을 짧고 명확하게 전달할 수 있도록 카탈로그의 컨텐츠를 전략적으로 구성해야 한다.

또한 외국어 홍보 동영상이 있으면 온라인으로 홍보하거나 수입자와 상담할 때 간략하게 제품을 소개를 할 수 있으므로 효과적인 마케팅 수단이라 할 수 있다.

더불어 외국어 홈페이지는 중요하고 기본적인 외국어 홍보 자료다. 최근에는 수입자가 글로벌 검색 사이트에서 수입 희망 품목을 검색해 해외 공급 업체를 발굴하는 경향이 증가하고 있으므로 글로벌 검색 사이트에서 잘 검색될 수 있는 영문 키워드와 구조로 홈페이지를 구축하도록 한다. 홈페이지도 영문 및 타깃 국가의 언어로 함께 제작함으로써 효과를 극대화할 수 있다.

마케팅 방식 선정

수출 목표 국가 및 수출품 선정, 외국어 홍보 자료 준비와 함께 제품을 수입할 수입자를 발굴할 구체적인 방법을 고안해야 한다.

타깃 국가에 적합하지 않은 마케팅 방식은 효과가 떨어지므로 해외 바이어, 즉 수입자를 발굴할 때는 수출 기업의 여건, 제품의 특성, 수출 목표 국가의 상황, 타깃 시장의 특성 등을 고려해 해외 전시회 참가, 온라인 상품 홍보 등 여러 방법 중에 더 효과적인 방법을 선정해야 한다. 특히 오프라인 마케팅과 온라인 마케팅 중에 타깃 국가에 적합한 수입자 발굴 방식을 선정하는 것이 핵심이라 할 수 있다.

수출 전략을 잘못 수립하면 해외 영업 활동을 열심히 수행해도 좋은 결과를 기대하기 어렵기 때문에 매우 중요한 과정이라고 할 수 있다.

실무에서는 수출 전략을 잘못 수립하거나 타깃 국가로 수출하기 전 사전 확인 또는 준비 미비로 여러 가지 다양한 시행착오를 겪기도 한다.

장기간 노력했음에도 불구하고 성과가 미비하거나, 수입국의 수입 허가 규정에 제대로 대비하지 않은 상태에서 먼저 수출품을 발송했다가 수입국 세관에서 통관 거부돼 반송, 폐기, 억류 조치를 당하기도 한다.

또한 수입 금지 품목 여부를 사전에 확인하지 않은 상태로 수입자와 거래 협의를 하다가 수입 금지 품목으로 확인돼 거래 협의가 중단되기도 하고, 수입 허가를 받는 데 필요한 강제 인증이 없어 수입자가 수입 검토를 중단하기도 한다.

그 외에도 수입국이 요구하는 강제 인증이 없는 제품으로 수출하려고 강제 인증을 요구하지 않은 제품으로 HS 코드를 임의 변경하다가 HS 코드 위반으로 수입국 세관에 적발돼 반송, 폐기되기도 한다.

타깃 국가를 검토하는 단계에서는 시장 수요가 커서 시장성이 좋은 국가로 파악했으나 국산품 우선 사용 정책 탓에 수입 규제가 너무 까다로워 시장 진입을 포기하고 국가를 변경하기도 한다.

이와 같이 해외마케팅 단계에서 수출 전략 수립, 수입 요건 확인 및 대비는 수출 성패를 좌우한다.

두 번째, 해외마케팅을 통해 수립한 수출 전략을 실행하는 해외 영업 단계다.

해외 영업은 타깃 국가에 수출을 가능하게 해주는 모든 방법을 총동원하여 집중 포격을 하는 것과 같다.

이 단계에서 가장 중요한 것은, 해외 전시회 참가, 온라인 제품 홍보 등과 같은 해외 영업 활동을 통해 제품을 수입할 가능성이 있는 수입자를 집중적으로 발굴하고 거래 제의를 해서 거래 협의 또는 상담의 기회를 잡는 것이다.

해외 영업 단계에서 수출 전략을 얼마나 적극적으로 실행하느냐에 따라 결과가 달라진다. 수입자와 거래 협의 기회를 얻어 거래 조건을 협상하는 것은 수출계약 체결 여부를 결정하는 핵심 과정이므로 협상 전략과 스킬을 향상시켜야 한다.

성공적인 협상을 거쳐 무역 계약 단계까지 왔다면 무역거래 조건을 면밀히 검토해 불리한 조항은 수입자에게 수정 또는 삭제를 요청해 조정한 후에 거래 계약을 체결해야 한다.

무역거래 조건을 신중히 검토하지 못하거나 수입자의 눈치를 보느라 수정 요청을 하지 못한 채 불리한 조건으로 계약서에 서명하면 향후 거래 시 문제가 될 수 있다.

세 번째, 수입자와 체결한 무역 계약에 따라 수출품을 생산하고 수출 대금을 받은 후 완성된 수출품을 수입자에게 보내는 무역업무 단계다.

해외마케팅과 해외 영업 과정을 거쳐 수입자와 체결한 수출계약에 따라 제품을 생산하고 수출대금을 수령한 후에 국제운송으로 수출품을 수입자에게 보내는 단계이므로 다른 단계에 비해 부담이 적다고 할 수 있다.

실무에서 생산, 수출대금 수령, 운송의 순서는 수출자와 수입자의 거래 계약 조건에 따라 달라진다.

수출대금 수령은 무역 실무의 핵심이다. 수출품 출하 전에 수출대금을 수령하는 조건이면 반드시 수출대금 수령 후에 수출품을 발송하고,

수출품 출하 후 수출대금을 수령하는 조건이면 수출품을 발송한 후에 수출대금 수령 기일 내에 수출대금을 회수해야 한다.

또한 이 단계에서 수출자가 유의해야 할 사항은 수입자의 주문서에 따라 제품을 생산해 문제가 없는 정상 제품을 요청한 납기 내에 정확히 출하하는 것이다. 수입자로부터 주문서를 받은 후에 수출품의 출하 일정, 즉 납기를 지키기 어렵다면 반드시 사전에 수입자에게 연락해 출하 일정을 조정해야 한다. 사전에 수입자와 출하 일정 조율 없이 납기를 지키지 못할 경우 수입자로부터 심각한 클레임을 받을 수 있다.

또한 수출품 출하 전에 검사를 철저히 해서 불량품이 발송되지 않도록 해야 하고, 만약 출하 전 검사에서 불량품이 발견돼 출하 일정에 문제가 될 것 같으면 반드시 수입자에게 통지해 수입자의 동의하에 출하 일정을 조정 또는 연기해야 한다.

수입자와 협의 없이 수출자 임의대로 불량품을 발송하거나 출하 일정을 어기는 것은 중대한 계약 위반 사항이므로 수입자가 클레임을 제기할 수 있다.

만약 수입자에게 도착한 수출품에 문제가 발견돼 수입자로부터 품질 클레임이 있다면 수입자의 요청에 따라 신속하고 정확하게 대응해야 한다.

경험에 의하면 이러한 과정을 체계적으로 거쳤을 때 실패 확률이 적었고, 시간과 비용을 절약해 성공적으로 수출계약을 체결할 수 있었다.

많은 시간과 비용을 투자하고도 수출 성과가 잘 나지 않는다면 각 단계를 체계적이고 충실히 거쳤는지 검토할 필요가 있다.

note8

수출 흐름의 이해

성공적으로 수출하려면 수출이 어떻게 진행되는지 수출 진행의 전체 흐름(Flow)를 정확히 이해해야 한다.

수출은 국내에서 사고파는 것보다 훨씬 복잡한 단계를 거쳐 완료된다.

1. 수출자는 자신의 제품을 수입할 수입자를 발굴하기 위해 잠재 수입자에게 거래 제의를 한다.

실무에서는 거래 가능성이 있는 잠재 수입자를 찾아 다양한 방식으로 거래 제의를 할 수 있다. 전형적인 방식으로 수출자는 거래 가능성이 있는 잠재 수입자를 찾아 거래제의서(Circular letter)를 보내 수입자를 발굴할 수 있다. 거래제의서는 수출자가 수입자에게 거래를 하고 싶다고 제안하는 일종의 러브레터와 같은 것이다.

따라서 거래제의서를 얼마나 매력적으로 작성하느냐에 따라 수입자의 관심을 유도할 수 있고 회신 여부가 달라지기 때문에 고심해서 작성해야 한다.

수입자는 수많은 기업들로부터 거래제의서를 받기 때문에 단 몇 초 내에 거래제의서를 버릴지 말지를 결정한다. 그러므로 수입자가 수출자에게 관심을 가질 수 있도록, 기업과 제품의 장점 및 차별성을 명료하게 부각한 매력적인 거래제의서를 만들어야 한다. 기술이 뛰어난 기업은 기술력을 부각하고 제품이 뛰어난 기업은 제품 특성을 부각해 전달하고자 하는 메시지를 정확히 전달해야 한다.

거래제의서에 제품특성, 기술력, 시장경쟁력보다 기업의 규모, 역사와 같이 기업 전반에 대한 개요 소개가 많으면 수입자가 지루해하므로 관심을 끌기 어렵다.

거래제의서를 보낸 후에 수입자로부터 회신이 왔다면 매우 성공적인 출발이라고 할 수 있다. 수출자의 거래제의서를 받은 수입자는 거래에 관심이 있을 때만 수출자에게 회신해 가격, 결제 조건, 최소 주문 수량, 납기 등 수출자가 희망하는 거래 조건을 문의한다.

반대로 수입자가 전자상거래 알선 사이트 또는 글로벌 검색 사이트에서 수출자를 검색한 후에 가격, 제품 정보 등 거래 관련 문의를 하려고 연락하는 경우도 있다.

실무에서는 이와 같이 수입자가 이메일로 수출자에게 거래문의 (inquiry)를 하는 경우가 증가하는 추세이나 사기성 거래 문의가 많기 때문에 각별히 주의해야 한다.

만약 해외 전시회나 수출 상담회에서 거래에 관심 있는 수입자를 직접 만나 수출 상담을 하는 경우에는 거래제의서 발송 없이 현장에서 바로 제품 소개, 거래 제의, 거래 조건 상담을 할 수 있다.

또한 거래하고자 하는 타깃 수입 업체 담당자의 이메일 주소를 확인하기 어렵거나 거래제의서를 보냈는데도 반응이 없을 때는 직접 수입 업체 담당자에게 전화로 연락해 적극적으로 거래 제의를 할 수 있다.

2. 수입자와 수출자가 거래 조건을 협의하는 협상 단계를 거친다.

수출자와의 거래에 관심 있는 수입자가 수출자에게 거래 조건을 문의하고 수출자가 가격, 결제 조건 등의 거래 조건을 제시하면 수입자는 수출자의 거래 조건을 검토해 수용이 어려울 경우 자신이 원하는 거래 조건으로 조정해 달라고 요청한다.

통상적으로 수출자의 거래 조건 제시에 수입자가 바로 수락하는 경우는 많지 않으며 몇 차례의 협의와 조정 과정을 거쳐 거래 조건을 결정하게 된다.

수입자가 거래 문의를 하면서 구매 수량이나 결제 조건 등 자신의 구매 조건을 구체적으로 제시하지 않으면 수출자가 희망하는 최소주문수량, 결제 조건, 가격 등 주요 거래 조건을 먼저 제시할 수 있다.

거래 조건은 이메일이나 직접 상담으로 협상할 수 있다. 실무에서는 시간과 국가가 다른 기업 간의 거래라는 특성상 주로 이메일로 거래 협의를 하나 이메일로 원만하게 거래 조건 협의가 안 되는 경우에는 직접 만나 상담해서 협의하고 결정한다.

3. 협상 단계를 거쳐 거래 조건이 결정되면 국제 무역 계약을 체결한다.

국제 무역 계약에는 MOU, LOI, NDA, Sales Agreement, PO와 같이 다양한 종류가 있다.

수출자는 Sales Agreement, PO와 같은 정식 무역 계약을 체결하기 전에 반드시 수입자의 신용을 조사해 신뢰할 수 있는 기업인지 확인하도록 한다.

실무에서는 규모가 큰 수입자는 포괄 계약인 Sales Agreement를 체결한 후에 실제 제품 구매가 필요한 시점에 PO를 별도 발행해 개별 거래 계약을 체결하기도 하나, 신속한 발주와 거래를 위해 Sales Agreement를 체결하지 않고 수입자가 바로 PO를 발행함으로써 매매 계약이 체결되기도 한다.

PO는 일종의 거래 계약서이므로 수출자는 수입자로부터 PO를 받으면 제품명, 규격, 가격, 수량, 납기, 결제 조건, 포장 방식 등이 협의한 대로 명시돼 있는지 반드시 확인하고 잘못 표기된 부분이 있으면 수입자에게 수정을 요청해야 한다.

MOU, LOI 계약은 주로 수출자가 필요에 따라 수입자에게 요청하는 경우가 많은데 실무에서는 통상 정식 계약 체결 전에 거래 상대방의 기밀 정보를 보호하고 상호 협조적인 거래를 약속하는 가계약서로 간주한다.

4. 국제 무역 계약을 체결한 후에 제품을 생산하고 수출대금을 받는 단계를 거쳐야 한다.

이때 수출자 입장에서는 제품을 보내고 돈을 받을 것인지, 돈을 받고 제품을 보낼 것인지가 중요하다.

거래 조건을 협상하는 단계에서 수출대금을 언제 어떻게 받을지 결제 시기와 방식을 수입자와 합의하고 계약서에 명확히 명문화했다면 계약 조건대로 실행하면 된다.

제품 발송 전에 수출대금을 받는 선불 결제 조건으로 거래 계약을 체결한 경우에도 수출품 생산을 완료한 다음 수입자의 발주 취소 또는 수출대금 지급 지연 등으로 생산품이 불용 재고가 될 위험이 있으므로 계약금을 일부 지급하는 조건으로 거래 계약을 체결해 계약금을 수령한 다음에 원자재 구매와 제품 생산을 시작하는 편이 위험 부담이 적다.

또한 은행이 수출대금 지급을 보증하는 신용장 방식으로 거래할 때는 은행이 개설한 신용장을 접수한 후에 생산을 개시하도록 한다.

만약 제품 발송 후에 수출대금을 받는 외상 거래 방식으로 진행한다면 수출자가 수출대금 회수의 위험을 감수해야 함을 충분히 인지하고 위험을 최소할 수 있는 대책을 수립한 후에 제품을 발송해야 한다. 이러한 후불 결제 방식으로 거래할 때는 수출대금을 받지 못하는 결제 사고에 대비할 수 있도록 수출 보험에 가입한 후에 수출품을 발송하도록 한다.

5. 수출대금을 받는 후에 수입자에게 제품을 발송한다.

수출자는 국제운송 전문 운송사를 통해 제품을 수입자에게 발송한다.

국제운송은 국내운송과 달리 한국의 국경을 넘어 해외로 제품을 이동시키는 것이므로 수출 신고, 즉 수출통관 과정을 거쳐야 한다.

수출통관은 수출통관 업무를 전문으로 처리하는 관세사에 의뢰하면 신속, 정확히 진행된다. 특히, 국제운송사와 관세사는 수입국으로의 운송 및 통관 중에 발생한 여러 사건, 사고에 관한 많은 정보와 경험을 가지고 있기 때문에 이러한 전문기업과의 업무 협조가 운송, 통관의 성패를 좌우할 수도 있다.

수출품은 한국에서의 수출통관을 거쳐 수입국에서의 수입통관이 완료돼야 수입자에게 전달된다. 수입자는 제품을 받은 후 제품의 이상 유무를 확인해 제품에 이상이 있다면 수출자에게 즉시 통보해야 한다.

6. 마지막 단계로 수출자는 수입자의 품질 클레임 통보에 신속히 대응하고 문제 해결에 필요한 조치를 취해야 한다.

품질 클레임 처리는 거래를 원만하게 종료하고 새로운 주문을 받는 과정에서 매우 중요하며 품질 클레임을 신속하고 적절하게 대응하지 못하면 거래가 중단될 수 있다.

실무에서는 품질 클레임 처리가 고객 서비스의 핵심이다. 수입자의 피해를 최소화할 수 있는 방안을 고민하고 문제 해결을 위해 적극적으로 대응해야 한다.

또한 수입자의 품질 클레임 통보를 받으면 수입자가 불안해하지 않도록 24시간 이내에 클레임 통보 수신 여부를 회신하도록 한다. 이후에는 신속히 품질 문제 원인 분석, 대책 방안을 수립해 최대한 빠른 시일 내에 조치를 취하도록 한다.

실무에서는 수입자가 요청하는 기한까지 새로운 대체 상품을 발송하거나 불량품을 반송 받아서 수리 후 재발송하는 등 수입자의 요청에 따라 품질 클레임을 처리하는 것이 일반적이다.

만약 수입자의 품질 클레임을 납득하기 어렵거나 무리한 조치라고 판단한 경우에는 납득할 만한 근거를 제시하도록 요청한 후에 확인하고 대응하도록 한다.

특히, 실무에서는 수입자의 품질 클레임에 회신하지 않는 무대응이나 긴급한 이슈를 이메일로만 대응하는 수동적인 태도, 수입자의 상황을 고려하지 않는 무성의한 조치가 수출자에 대한 신뢰를 떨어뜨려 거래가 중단되는 주요 사유가 되므로 각별히 유의해야 한다.

수출은 품질 클레임에 대한 대응까지 종료되었을 때 완료된다는 것을 유념해야 한다. 새로운 수입자와 거래를 시작하기까지 엄청난 시간과 비용을 투입했으므로 기존 수입자의 클레임에 적절히 대응해 거래가 중단되지 않도록 지키는 것이 새로운 수입자를 발굴하는 것보다 훨씬 더 효과적인 고객 관리 방법이라고 할 수 있다.

수출 진행의 전체 흐름과 각 단계의 핵심 사항을 충분히 숙지해 수출을 진행한다며 우수한 수입자들을 발굴할 수 있을 뿐만 아니라 안정적이고 지속적인 거래도 가능할 것이다.

note9

해외 수입자 발굴 방법:
오프라인 발굴 노하우

수출에서 가장 중요한 것은 제품을 수입할 수입자, 즉 해외 바이어를 발굴하여 확보하는 것이다. 수입자를 발굴하는 것은 해외시장 개척의 핵심이며 수출의 성패를 좌우할 만큼 중요하다.

수입자 발굴 방법은 크게 오프라인 방식과 온라인 방식으로 구분할 수 있다.

오프라인 방식은 발로 뛰어 거래 가능성이 있는 수입자들을 직접 만나 거래 제의를 하거나 상담해서 발굴하는 방식이다.

온라인 방식은 수출자가 수입자를 직접 만나지 않고 가상의 전자 거래 알선 사이트 또는 인터넷 검색엔진을 활용해 글로벌 시장에 상품을 홍보하거나 수입자에게 거래 제의를 해서 발굴하는 방식이다.

오프라인 방식과 온라인 방식은 각각의 장단점이 있으므로 두 방식의 장단점을 충분히 숙지하고 기업의 여건과 수출 준비 상황을 충분히 고려해 적합한 방식을 채택해야 한다.

실무에서 주로 활용하는 대표적인 오프라인 방식은 해외 전시회 참가, 해외 시장 개척단 참가, 국내 수출 상담회 참가 등이 있다.

해외 전시회 참가

해외 전시회 참가는 진출하고자 하는 목표 국가에서 개최되는 인지도 있는 관련 전시회에 참가해 전시 부스를 방문한 잠재 수입자와 거래 상담을 하며 수입자를 발굴하는 방식이다.

해외 전시회 참가는 가장 공격적인 오프라인 바이어 발굴 방식이라 할 수 있다.

해외 전시회는 전시회의 인지도, 방문객 수, 방문객 성향, 유력 수입자의 참관 여부, 참가 기업 제품과의 연관성 등을 종합적으로 고려해 선정해야 한다. 전시회 인지도가 낮으면 방문객 수가 적을 수 있고 전시회의 전문 분야와 참가 기업 제품의 관련성이 떨어지면 거래 가능성이 있는 수입자를 만나기 어렵다.

해외 전시회에 참가하면 전시회 개최국 및 주변국의 다양한 불특정 수입자와 직접 만나 수출상담을 할 수 있으며, 동시에 수출자 상품에 대한 수입자의 반응을 바로 확인할 수 있고, 타깃 시장에 대한 시장 조사도 가능하다. 또한 수출자 상품에 관심이 있는 수입자를 직접 만나 상담하므로 보다 적극적으로 거래 제의를 할 수 있으며 빠른 시간 내에 신뢰를 쌓을 수 있다.

반면에 전시 부스 설치비용, 전시 샘플 국제운송비, 외국어 홍보 자료 제작비용, 전시회 참가자 출장비 등 참가비용이 대략 천만 원에서 이천만 원 이상 들고 두 명 이상의 전담 인력이 두 달 이상 준비해서 일주일 이상 해외 출장을 가야 한다.

부스에 여러 명의 방문자가 찾아올 경우 혼자 대응이 어려울 뿐만 아니라 상담에 집중하기 어렵기 때문에 최소 두 명이 함께 참가해 한 명은 거래에 관심을 보이는 수입자를 부스 내부로 유도해 상담에 집중하고, 다른 한 명은 부스 외부에서 여러 방문자를 응대하도록 역할을 나누는 것이 효과적이다.

실제 전시장에서는 제품 반응이 좋아서 많은 방문객이 와도 한 사람이 상담에 집중하느라 다른 방문객들을 제대로 응대하지 못해 좋은 수입자를 놓치는 경우도 있으므로 전략적으로 고객을 응대할 필요가 있다. 만약 현실적으로 여러 명이 참가하기 어려운 상황이라면 현지 통역원을 고용해 전시 부스에 배치하는 것도 좋은 대안이라 할 수 있다.

최근에는 다양한 수출 지원 기관에서 해외 전시회에 참가하고자 하는 수출 기업에 해외 전시회 참가비용 일부를 지원하기도 하므로 이러한 지원 사업을 적절히 활용하면 기업의 비용 부담이 어느 정도는 경감될 것이다.

그러나 대부분 해외 전시회 전액 지원이 아니고 해외 출장비와 같은 영업 활동 경비는 지원이 안 되는 경우가 많기 때문에 지원 범위를 정확히 확인해 소요 예산을 확보해야 한다.

해외 전시회는 기업이 단독으로 참가하는 방식 이외에 수출 지원 기관이 해외 전시회에 참가하고자 하는 기업을 모집해 공동으로 참가하는 방식도 있다.

수출 지원 기관의 해외 전시회 공동 참가 사업에 참여하면 전시회 부스 설치와 부스 운영, 전시회 출장자 인솔 등 전시회 참가와 관련된 실질적인 지원을 받을 수 있으며, 전시회 참가비도 단독 참가보다 적게 들기 때문에 해외 전시회 참가 경험이 없는 기업에게 적합한 방식이라 할 수 있다. 참가할 수 있는 전시회는 전시회 인지도와 기업의 선호도를 고려해 수출 지원 기관이 선정한다.

반면에 기업 단독으로 해외 전시회에 참가할 때는 수출 기업의 제품에 특화된 전문 해외 전시회나 특정 타깃 국가의 전시회를 선정해 원하는 위치에 자체적으로 전시부스를 설치하고 운영할 수 있다.

그러나 전시회 개최국의 전시 부스 설치 업체와의 계약부터 시작해 전시 샘플 국제운송을 포함한 모든 참가 준비를 독자적으로 해야 하고 공동 참가보다 비용이 많이 들기 때문에 해외 전시회 참가 경험이 없는 기업에게는 부담이 큰 방식이다.

따라서 해외 전시회 참가 초기에는 수출 지원 기관의 지원을 받아 공동 참가 방식으로 참여하고 경험을 쌓은 뒤에 단독으로 참가하는 것이 좋다.

해외 전시회는 한 번 참가해서는 큰 성과를 기대하기 어려우며 꾸준히 참가해야 수입자에게 건실하고 안정된 수출자라는 이미지를 줄 수 있고 기업의 해외 인지도도 높아진다. 또한 이전에 상담했던 수입자를 다시 초청해 새로운 상품을 소개하고 거래기회를 만들기 위해 노력함으로써 좋은 성과를 만들 수 있다.

다양한 해외 전시회 관련 정보는 글로벌전시포털(www.gep.or.kr) 사이트에서 확인할 수 있다.

해외 전시회에서 좋은 성과를 내려면 전시회 참가 전 철저히 준비하고 전시회 참가 후에 잘 대응해야 한다.

해외 전시회에 참가하기 전에 카탈로그, 배너, 포스터 등, 외국어 홍보 자료를 매력적으로 제작해야 한다.

외국어 홍보 자료는 제품의 특징과 장점을 빨리 전달할 수 있는 디자인과 문구를 고민해서 만들어야 한다.

전시 부스의 후면, 측면, 전면에 부착하는 포스터나 배너에 너무나 많은 제품 정보가 들어 있으면 글자가 많아서 오히려 핵심 메시지를 전달하는 데 방해가 될 수 있으므로, 심플한 문구와 디자인으로 제작하는 쪽이 효과적이다.

또한 전시품이 소비재인지 산업재인지에 따라 홍보 자료의 컨셉을 다르게 제작할 필요가 있다. 화장품, 의류, 유아용품과 같은 소비재는 감성적인 메시지와 디자인으로 제품의 특징과 장점, 안전성을 직관적으로 빨리 전달할 수 있도록 제작하고, IT, 전기전자, 자동차, 기계설비 등과 같은 산업재는 우수한 기술력과 품질을 강조해 믿을 수 있고 신뢰도가 높은 제품이라는 것을 부각시킬 수 있어야 한다.

또한 개최국이 중국, 일본, 러시아, 베트남, 중동 등과 같이 비즈니스 언어로 영어가 친숙하지 않은 국가라면 전시회 개최국의 해당 언어와

독일 자동차부품 전시회 (Electronica 2008)

영어로 카탈로그를 준비해 상담 효과를 극대화할 수 있다.

수출 기업이 해외 전시회에 참가하기 전에 우려하는 것 중 하나가 과연 얼마나 많은 수입자가 전시 부스를 방문할 것인가이다.

화장품과 같은 소비재는 일반 방문자수는 많지만, 실제 대량 구매를 할 수입자가 많이 방문하지 않는다면 전시회 성과가 기대에 미치지 못할 수도 있다.

따라서 전시회 참가 전에 거래에 관심을 가질 만한 전시회 개최국의 수입자들을 찾아 전시회에 초대해서 전시 부스를 방문하도록 유도하는 사전 마케팅이 매우 중요하다.

또한 그동안 제품이나 가격 문의를 했던 수입자나 거래 협의 중인 수입자, 마케팅 협력 파트너 또는 에이전트를 초대해 신제품을 소개하고 거래 상담을 진척시키거나 신뢰 관계를 강화할 수 있다.

전시회는 두 명이 담당해서 한 명은 홍보 자료와 전시 샘플을 준비하고 다른 한 명은 개최국의 잠재 바이어 정보를 수집해 전시회 초대 메일을 발송하는 사전 마케팅에 집중하면, 보다 효과적으로 전시회를 준비할 수 있다.

또한 전시회 개최국의 수입자가 수입하는 데 필요한 강제 의무 인증이 있는지와 같은 수입 요건과 FTA 관세 혜택을 받을 수 있는지도 확인하도록 한다. 특히, 수입국에서 요구하는 강제 인증을 획득하지 못하면 수출이 불가능하기 때문에 사전에 확인하고 강제 인증 획득 여부를 수입자가 질문하면 어떻게 답변할 것인지 준비해야 한다.

전시회에 방문한 수입자가 상담 중에 문의한 내용이 있거나 견적서와 같은 요청 자료가 있을 경우, 상담을 마친 후 늦어도 2주 이내에 답변하도록 해야 한다. 2주 이상의 시간이 지나면 수입자가 기업과 제품을 잊어버리거나 구매 의사가 떨어졌을 수 있다.

실무에서는 전시회에서 성공적으로 상담을 진행하고도 전시회 이후 수입자의 요청에 응대가 잘 안돼 거래 성사 기회를 놓치는 경우도 많다. 그러니 어렵게 발굴한 잠재 수입자에게 성실히 응대해야 한다.

또한 전시 부스에 방문한 수입자 중에 향후 거래 가능성이 높거나 거래에 관심을 보인 수입자에게도 부스 방문에 대한 감사 메일을 보내고, 이후에 신제품이 나오거나 새로운 이벤트가 있을 때 지속적으로 연락해 관심을 유도하는 것도 매우 중요한 마케팅 기법이다.

전시회는 참가해서 거래 상담을 하는 것으로 끝나는 것이 아니다. 상담한 수입자와 수출계약을 체결해 거래를 성사시키려면 전시회 이후에도 지속적으로 노력해야 한다.

전시회는 참가 전의 사전 마케팅과 참가 후의 사후 마케팅을 어떻게 하느냐에 따라 성과가 달라질 수 있다는 점을 명확히 인식하고 추진해야 한다.

또한 전시회에서 효과적으로 상담하려면 전시상담 기법도 숙지해야 한다.

전시회에서는 기업 참가자들과 통역원이 다수의 방문객을 각각 개별적으로 응대하므로 제품 규격, 포장 방식, 수출 가격, 최소주문수량(MOQ), 결제 조건 등을 방문객이 문의하면 표준화된 거래 조건을 기반으로 제시할 수 있도록 준비해야 한다.

전시회 참가 전에 통역원을 포함한 여러 참가자가 표준 거래 조건을 정확히 숙지하지 못해 수입자에게 명확한 거래 조건을 제시하지 못하면 전시회 이후에 수출자가 거래 조건을 번복한다는 오해를 받을 수 있다. 따라서 가격과 거래 조건을 변경하거나 번복하면 수출자에 대한 신뢰가 떨어지므로 항상 일관된 답변을 해야 한다.

일반적으로 거래에 관심 있는 수입자가 가장 많이 질문하는 것은 가격이다.

수출 가격을 제시할 때는, '1kg, 개별포장, MOQ 1000개 기준으로 FOB Korea US$10'와 같이 수출 가격과 밀접한 관련이 있는 거래 조건

미국 라스베가스 자동차부품 전시회 (AAPEX Show 2008)

을 함께 제시해야 향후 분쟁의 여지가 없으므로 모든 참가자가 동일하게 응대하도록 해야 한다.

만약 수입자가 무리한 가격이나 거래 조건을 요구하거나 까다롭고 정확히 답변하기 어려운 질문을 할 경우에는 상담장에서 바로 답변하지 말고 확인해서 별도로 이메일로 답변하겠다고 응대하도록 한다.

또한 상담 시에는 수입자에게 제품의 주요 특징이나 장점 또는 우수성을 가능한 명료하고 간략하게 설명하고 제품의 디자인, 성능, 상품성 등에 대한 수입자들의 반응과 의견을 경청하도록 한다. 상담 시에는 일방적인 구매 권유보다 수입자가 원하는 것이 무엇인지 어떤 반응을 보이는지 경청하는 태도가 중요하며, 수입자의 부정적인 피드백에도 감정적으로 대응하지 않도록 한다.

현지 시장의 수입자 반응을 모니터링해서 제품을 개선할 필요가 있을 경우에는 수입자 의견을 반영해 현지시장 판매에 적합한 제품으로 개선·보완하는 것도 중요한 마케팅 전략이라 할 수 있다. 또한 어느 정도 외국어로 대화가 가능하더라도 통역원에게 수입자의 질문을 재확인해 정확히 답변해야 커뮤니케이션이 잘못돼 문제가 발생하는 것을 방지할 수 있다.

수입자에 따라 제품이 우수해도 검증이 안 된 신제품이나 한국산 제품이라는 이유로 불안감을 가질 수 있으므로 유사품 또는 동일품을 어떤 고객사에 공급했는지 공급 실적을 강조해 불안감을 없애고 신뢰할 수 있는 제품이라는 이미지를 부각해야 한다. 품질 기준이 까다로운 일본, 독일 기업에 공급한 실적을 위주로 강조하면 신뢰감을 높일 수 있다.

전시회에서는 수많은 방문객들과 상담하므로 시간이 지나면 상담한 수입자가 기억나지 않을 수 있다. 그래서 가능한 한 상담 사진을 많이 찍어서 수입자와의 상담 이력을 남긴다. 이것은 홍보 자료나 마케팅 소스로 다양하게 활용할 수 있다.

또한 요청하지 않으면 명함을 주지 않고 지나가는 전시 부스 방문객도 많기 때문에 명함을 요청해 방문자 정보를 수집하고 향후 마케팅 소스로 활용하도록 한다.

수입자와의 상담 내용, 수입자 정보 등을 상담 일지에 기록하는 일도 매우 중요한데 전시회 후에 상담 기록을 토대로 수입자 문의에 답변을

보내거나 감사 메일을 보내는 등 사후 마케팅을 할 수 있는 중요 자료
가 된다.

해외시장 개척단 참가

해외시장 개척단 참가는 일종의 로드쇼로서 진출하고자 하는 국가로
직접 가서 지정된 상담 장소에서 잠재 수입자들을 만나 기업과 제품을
홍보하고 거래 상담을 해서 수입자를 발굴하는 방식이다.

해외 전시회 참가가 전시장에 전시 부스를 만들어 전시품을 진열하
고 불특정 다수의 수입자를 기다리는 반면에 해외시장 개척단 참가는
호텔, 컨벤션 센터와 같이 지정된 장소에서 상담이 확정된 특정 수입자
들과 거래 상담을 해서 수입자를 발굴한다.

국가에 따라서 수입 업체를 직접 방문해 회사소개와 거래상담을 하
는 방식으로 진행하기도 한다.

해외시장 개척단은 전시 부스를 별도로 설치할 필요가 없고 사업 주
관 기관이 상담장을 제공하므로 해외 전시회에 비해 참가비용이 훨씬
적게 소요되지만 한정된 시간에 특정 수입자와 상담해야 하므로 전시
회 기간 동안 불특정 수입자와 자유롭게 상담할 수 있는 해외 전시회에
비해 수입자 발굴 기회가 비교적 적은 한계점이 있다.

그러나 해외마케팅 초기 단계라면 시장 개척단에 참가해 특정 국가
의 시장성을 검토, 조사한 후에 진출 가능성이 확인되면 본격적으로 해
외 전시회 참가를 고려하는 것도 좋은 마케팅 전략이다.

시장 개척단은 주로 수출 지원 기관이 주관해 모집하며 타깃 국가의

네덜란드 KOREA Tech preview 2008

경제 중심 도시를 방문해 거래 가능성이 있는 잠재 수입자와 수출 상담을 함으로써 수입자를 발굴하는 것이 통상적인 방식이다.

시장 개척단도 해외 전시회와 마찬가지로 대면 상담을 하므로 수입자 반응을 바로 확인할 수 있고 적극적인 거래 제의를 할 수 있다. 그러나 일주일 이상 해외로 출장을 가야 하므로 해외마케팅 전담 인력이 없다면 지속적으로 참여하기 어렵다.

수출 상담회

국내 수출 상담회는 코트라, 무역협회 등과 같은 수출지원기관이 한국으로 초청한 수입자들을 직접 만나 수출 상담을 해서 수입자를 발굴

하는 방식이다.

다양한 오프라인 수입자 발굴 방법 중에 수출 상담회는 적은 시간과 비용을 투자해 전 세계 수입자를 한자리에서 만나 상담할 수 있는 최고의 기회다.

수출 상담회는 코트라, 무역협회 등과 같은 다양한 수출 지원 기관이 한국 제품을 수입하고자 하는 전 세계 수입자를 초청해 지정된 상담장에서 수출 희망 기업과 거래 상담을 할 수 있도록 주선하는 행사며 연간 수차례 개최한다.

한국에서 개최되는 수출 상담회는 해외 출장비 부담이 없고 해외 출장 시간을 별도로 할애할 필요가 없으며 적극적으로 활용하면 많은 수입자와 명함 교환 또는 상담이 가능하다.

수출 상담회는 오프라인 방식 중에 시간과 비용이 가장 적게 드는 효율적인 방식이면서도 해외 전시회와 마찬가지로 대면 상담을 통해 수입자의 반응을 바로 확인할 수 있고 적극적인 거래 제의가 가능하다.

이와 같은 장점이 있어 규모가 크고 인지도가 있는 수입자에게 상담 신청이 몰리므로 수출상담 신청이 조기에 마감될 수 있다. 또한 수입자가 하루에 상담할 수 있는 상담 건수가 제한돼 있어 수출자의 상품에 관심이 적으면 상담 신청을 거절할 수 있다.

실무에서는 수출 상담회 성과가 미흡하다고 실망하는 기업들도 있으나 다른 오프라인 사업들과 마찬가지로 수출 상담회 역시 준비를 잘해서 꾸준히 참가해야 효과가 있으며 상담 후 실제로 수출계약을 체결하기 위해 노력해야 한다.

사우디 경제사절단 초청 비즈니스 상담회

수출 상담회에 참가할 때도 해외 전시회에 참가할 때와 같이 외국어 홍보 자료와 상담 샘플을 전략적으로 준비하고 수출 가격, 거래 조건, 공급 실적 등과 같이 수입자가 주로 질의하는 내용에 대한 적합한 답변도 준비해 상담에 임하도록 해야 한다.

오프라인 방식은 수입자를 직접 만나 기업과 제품을 홍보하고 적극적으로 거래를 제의할 수 있으므로 매우 공격적인 수입자 발굴 방식이다. 수입자를 직접 만나 상담하면서 수입자의 관심도나 반응을 즉각 파악할 수 있고 서로 얼굴을 보고 대화하므로 비교적 짧은 시간 내에 신뢰를 쌓을 수 있으며 거래 조건 협상이 매우 신속하다.

동시에 상담을 통해 수입자가 우량 수입자인지 사기성 수입자인지와 같은 진성 수입자 여부를 파악하기 쉽다. 대면 상담을 선호하는 수입자를 발굴하기에 적합한 방식이라 할 수 있다.

일본처럼 온라인으로 수입자를 발굴하는 방식이 거의 통용되지 않는 국가도 있다. 일본 수입자들은 수출자를 직접 만나 상담하고 확인하는 과정을 거쳐 거래 시작 여부를 매우 신중히 검토한다. 따라서 일본을 목표시장으로 정했다면 오프라인 발굴 방식이 매우 효과적이라 할 수 있다.

그러나 오프라인 방식의 한계점도 파악해 타깃 국가에 적합한지, 기업의 상황에 적합한지 고려해야 한다.

오프라인 방식은 시간과 비용이 많이 들고, 한정된 시간과 장소에서 수입자를 발굴해야 하므로 한 번에 많은 수입자를 대상으로 영업하기 어렵다는 한계점이 있다.

해외 전시회 참가비, 해외 출장비 같은 해외마케팅 비용을 감당할 수 있는 경영 여건이 아니거나 해외시장에서 뛸 해외마케팅 전담 인력이 확보되지 않았다면 지속적으로 실행이 어려운 방식이다.

이러한 점을 충분히 고려하지 않고 오프라인 방식을 채택한다면, 기업의 경영 상황이 악화돼 자금에 여유가 없어질 경우 해외출장 및 해외마케팅을 전면 중단하게 될 수 있다.

이렇게 도중에 수입자 발굴을 중단하게 되면 그동안 투자한 비용과 시간이 수포로 돌아간다. 경영 여건이 안정돼 있고 해외시장에서 뛸 전담 인력이 있다면 적극적으로 수입자를 찾아 가는 것이야 말로 가장 빠른 수입자 발굴 방법이다.

note10

해외 수입자 발굴 방법:
온라인 발굴 노하우

수입자를 직접 만나 발굴하는 오프라인 방식 이외에 온라인 방식이 있다.

온라인 방식은 가상의 온라인 전자상거래 플랫폼인 e-마켓플레이스(e-Marketplace) 또는 인터넷 검색엔진 등 다양한 인터넷 인프라를 활용해 수입자를 발굴하는 방식이다.

대표적으로 전자 거래 알선 사이트인 e-마켓플레이스에서 수입자의 바잉오퍼(buying offer)를 검색해 대응함으로써 수입자를 발굴하는 방식이 있다.

이 방식은 수입자가 전자 거래 알선 사이트에 어떤 제품을 수입하고 싶다는 바잉오퍼를 공고하면 수출이 가능한 기업들이 이메일로 수입자에게 가격, 거래 조건, 기업 및 제품 소개 정보를 보내 거래 제의를 함으로써 수입자를 발굴한다.

특히 이러한 방식은 수입자에게 제품을 구매하고자 하는 구매 의사가 확실히 있는 경우가 많기 때문에 적극적으로 대응하면 좋은 성과를 거둘 수 있으나 사기성 바잉오퍼 여부를 면밀히 검토해 대응해야 한다.

최근에는 이런 방식을 활용하는 수출자들이 증가하고 있으므로 매일 바잉오퍼를 모니터링해 경쟁사보다 빨리 수입자에게 연락해서 검토 기회를 선점해야 한다.

이 방식은 신속한 대응과 더불어 수입자의 관심을 끌 수 있도록 거래 제의 메일을 얼마나 매력적으로 작성해 보내느냐가 핵심이다. 거래 제의 이메일은 기업과 제품의 강점과 차별성을 강하게 어필할 수 있도록 간결하게 전략적으로 작성하고 수입자가 상세 정보를 확인할 수 있도록 영문 홈페이지 링크를 기재하거나 전자 카탈로그를 함께 보내도록 한다.

최근에는 Trade leads(수입자의 buying leads 또는 수출자의 selling leads) 서비스뿐 아니라 온라인 상품 홍보 서비스를 함께 유료로 제공하는 e-마켓플레이스가 증가하고 있다.

수출자는 수많은 거래 알선 사이트에서 수입자가 공고한 바잉오퍼를 검토하고 얼마나 신뢰할 수 있는지 판단해야 하는 위험 부담과 유료 서비스비용을 부담해야 한다. 이러한 수출자의 부담을 줄여주고자 수출 지원 기관에서 운영하는 대표적인 무료 거래 알선 사이트로 코트라의 buykorea(www.buykorea.org)가 있다.

실무 경험에 의하면 코트라의 전자 거래 알선 사이트에서는 코트라가 전 세계 무역관을 통해 발굴한 수입자들과 한국 상품을 구매하려는 의사가 높은 수입자들이 비교적 양질의 바잉오퍼를 게시하므로 사기성 바잉오퍼가 적고 거래 제의를 했을 때 성과가 높은 편이다.

또한 e-마켓플레이스에서 온라인 상품 홍보를 함으로써 수입자를 발굴하는 방식이 있다.

글로벌 온라인 상품 홍보를 할 수 있는 대표적인 e-마켓플레이스로는 알리바바(www.alibaba.com), EC21(www.ec21.com), 무역협회의 Tradekorea(www.tradekorea.com) 등이 있으며, 수출자는 수출하고자 하는 상품을 e-마켓플레이스에 등록하고 홍보해 수입자의 인콰이어리(inquiry), 즉 거래 문의를 유도해 수입자를 발굴한다.

최근 e-마켓플레이스가 계속 증가하고 있고 e-마켓플레이스에 따라 특화된 분야가 조금씩 다르며 서비스 이용이 점차 유료화되어 가고 있다.

대량 물량을 수출하고자 하는 기업은 아마존과 같이 개인 대상 판매에 특화된 온라인 B2C 사이트보다 알리바바와 같이 기업 대상 판매에 특화된 온라인 B2B 사이트가 더 적합하다.

온라인에 상품을 등록할 때는 글로벌 수입자가 상품을 검색할 때 주로 사용하는 영문 키워드를 타이틀 또는 상품소개 글에 가능한 많이 전략적으로 배치하는 것이 좋다. 일반적으로 상품 또는 용도를 설명하는 제품소개 글에 글로벌하게 통용되는 영문 키워드가 포함되어 있지 않거나 영문 번역이 잘못돼 있으면 수입자가 수출자의 제품을 검색하지 못할 수 있기 때문에 반드시 주요 영문 키워드를 적절히 활용해 영문 타이틀 및 상품 소개를 작성해야 한다.

온라인 상품 홍보 방식은 전 세계 불특정 다수의 수입자를 대상으로 기업과 제품을 홍보할 수 있다는 편리성이 있으나 최근 사기성 메일이 증가하고 있으므로 진짜 거래 의사가 있는 진성 수입자인지를 검증하고 선별하는 것이 무엇보다 중요하다.

e-마켓플레이스는 등록된 회원 수가 얼마나 되는지, 수입자 DB를 얼마나 보유하고 있는지도 고려해야 하며, 수입자의 실체 확인이 어려운 가상의 온라인 공간에서 상거래가 이루어지는 만큼 믿을 수 있는 양질의 진성 수입자가 얼마나 많이 활용하고 있는지도 살펴야 한다.

또한 e-마켓플레이스에 따라 인지도, 신뢰도, 수입자 성향, 특화 분야가 다르기 때문에 기업의 활용 목적에 적합하고 신뢰도가 높은 e-마켓플레이스를 선정해 활용해야 한다.

검색엔진 마케팅은 글로벌 검색 사이트에서 수출자의 홈페이지를 상위에 노출함으로써 글로벌 수입자의 거래 문의를 유도해 수입자를 발굴하는 방식이다.

이 방식은 구글, 야후 같은 글로벌 검색 사이트에서 검색했을 때 수출 기업의 영문 홈페이지가 경쟁사보다 상위에 노출될 수 있도록 수출 기업의 제품과 연관된 영문 키워드를 적절하게 선정하여 활용하는 방식이며 효과적이라 최근 많이 활용되고 있다.

그러나 영문 홈페이지가 글로벌 검색 사이트에서 잘 검색될 수 있도록 최적화돼 있지 않다면 활용이 어렵고, 영문 홈페이지 최적화 또는 영문 키워드 상위 노출 작업에 많은 시간과 작업비용이 소요된다.

실제로 한국 기업의 홈페이지가 글로벌 검색 사이트에서 검색이 잘 안되거나 해외에서 홈페이지에 접속하려고 하면 접속이 잘 안되는 경우가 많아 검색엔진 마케팅을 활용하기 위해서라도 홈페이지 최적화를 해야 한다.

실무에서 영문 홈페이지의 중요성은 아무리 강조해도 지나치지 않다. 적합한 해외 상품을 소싱하는 수많은 글로벌 기업은 기본적으로 영문 홈페이지를 확인한다. 글로벌 검색 사이트에서 수출기업의 홈페이지가 잘 검색된다 하더라도 홈페이지 컨텐츠가 매력적이지 않거나 신뢰감을 주지 못하면 검색에서 빨리 이탈하게 되므로 거래 문의로 유도하기 어렵다.

또한 잠재 수입자에게 거래제의서를 보내거나 온라인 상품 홍보를 할 때도 영문 홈페이지에 접속해서 보다 자세한 정보를 확인하도록 유도하기 때문에 영문 홈페이지는 글로벌 온라인 마케팅에서 기본이 되는 플랫폼이라 할 수 있다.

따라서 기존 홈페이지가 제작한 지 오래돼 글로벌 비즈니스 환경에 적합한 구조나 컨텐츠가 아니라면 전면적으로 새롭게 기획하고 제작해 온라인 마케팅 효과를 극대화하도록 한다. 실무에서는 글로벌 비즈니스 환경에 적합하도록 홈페이지를 전면 개편한 후에 유력 글로벌 기업들로부터 거래 문의가 오는 경우가 많았다.

반대로 검색엔진 활용 방식은 글로벌 검색 사이트에서 거래 가능성이 있는 잠재 수입자들을 검색해 수입자를 발굴하는 방식이다.

이 방식은 구글, 야후와 같은 글로벌 검색 사이트에서 수입자와 관련된 영문 키워드를 검색해 거래 가능성이 있는 해외 기업을 찾아내고 각 기업의 홈페이지를 확인해 적합한 수입자인지 판단한다. 홈페이지를 확인해 적합한 수입자라고 판단했다면 연락 가능한 이메일을 확보해 거래제의서를 보낸다.

글로벌 검색 사이트에서 수입자를 검색할 때는 'cosmetics importers Hong Kong'과 같이 수출을 희망하는 제품 카테고리, 기업 유형, 국가와 연관된 다양한 영문 키워드를 혼합하면 관련성이 높은 수입자 정보를 보다 쉽고 빠르게 찾을 수 있다.

이 방식은 별도의 비용이 발생하지 않지만 거래 가능성이 있는 해외 기업을 찾는 데까지 많은 시간을 할애해야 하고 해외 기업을 찾았다면 홈페이지를 빠른 시간 내에 확인하고 분석해 거래하기 적합한지 여부를 판단해야 한다.

무역 디렉토리 활용 방식은 거래 가능성이 있는 해외 기업의 주요 접촉 정보를 정리한 디렉토리를 활용해 수입자를 발굴하는 방식이다.

이 방식은 산업별, 제품별 또는 국가별로 해외 기업을 구분해 기업명, 담당자 이름, 연락처, 이메일, 주소 등 주요 접촉 정보를 정리한 디렉토리를 활용한다.

주로 타깃 국가의 산업별 또는 비즈니스 유형별로 정리되어 있는 디렉토리의 해외 기업 담당자에게 이메일 또는 전화로 연락해 거래 제의를 하는 방식으로 수입자를 발굴한다.

무역 디렉토리는 무료 또는 유료 사이트에서 입수할 수 있으나 수출 기업이 타깃 마케팅을 하는 데 필요한 품목별 유통사 또는 수입자의 상세 기업 정보는 대표적인 유료 사이트인 콤파스(www.kompass.com)에서 제공하고 있다.

콤파스에서 제품별 수입 기업명, 담당자명, 이메일, 전화번호, 주소 등의 수입자 접촉 정보를 입수할 수 있으나 디렉토리의 수입자와 실제 거래 가능성이 있는지는 각 기업별로 별도 확인해야 한다.

온라인 방식은 특정 국가에 한정되지 않고 전 세계 불특정 다수의 수입자를 대상으로 홍보가 가능하고 언제 어디서나 수입자 검색과 발굴이 가능하다. 또한 시간과 공간의 제약 없이 수많은 잠재 수입자를 대상으로 동시에 거래제의서를 발송할 수 있으므로 시간과 비용을 절감할 수 있다. 또한 오프라인 방식처럼 출장 또는 대면 상담을 하는 데 시간과 비용을 별도로 할애하지 않아도 되는 장점이 있다.

이렇게 온라인 방식은 여러 장점과 편리성이 있으나 잠재 바이어 검색과 분석, 연락처 확보에 많은 시간을 투입해야 한다는 점을 유념해야 한다.

또한 전혀 모르는 불특정 수입자에게 임의로 거래제의서를 보내는 것이므로 수입자의 회신률이 매우 낮다는 점을 고려해야 한다.

더욱이 수입자를 직접 만나 상담을 하지 않고 이메일로만 연락하기 때문에 의사소통에 한계가 있어 적극적으로 거래를 제의하기 어렵고 반응 확인이 어려울 뿐 아니라 이메일에 회신이 없으면 도중에 중단될 수 있다. 또한 계약 체결이 되더라도 많은 시간이 걸리는 한계점도 있다.

뿐만 아니라 수입자의 실체 확인이 어려워 사기성 수입자인지 진성 수입자인지 파악하기도 쉽지 않아 무역거래 경험이 많지 않으면 매우 신중히 검토 후에 무역 계약을 체결해야 한다.

note11

효과적인 수입자 발굴 방법

해외시장개척의 핵심인 수입자를 발굴하려고 수출 기업들은 많은 고민을 한다.

수출을 준비하는 기업은 양질의 수입자 발굴을 위해 기업의 여건에 맞는 효과적인 전략을 수립해야 한다.

가장 효과적인 수입자 발굴 방법은 오프라인 방식과 온라인 방식의 장점을 최대한 활용해 단점을 서로 보완할 수 있도록 두 방식을 적절히 혼합해서 사용하는 것이다.

실무에서는 수출 준비 기업들이 해외마케팅을 시작하면서 오프라인 방식이나 온라인 방식 중 한 가지에만 집중 투자할 경우 노력 대비 효과가 떨어지는 한계점이 있었다.

따라서 수출 기업의 해외마케팅 전담 인력 여부, 자금 상황, 수출 준비 상황 등을 종합적으로 고려해 오프라인 방식과 온라인 방식을 적절하게 혼합해 활용할 필요가 있다.

해외마케팅 초기 단계라면 외국어 홈페이지, 카달로그, 동영상 등 외국어 홍보 자료를 준비하고 동시에 온라인 상품 홍보 사이트에 상품을 등록해서 글로벌 시장에 기업과 제품을 알림으로써 기업 인지도를 높이는 일에 주력하도록 한다.

이러한 온라인 홍보를 통해 수입자로부터 가격과 제품에 대한 문의가 오면 회신해 상품성, 경쟁력 등에 대한 수입자의 반응을 확인해 보도록 한다. 수입자의 피드백을 통해 강점은 강화하고 부족한 부분은 보완해 경쟁력을 높이고 탄탄하게 수출 준비를 하는 워밍업 과정을 가질 수 있다.

대표적인 온라인 마케팅 방식인 온라인 상품 등록과 검색엔진 마케팅의 효과를 극대화하려면 온라인 상품 등록과 홈페이지의 타이틀 또는 상품 소개 글에 수입자가 주로 검색하는 영문 키워드를 적절히 삽입해 전략적으로 배치해야 한다.

글로벌 경쟁사의 홈페이지에서 주로 사용하는 영문 키워드를 분석해 적절히 활용하면 검색엔진에서 검색률이 높아진다. 또한, 홈페이지, 카달로그, 동영상 등 외국어 홍보 자료는 짧은 시간에 기업과 제품의 특성 및 장점을 전달할 수 있도록 제작해야 한다. 짧은 시간 내에 수많은 경쟁사에 비해 차별화된 강점을 전달하지 못하면 수입자의 관심을 끌기 어렵다.

이제 온라인 마케팅 인프라를 효과적으로 구축해 활용하게 되었다면 수입자와 대면 상담을 하는 오프라인 수입자 발굴 방식을 시도해보는 것이 좋다.

해외 전시회나 시장 개척단에 참가할 비용과 시간 투자가 현실적으로 부담이라면 한국에서 개최되는 수출 상담회에 참가해 잠재 수입자를 만나 수출 상담을 하며 수입자를 발굴하는 것이 가장 좋은 대안이라 할 수 있다.

수출 상담회는 전 세계 수입자를 한국에 초청해 거래에 관심 있는 한국 기업과 상담할 수 있도록 주선하는 행사이므로 해외 출장을 가지 않고 한국에서 전 세계 수입자를 만나 수출상담을 할 수 있는 더없이 좋은 기회다.

또한 수출 상담회에 참가해 상품성, 가격, 시장수요 등 수입자 피드백을 직접 확인해 수출 목표 국가의 시장에 진출할 수 있는지 등의 가능성을 확인하고 거래에 관심 있는 우수한 수입자도 발굴할 수 있다.

비교적 적은 시간과 비용이 투입되는 국내 수출 상담회에서 수입자와 대면 상담을 하며 수출 가능성을 확인하고 수출 경쟁력을 강화하는 등 체계적인 수출 준비 과정을 거친 후에 기업 여건이 안정되었을 때 해외 전시회나 시장 개척단에 적극적으로 참가하는 것이 효과적인 방식이라 할 수 있다.

비용과 시간 투자를 줄인다며 온라인 마케팅에만 주력한다면 오프라인 방식으로 수입 상품을 소싱하는 수입자를 놓칠 수 있다. 반대로 온라인 마케팅 인프라를 구축하거나 활용하지 않고 해외 전시회, 시장개척단, 세일즈 출장에만 주력한다면 온라인 방식으로만 상품을 찾는 수

수출 현장을 함께 뛴 여권

입자를 놓칠 수 있다.

　국가에 따라, 상품에 따라 수입자의 상품 소싱 방식이 다르기 때문에 온·오프라인 방식을 적절히 혼합해 활용하는 것이 가장 효과적인 방식이라 할 수 있다.

　실무에서는 해외 전담 인력이 부족한데도 해외 전시회나 시장 개척단에 집중적으로 참가한 기업이 이후에 바로 다른 해외 전시회를 준비하거나 밀린 업무 처리를 하느라, 또는 전담 인력의 피로가 누적돼 전시회에서 상담한 수입자의 요청이나 문의 사항에 신속히 대응하지 못해 어렵게 만난 수입자와의 거래 기회를 놓치는 경우도 종종 본다.

　해외 전시회, 시장개척단, 세일즈 출장 등과 같은 오프라인 마케팅을 시행한 이후에는 상담한 수입자들로부터 가격, 제품 규격, 거래 조건 등의 문의가 오면 신속하고 성실하게 대응할 수 있는 시간적 여유를 확보하는 것도 매우 중요하다.

따라서 연간 적정 수준으로 해외 전시회를 참가하고, 그 이외 시간에는 상담한 수입자에게 성실히 응대하고 온라인 홍보와 인콰이어리 응대에도 집중하면서 온·오프라인 마케팅을 적절이 병행하는 것이 시간적, 비용적, 성과적 측면에서 효과적이라 할 수 있다.

그 외 코트라, 무역 협회 등 수출 지원 기관에서 수입자 발굴을 위해 시행하는 다양한 수출지원 정책을 적절히 활용할 필요가 있다.

각각 특화된 사업 분야가 조금씩 다르므로 여러 수출 지원 기관을 효율적으로 잘 활용하면 적은 시간과 비용을 투자해 좋은 수출성과를 올릴 수 있다.

note12

수출협상 실무

통상적으로 무역거래를 시작하기 전에 협상 과정을 거쳐야 한다.

국제 무역거래를 진행할 때 협상은 가장 많은 시간이 소요되는 단계다. 때로는 수년간의 협상 과정을 거쳐 거래가 성사되기도 하고 때로는 그럼에도 불구하고 실패한다. 자신의 이익을 극대화하려고 부단히 노력하는 거래 당사자 모두의 욕구를 만족시키는 것은 쉽지 않다.

더구나 상관습과 거래 방식, 사고방식, 언어가 서로 달라 국내거래에 비해 더욱더 어려운 협상 과정을 거쳐야 하는 국제 무역거래에서 성공적인 협상을 이끌어내려면 무엇이 필요한지 진지하게 고민해야 한다.

성공적으로 협상하려면 먼저 거래 상대방의 요구 조건이 무엇인지 경청하고 정확히 이해해야 한다. 상대방이 요구하는 거래 조건을 경청하지 않거나 정확히 이해하지 못하면 성공적으로 협상을 진척시키기 어렵다.

실무에서는 수출자가 가격, 결제조건, 수량, 품질 등 중요 거래 조건을 제시하면 수입자가 자신이 희망하는 거래 조건으로 조정해줄 것을 요청하며 협상을 시도한다.

통상적으로 국제거래는 거리가 먼 서로 다른 국가의 기업 간 거래이므로 직접 만나기 어렵기 때문에 주로 이메일로 거래 조건을 협의한다. 그러나 이메일은 의사소통에 한계가 있어 원만한 협상이 어려울 수 있고 이메일을 서로 주고받는 과정에서 많은 시간이 소요되고 협의 도중에 중단되기도 한다.

따라서 서로 합의하기 어려운 안건이나 중요한 안건은 이메일보다 직접 만나 협의하는 대면 협상방식이 더 효과적이라 할 수 있다. 하지만 수입자의 요구 조건이 도저히 수용하기 어려운 수준이라서 협상의 여지가 없거나 거래 성사 여부가 달릴 정도로 민감한 안건에 답변을 해야 할 경우에는 이메일로 연락해 수입자가 충분히 검토할 시간을 주고 적정 거리를 유지하는 편이 오히려 더 효과적일 수 있다.

그러므로 협상의 난이도, 중요도, 진행 상황에 따라 이메일 상담과 대면 상담을 적절히 혼합하거나 선택해 활용하도록 한다.

흔히 성공적인 협상이란 자신의 이익을 극대화하는 거래 조건으로 타결하는 것이라고 생각하지만 진정으로 성공적인 협상은 수출자와 수입자 모두가 만족할 수 있는 방식으로 거래 조건에 합의하는 것이다. 기본적으로 상거래는 어느 한쪽이 일방적으로 양보하거나 이익을 독점

하는 것이 아니라 서로 주고받는 거래다. 따라서 거래 상대방의 이익과 핵심 욕구를 충족시키지 못하고 자신의 이익만 극대한 것은 성공적인 협상이라고 보기 어렵다.

그러므로 협상에 임할 때는 자신의 이익만 추구해서는 안 되며 상대방의 주요 관심사와 고민 사항도 함께 협의해 서로의 이익을 극대화하고 거래 쌍방이 만족할 수 있는 거래 조건과 합의점을 찾기 위해 노력해야 한다.

협상에서 가장 중요한 안건은 보통 가격이지만 가격과 함께 중점적으로 협상해야 할 여러 안건이 있다. 국제 무역거래에서 중점적으로 협상해야 할 안건은 가격, 품질, 수량, 결제 조건 등이다.

본격적인 협상을 시작하기 전에 거래 상대방이 무엇을 어떻게 하기를 원하는지 주요 안건과 협상 목표를 정확히 이해해야 한다.

또한 거래 상대방이 도저히 수용하기 어렵다고 예상되는 범위를 예측해서 협상이 원만히 타결되지 않을 경우에 제시할 수 있는 최고의 대안, 즉 BATNA(Best alternative to Negotiated Agreement)을 신중히 검토해 준비하도록 한다.

더불어 중요한 것이 협상에 임하는 태도다. 협상에서는 갑 같은 을처럼, 꼭 거래하고 싶다는 간절함을 보여서는 안 된다. 협상에서 간절한 모습을 보일수록 상대방은 간절함을 약점으로 이용해 불리한 조건으로 거래하도록 밀어붙이기 때문이다.

하나의 안건만을 가지고 협상하는 것보다 여러 가지 안건을 함께 협상하는 것이 거래 당사자 간의 만족도가 높다. 따라서 수입자와 협상

시에는 가격, 품질, 결제 조건, 수량 등 모든 거래 조건을 통합해 같이 협상하도록 한다. 예를 들어 수입자가 가격이 비싸다는 이유로 가격 협상을 요구할 때는 "품질 수준을 낮추거나 구매 수량을 늘려준다면 가격을 좀 더 싸게 공급할 수 있다"와 같은 식으로 제안해 가격과 밀접한 영향이 있는 품질과 수량을 한꺼번에 협상할 수 있다.

만약 수입자가 좀 더 싼 가격에 제품을 수입할 수 있다면 품질 수준이 조금 떨어져도 수용할 수 있거나 한꺼번에 많은 수량을 구매할 의사가 있다면 수출자의 이런 제안을 수용할 것이다. 저렴한 가격에 판매하므로 높은 품질 수준을 보증할 필요가 없고 한 번에 많은 수량을 판매할 수 있다면 수출자에게도 좋은 협상 조건이라 할 수 있다.

이렇게 서로의 핵심 욕구를 충족하는 방식으로 협상이 타결되었을 때 당사자 간의 만족도가 높아지며 성공적인 협상이라고 할 수 있다.

뿐만 아니라 반드시 핵심 안건과 협상 목표, 안건의 우선순위, 수용이 가능한 범위를 명확히 정한 후에 협상해야 한다. 만약 수출자의 입장에서 결제 조건이 가격보다 중요한 안건이고 수입자의 입장에서 가격이 결제 조건보다 중요한 안건이라면 수출자는 수용 가능한 범위 내에서 가격을 낮추는 대신 자신이 원하는 결제 조건을 고수할 수 있다.

협상은 상대방의 무리한 요구에 너무 감정적으로 대응하거나, 상대방의 요구 조건을 경청하지 않고 일방적으로 무시하거나, 협상 타결이 어려울 때 어떤 대안을 제시할 것인지 구체적인 협상 전략이 없거나 할 때 실패할 확률이 높다.

그러나 상대방의 핵심 욕구가 무엇인지 정확히 파악하여 집중하고,

서로 만족할 수 있는 타협점을 찾으려 노력하고, 협상이 원만히 타결되지 않을 경우에 최고의 대안을 적절히 제시한다면 성공적으로 협상을 타결시킬 확률이 높아진다.

이와 더불어 수입자가 실제 제품을 수입하는 과정에서 겪는 어려움을 함께 해결하려고 노력하고, 단순히 제품 수출에 그치지 않고 수입국에서 잘 판매될 수 있도록 판매 및 홍보 전략을 함께 고민하는 협조적인 자세를 보이는 것도 매우 중요하다. 협상 단계에서 이런 협조적인 자세를 보이면 수출자에 대한 신뢰가 생겨 우호적인 협상 분위기를 만들 수 있다.

실제 소비재를 수입하는 한 수입자는 수출자들이 많은 수량을 수출하기를 원하면서 수입국에서 현지 마케팅을 어떻게 진행할지에 대해서는 별 관심이 없다며 아쉬워하기도 했다.

그러나 최선을 다해 협상에 임했음에도 불구하고 수입자가 지나치게 무리한 가격 인하나 수출자에게 절대적으로 불리한 결제 조건을 일방적으로 계속 요구해 더 이상 진행이 어려운 경우도 있다. 이때 수출을 하고자 하는 마음이 간절한 기업이 불리한 조건을 수용하는 경우도 있으며, 실무에서는 그러다가 제품을 발송한 다음에 수출대금을 못 받거나 적자를 보고 파는 상황도 종종 있었다.

만약 최선을 다했으나 수입자가 도저히 수용할 수 없는 무리한 거래 조건을 계속 요구한다면 거절할 수 있어야 한다. 수입자의 무리한 요구 조건을 거절할 때는 한 번에 바로 거절하기보다는 검토 후에 답변하겠다고 답변을 유보하도록 한다. 그 후에 최선을 다해 검토했으나 우리의 최대 수용 범위가 어디까지이므로 요구 조건을 수용하기 어렵다고 정중히 거절하는 것이 수입자의 입장을 배려한 태도다. 이렇게 거래 성사가 안 돼도 수입자와의 관계는 악화되지 않도록 협상을 종료한다.

협상을 잘못해 적자를 보고 수출하거나, 수출하고도 결제대금을 받지 못하거나, 제품 생산을 완료하고도 수출하지 못해 불용 재고로 버리는 상황이 된다면 기업 경영에 치명적인 악영향을 줄 수도 있다는 점을 충분히 숙지하고 협상에 임해야 한다.

note13

무역사기 방지 방법

국제 무역거래는 전 세계 불특정 다수를 대상으로 하는 거래이기 때문에 새로운 거래처 발굴 및 계약 체결에 매우 신중해야 한다.

특히, 수출 경험이 많지 않은 기업은 사기성 수입자인지 아닌지를 판단하기 어렵기 때문에 무역거래를 시작하기 전에 다양한 무역 사기 유형을 알아둘 필요가 있다.

온라인 또는 오프라인 방식으로 수입자를 발굴하려고 수많은 수입자들에게 거래 제의를 하거나, 반대로 수입자로부터 제품과 가격에 대한 문의가 오기도 한다.

무역 사기 위험은 수입자를 직접 만나 대면 상담을 하는 오프라인 방식보다 이메일로 상담을 주고받는 온라인 방식에서 매우 높다.

온라인 마케팅은 글로벌 B2B 전자 거래 알선 사이트에 홍보할 상품을 등록하고 거래에 관심 있는 수입자가 연락할 수 있도록 이메일 주소, 전화번호, 담당자 이름 등의 연락처를 기재한다. 무역 사기는 주로 전자 거래 알선 사이트에 기재된 수출자의 이메일로 연락해 거래에 관심이 있다며 수출자의 관심을 유도한다.

사기성 이메일의 전형적인 유형은 대량으로 구매하겠다고 하거나, 제품 발송 전에 100퍼센트 현금으로 수출대금 전액을 송금하겠다는 등 수출자에게 절대적으로 유리한 방식을 제안해 수출자를 현혹시켜 회신을 유도하는 것이다.

그러나 위험 부담이 큰 국제 무역거래에서 어떠한 수입자도 수출자를 잘 알지도 못하고 제품 품질도 확인되지 않은 상태에서 대량 구매나 100퍼센트 선 결제 등 수출자에게 절대적으로 유리한 거래 조건을 제시하지 않는다는 사실을 명심해야 한다.

실무에서는 주로 아프리카 소재 국가로부터 이런 사기성 이메일이 많이 오는데, 최근에는 유럽, 미국 등에서도 이런 이메일이 오기 때문에 발송 국가와 이메일의 내용을 함께 보고 사기성 여부를 판단할 필요가 있다.

이런 사기성 이메일을 받으면 수출 경험이 없거나 사기 유형에 대한 사전 정보가 없는 수출자는 성실히 답변하고 거래 가능성이 높다며 기대감을 갖기도 한다. 그러나 이런 사기성 이메일을 받으면 절대 회신하지 않는 것이 좋다.

사기성 이메일의 또 다른 특징은, 구체적으로 어떤 제품, 어떤 규격에 관심이 있는지 명확하게 언급하지 않고 모호하게 가격문의 인콰이

어리를 보낸다는 것이다. 이런 이메일을 받고 사기성 여부를 판단하기 어려울 때는 가격을 문의하는 제품의 구체적인 규격과 결제 조건, 구매 수량 등을 상세히 알려달라고 회신해서 수입자의 답변을 보고 판단하는 것이 좋다. 실무 경험에 의하면 일반적으로 진짜 거래 의사가 있는 진성 수입자는 제품 규격, 구매 수량, 결제 조건 등에 대한 대략적인 정보를 회신하지만 사기성 수입자인 경우에는 더 이상 연락을 하지 않는다.

또한, 거래에 많은 관심을 보이며 검토용 샘플을 보내달라고 요청하는 수입자도 있다. 이런 경우에는 샘플비용과 운송비용을 청구해 수입자 반응을 보고 사기성 수입자 여부를 판단하도록 한다. 통상 수입자에게 진지한 거래 의사가 있다면 샘플비와 운송비 지불에 적극적으로 대응하려 하나 무상 샘플만 받고 사라지는 사기성 수입자는 샘플비와 운송비 지불에 매우 소극적으로 반응하거나 더 이상 연락하지 않는다.

또한 최근에는 전혀 모르는 수입자로부터 주문서가 첨부돼 있다거나 주문서를 확인하려면 링크를 클릭하라는 사기성 이메일이 오는 경우가 급증하고 있다. 이메일에 첨부된 파일이나 링크를 클릭하면 해킹당할 수 있기 때문에 절대 첨부 파일이나 링크를 클릭해서는 안 된다. 이런 방식으로 수출자 이메일을 해킹해 수출자가 다른 수입자와 주고받은 이메일을 주시하고 있다가 수출자가 수입자로부터 결제대금을 수령하기 직전에 결제 계좌가 변경되었다며 해킹한 수출자의 이메일 주소로 수입자에게 연락해 결제대금을 가로채는 사기도 빈번히 발생하고 있다.

따라서 수입자와 사전에 결제 계좌가 변경될 경우에는 이메일과 팩스 두 가지 방식으로 동시에 변경 통지를 하도록 합의하고, 만약 이메일로만 결제 계좌 변경 통지가 있다면 수출자에게 전화로 직접 연락해 결제계좌 변경 여부를 재확인해 달라고 정해두는 것이 좋다.

또한 정보 보호가 취약한 중소기업은 한국인터넷진흥원이 제공하는 중소기업 정보 보호 컨설팅(https://www.boho.or.kr/webprotect/msConsulting.do)을 활용하는 것도 무역 사기를 방지하는 데 도움이 될 것이다.

또한 수입자와 거래 조건을 원만하게 협의 중이라도 거래 계약을 체결하기 전에 한국무역보험공사에 수입자 신용조사를 의뢰해 수입자의 실체 존재 여부, 비즈니스 규모, 재무 상태 등을 종합적으로 고려한 수입자 신용등급을 확인하는 것이 좋다.

수입 업체 이름, 주소, 연락처, 담당자 이름 등 기본 정보만 있으면 신용조사가 가능하며, 보통 수입 업체의 업무 협의 담당자 명함에 기재된 기본 정보를 바탕으로 신용조사를 신청한다.

신용조사에서 수입자의 실체 여부뿐 아니라 무역거래에서 중요하게 봐야 할 수입자의 거래 능력, 대금 지불 능력 등 수입자 전반에 대한 기본 정보를 확인할 수 있으며 이를 바탕으로 안전 거래 여부를 판단할 수 있으므로 매우 중요한 과정이라 할 수 있다.

거래를 시작한 후에 발생한 무역 사기 피해는 구제하기 쉽지 않다. 따라서 거래를 시작하기 전에 수입자에 관한 정보를 입수해 면밀히 검토하고 나서 안전하게 거래할 수 있는지 여부를 판단해야 한다.

무역 사기 수법이 갈수록 고도화, 지능화되고 있으므로 새로운 수입자와 무역거래를 할 때는 더욱더 신중해야 한다. 진성 수입자인지 확인하고 검증하는 과정을 충분히 거쳐 양질의 수입자를 발굴해 수출계약을 체결해야 한다.

만약 여러 상황 탓에 불가피하게 위험을 감수하고 새로운 수입자와 거래를 시작해야 한다면 수출을 하고 나서 결제대금을 받지 못할 리스크에 대비하는 수출 보험에 가입하도록 한다.

해외 공급처, 즉 해외 수출 기업과 거래를 시작할 때도 마찬가지로 다양한 무역 사기에 주의해야 한다. 수입은 선금을 보낸 후 제품을 제대로 받지 못할 리스크가 크고 실제 이러한 피해가 늘어나고 있으므로 믿을 수 있는 기업인지 검증이 안 된 해외 공급처가 제품을 보내기 전에 선불 지급을 요구할 때는 가능한 한 최소한의 금액을 선금으로 송금하도록 한다.

또한 현실적으로 불가능해 보이는 지나치게 싼 가격에 거래 제의를 하는 해외 공급처도 주의해야 한다. 해외 공급처와 거래를 시작할 때는 이메일 연락으로만 거래 여부를 결정하지 말고 반드시 해외 공급처의 공장을 방문해 실제 존재하는지 여부와 정상적인 제품을 생산해 안정적으로 공급할 수 있는 생산 시설이 구축돼 있는지 여부를 확인해야 한다.

특히 중국을 비롯한 동남아시아 국가로부터 수입할 때는 해외 공급처가 제품을 발송하기 전에 수입 계약대로 정상 제품을 선적했는지 수입 전 선적 검사를 하도록 한다.

뿐만 아니라 해외 공급처 발굴 시 중요하게 고려해야 할 사항 중 하나는 장기간 안정적인 공급이 가능한지 여부다. 수입 후에 많은 시간과 비용을 투자해 국내 판매처를 발굴하고 판매 네트워크를 구축했는데 해외 공급처로부터 공급이 중단되면 수입자는 큰 손실을 볼 수밖에 없다.

수출자 또는 수입자로서 사기 위험을 최소화하고 성공적인 무역거래를 할 수 있도록 다양한 사기 유형을 숙지하고 신중하게 대응해야 한다.

국제 무역 계약의 시작

note14 무역 계약 체결 흐름(Flow)

note15 무역 계약 종류와 특성

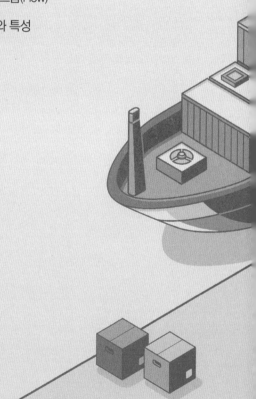

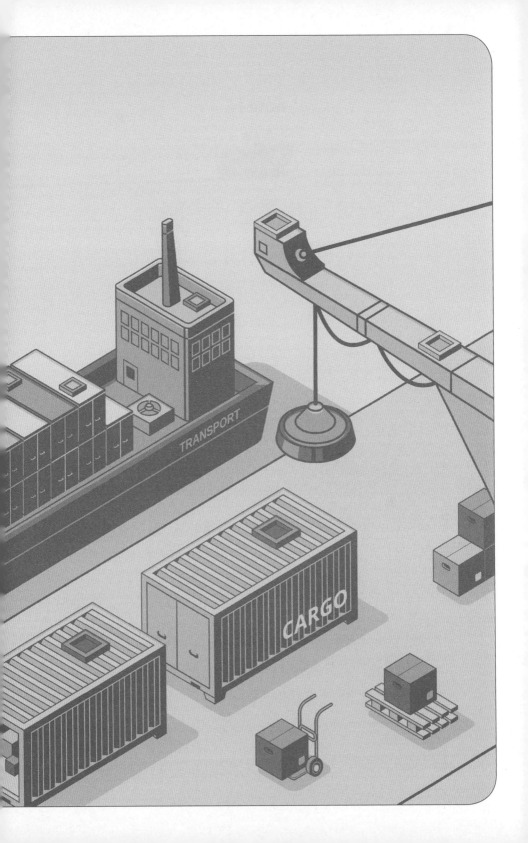

note14

무역 계약 체결 흐름(Flow)

국제 무역 계약이란 포괄적으로 무역거래를 진행하기 위해 수출자가 수입자, 운송사, 보험사, 은행 등 무역거래 진행 단계에 관계된 모든 기업과 체결하는 계약이나 실무에서는 보통 수출자와 수입자 간의 계약을 의미한다.

수출자와 수입자 간 국제 무역 계약은 복잡한 단계를 거쳐 체결되며 거래 규모나 거래 당사자가 선호하는 방식을 고려해 절차를 간소화하거나 혹은 전 단계를 모두 거쳐 체결하기도 한다.

온·오프라인 마케팅을 통해 발굴한 수입자가 수출자에게 가격과 구체적인 거래 조건을 문의하면 수출자가 수입자에게 견적서인 Offer Sheet를 발행해 거래 청약을 한다.

Offer Sheet는 수출자가 어떤 제품을 어떤 조건으로 얼마에 판매하겠다고 수입자에게 구체적으로 제안하는 견적서다. 수입자는 수출자가 제시한 Offer Sheet의 가격, 규격, 포장, 결제 조건 등의 거래 조건을 검토해 거래 조건의 변경 또는 조정을 요청하기도 하고 그대로 수락하기도 한다.

수입자가 수출자의 Offer 조건을 거절하고 자신이 원하는 거래 조건으로 조정해줄 것을 요청하는 것을 Counter Offer라고 한다. 실무에서 Counter Offer는 별다른 양식 없이 이메일로 요청하는 것이 일반적이다.

수입자가 수출자의 Offer 조건을 그대로 수락하면 무역 계약 체결이 신속히 완료된다. 그러나 수출자의 Offer에 수입자가 Counter Offer를 하고 수입자의 Counter Offer를 수출자가 바로 수락할 수 없을 때는 Counter Offer를 몇 번 주고받는 협상 과정을 거치고 나야 무역 계약이 체결된다.

수출자의 Offer에 수입자가 수락 표시로 서명해서 보내거나 Offer 조건대로 대금 결제를 이행하는 경우에도 거래 쌍방이 거래 조건에 합의해 계약이 성립된 것으로 간주하므로 계약 체결이 신속히 완료된다.

실무에서는 통상 수입자와 수출자가 합의한 거래 조건에 따라 개별 계약 방식과 포괄 계약 방식으로 보다 완전한 무역 계약을 체결하고 나서 무역 계약 조건대로 이행한다.

개별 계약은 수출입자가 무역거래 시 준수해야 할 일반 약정 사항과 거래 쌍방이 합의한 가격, 수량과 같은 구체적인 계약 내용을 모두 포함해 간략하게 체결한다.

개별 계약서는 포괄 계약서와 PO의 주요 계약 내용을 혼합해 요약한 계약서라고 볼 수 있으며 통상 소액 거래, 최초 거래, 단발성 거래인 경우에 주로 활용된다.

포괄 계약은 Offer, Counter Offer를 거쳐 수출입자가 거래 조건을 합의한 후에 무역거래 시 준수해야 할 일반 거래 조건을 포괄적으로 계약하는 방식이다. 보통 지속적인 무역거래를 할 경우 수출자 또는 수입자의 요청에 의해 수입자가 정식 주문서인 PO를 발행하기 전에 포괄 계약인 Sales Agreement를 체결해서 가격, 결제, 품질, 클레임 등 거래 전반에 대한 조건을 약정한다. 포괄 계약을 체결한 후에 수출자의 Offer Sheet에 근거해 수입자가 주문서인 PO를 작성해 수출자에게 발행하고 수출자가 수락해야 무역 계약이 최종 체결된다. 수출자의 오퍼 조건과 완전히 동일한 조건으로 수입자가 자체 주문서 양식에 PO를 발행하면 수출자가 이메일로 수락 의사를 통지함으로써 무역 계약이 체결되는 것이 일반적이다.

또한 거래 당사자 간 포괄 계약이 체결된 후에 수입자가 실제 PO를 발행하지 않으면 실질적인 무역거래가 이루어진 것으로 보기 어렵다.

실무에서는 수입자에 따라 먼저 거래 조건 전반에 대한 포괄 계약인 Sales Agreement를 체결한 후에 수입할 때마다 건별로 PO를 발행하기도 하고, Sales Agreement를 체결하지 않고 PO만 발행해 신속하게 무역 계약 체결을 완료하기도 한다.

이와 같이 실무에서 진행되는 국제 무역 계약의 흐름과 체결 과정을 요약하면 다음과 같다.

수출마케팅(수출자 수행) → **Offer**(수출자가 수입자에게 견적 제시) → **Counter Offer**(수입자가 수출자 Offer의 가격 인하 요청 시) → **개별 계약 또는 포괄 계약 체결**(쌍방이 거래 조건 합의 시 체결) → **PO 발행**(포괄 계약 체결 후 또는 포괄 계약 생략 후 수입자 발행) → **PO 수락**(수출자가 수락 통지 시 계약 체결 완료)

이와 같이 무역 계약에 꼭 필요한 단계만을 거쳐 신속히 무역 계약 체결을 완료하기도 하지만 거래 방식, 거래 규모, 제품 특성, 기업 성향에 따라 당사자 간 협의하에 아래와 같이 좀 더 세부적인 단계를 거쳐 무역 계약을 체결하기도 한다.

수출 마케팅(수출자 수행) → **NDA 체결**(수입자가 필요 시 요청) → **Offer**(수출자가 수입자에게 견적 제시) → **Counter Offer**(수입자가 수출자 Offer의 가격 인하 요청 시) → **LOI 체결**(수출자가 필요시 요청) 또는 **MOU 체결**(수출자 또는 수입자가 필요시 요청) → **개별 계약 또는 포괄 계약 체결**(쌍방이 거래 조건 합의 시 체결) → **PO 발행**(포괄 계약 체결 후 또는 포괄 계약 생략 후 수입자 발행) → **PO 수락**(수출자가 수락 통지 시 계약 체결 완료)

수출자와 수입자가 필요에 따라 체결하는 다양한 무역 계약서로는 NDA, MOU, LOI, Sales Agreement, PO 등이 있다.

제품에 따라서 수입자가 제품 도면을 수출자에게 보내 견적을 요청하기도 하는데 도면에 수입자의 기밀 정보가 있으므로 수입자가 견적 의뢰용 제품 도면을 보내기 전에 기밀 유지를 위해 NDA 계약 체결을 요청하기도 한다.

수입자가 화장품, 살충제 등과 같은 제품의 수입이 가능한지 확인하려고 수출자에게 제품의 성분, 배합 비율과 같은 핵심 정보를 요청할 경우에 수출자는 수입자에게 기밀 유지를 위해 LOI 계약 체결을 요청하기도 한다.

또한 정식 계약 체결 전에 거래 조건 협상 단계에서 상호 협력적인 거래를 하겠다는 의사표시로 MOU을 체결하기도 한다.

무역 계약은 계약의 신속성, 정확성, 편리성을 모두 고려해 거래 당사자인 쌍방이 합의한 절차와 방식으로 진행한다. 또한 무역 계약의 전체 흐름을 이해하고 쌍방이 합의한 방식에 따라 단계적으로 진행함으로써 실제 무역거래를 실행했을 때 발생할 수 있는 잠재적 리스크와 분쟁의 여지가 없도록 방지하고 서로 지속적이고 안정적인 거래 관계를 유지할 수 있다.

note15

무역 계약 종류와 특성

무역 계약은 거래 당사자인 수출자와 수입자 간 구두나 서면으로 모두 체결이 가능하며 별도로 규정된 계약 서식과 절차도 없다.

그러나 향후 분쟁의 여지가 없도록 명확한 근거를 만들고자 서면 계약서로 체결하는 것이 통상적인 방식이다.

국제 무역 계약서는 수출자와 수입자의 권한과 책임을 규정하므로 다양한 무역 계약서의 특성을 명확히 이해하고 각 진행 단계에 따라 필요한 계약을 체결하도록 한다.

보통 무역 계약서는 특별히 정해진 형식이 없으므로 수출자 또는 수입자가 사용하는 서식을 사용하거나 계약의 주요 내용을 담고 있으며 통상적으로 많이 이용되는 서식을 수정 또는 보완해 적절히 활용한다.

국제 무역 계약서는 Offer Sheet, MOU, LOI, NDA, Sales Agreement, PO 등 다양한 종류가 있다.

Offer Sheet

무역 계약은 수출자가 수입자에게 발행하는 Offer Sheet로부터 시작된다고 할 수 있다.

Offer는 수입자가 어떤 제품을 어떤 조건으로 구매하고 싶다고 제시하는 Buying Offer도 있으나 일반적으로 무역거래에서는 수출자가 수입자에게 판매조건을 제시하는 Selling Offer를 의미한다.

수출자가 수입자에게 발행하는 Offer Sheet는 어떤 상품을 어떤 조건으로 얼마에 판매하겠다고 제시하는 정식 거래 제안서이자 견적서다. Offer Sheet는 품명, 규격, Part No., 가격 조건, 포장 방식, 결제 조건, 유효기간, 최소주문수량 등 계약의 주요 내용을 포함하고 있으며 수출자의 Offer Sheet에 수입자가 서명해 승낙 통지를 하면 계약서로서 효력을 가진다.

수출자가 발행한 Offer를 유효기간 내에 수입자가 수락한 경우에는 무역 계약이 체결된 것으로 간주하므로 변경이 어려우며 수출자는 조건대로 계약을 이행해야 한다.

만약 유효기간 내에 수입자가 수락하지 않으면 Offer 조건의 일부를 변경할 수 있으나 Offer를 발행한 후에 타당한 이유 없이 조건이나 가격을 변경하면 수입자의 신뢰가 떨어질 수 있으므로 처음부터 잘못 기재된 부분이 없는지 유의해 확인한 후에 발행하도록 한다. 또한 수출자가 발행한 Offer는 불가항력 상황이거나 수입자가 동의한 경우가 아니면 원칙적으로 취소가 어렵다는 점도 유의해야 한다.

Offer Sheet에는 제품 사양, 포장 방식 등 수출 가격에 영향을 주는 여러 조건을 상세히 기재해야 한다.

수출품의 품명은 수출입자 간 혼동이 없도록 품명과 수출자가 수출품에 부여한 고유 Part No.를 함께 기재하는 것이 명확한 표기 방법이다.

특히 구체적인 수출품 사양 또는 스펙(SPEC, Specification), 최소주문수량(MOQ), 납기(L/T, Lead Time), 포장 방식(벌크 포장, 개별 포장, 밀폐 포장), 포장 용기(일반 용기, 특수 용기), 포장재(종이 박스, 나무 박스), 무게, 크기 등과 같은 상세 조건은 수출 가격과 밀접한 관계가 있으므로 정확히 기재하는 것이 중요하다.

중요하게 고려하지 않고 놓치는 이러한 조건 때문에 실제 수출 가격이 많이 달라질 수 있고 명확히 기재하지 않으면 수입자로부터 확인 요청이 올 수 있으며, 수출 가격에 반영되지 않은 추가비용 때문에 수출자가 손해를 감수해야 할 수도 있다.

특히 제품 스펙은 정밀도와 난이도가 높을수록, 크기가 작을수록, 성능과 등급, 품질이 높을수록 생산 공정과 품질 검사가 까다롭고 원자재가 비싸기 때문에 제품 가격이 비싸진다.

전자부품은 표면에 처리하는 도금의 두께와 종류에 따라 수출 단가 차이가 크기 때문에 두께가 15미크론(㎛)인지 30미크론인지, 금도금인지 니켈 도금인지 정확한 스펙을 제품명과 함께 기재해야 한다.

포장도 여러 개를 함께 묶어서 포장하는 벌크 포장보다 개별 포장이 비싸고 밀폐 포장, 특수 용기 포장, 나무 박스 포장 등인지에 따라 포장비가 많이 달라 수출 가격이 비싸질 수 있으므로 포장 사양도 명확히 기재해야 한다.

특히 운송 중 폭발 위험이 있는 액체 화학물은 위험물 표시 라벨을 부착해야 해서 비용이 추가되므로 수출 포장 사양에 표기하고 수출 단가에도 추가해야 한다.

일반적으로 수출품 포장 방법은 **'Export Standard Packing'**이라고 하며, 무겁거나 큰 특수품의 운송이 아니라면 일반 종이 박스보다 튼튼한 수출용 종이 박스를 사용한다.

또한 최소주문수량인 MOQ가 적을수록 개당 생산원가가 비싸지므로 수출 가격은 비싸진다. MOQ는 재포장하다가 발생하는 불량과 파손을 방지하기 위해 수출 기업이 실제 생산해 포장하는 박스 포장 단위로 설정해 제시하는 것이 효율적이다. 박스의 포장 수량이 1050개이면 MOQ는 1000개가 아니라 1050개로 제시하도록 한다.

수입자가 제품명과 함께 스펙을 바로 확인할 수 있도록 'Commodity & Description' 칸에 제품명과 제품 스펙, 무게 또는 크기, 포장 방식 또는 포장 용기 등 상세한 제품 정보를 함께 기재한다. 수출자가 제품 관리를 위해 각 제품에 부여하는 Part No.가 있다면 제품명과 함께 표기하는 것이 정확한 스펙 표기 방식이다.

수출 가격에 영향을 끼치는 이러한 요소를 명시하지 않으면 수출자와 수입자가 이해하는 거래 조건이 서로 다를 수 있으므로 향후 분쟁의 여지가 없도록 주의할 필요가 있다.

Offer의 핵심 조건인 수출 가격을 표기할 때는 기준이 되는 인코텀스 조건과 거래 화폐 단위를 함께 표기하도록 한다.

인코텀스는 수출자의 책임운송구간에 따라 달라지는 운송비용과 소요경비를 수출 가격에 반영한 가격 조건이다.

만약 수출자가 한국의 수출항까지 수출품을 운송할 때의 가격 조건이라면 '**FOB Korea**'로, 일본의 도착항까지 운송할 때의 가격 조건이라면 '**CIF Tokyo, Japan**'와 같이 Offer에 명시한다. 수입자의 별도 요청이 없으면 수출자의 부담이 적은 'FOB Korea' 기준으로 제시하는 것이 일반적이다.

이와 더불어, 국제거래 공용화폐는 미국 달러(US$)이나 전 세계에 달러를 화폐 단위로 사용하는 국가가 의외로 많기 때문에 미국 달러일 경우에 정확히 US$로 표기해 혼동되지 않도록 해야 한다.

통상 수입자는 수출자의 오퍼 가격이 수용 가능 수준인 경우에도 추가로 가격 인하를 요청하므로 첫 오퍼 가격은 최소 5퍼센트 정도의 네고 여유를 가지고 제시해야 향후 협상의 여지가 있다.

실무에서는 수출 가격을 타이트하게 책정하면 급격한 원자재 인상이나 환율 변동이 있을 때 수출자의 위험 부담이 커질 수 있으므로 "수출 가격 책정 시보다 ±10% 이상 원자재 또는 환율이 급격하게 변동될 때 거래 당사자의 협의에 의해 수출 가격을 조정할 수 있다"는 특별 조항을 오퍼에 명시하기도 한다.

오퍼에 선적 조건 또는 선적일(Shipment, Shipping Date)을 구체적으로 제시해야 한다.

통상 오퍼의 선적일은 수출품의 생산 및 선적 준비 완료 시까지 소요되는 총 기일, 즉 납기(L/T, Lead Time)를 고려하여 제시한다.

수입자가 수출자에게 가격과 함께 주로 문의하는 사항이 납기다. 일반적으로 수입자가 수출자에게 납기를 제시하도록 요청하지만 수출자가 별도로 제시하지 않으면 수입자가 통상적인 수준으로 납기를 요청하기도 한다.

납기는 원자재 구매, 생산, 검사, 포장, 출하 준비에 소요되는 총 기간이므로 너무 짧게 제시하면 원자재 구매가 어렵거나 생산 설비가 고장 나거나 불량품이 생산되는 등 돌발 상황이 발생할 경우에 지키지 못할 위험이 크다.

수출자가 수입자와 정한 납기를 지키지 못하는 것은 계약 위반 사항이므로 수출자가 긴급 생산과 긴급 운송에 드는 모든 비용을 부담해야할 뿐 아니라 납기 지연으로 발생한 손해를 배상할 위험까지 있다.

따라서 실제 14일 이내에 생산이 가능하다고 해도 예상치 못한 돌발 상황을 고려해 최소 30일 정도로 여유 있게 납기를 제시하도록 한다. 만약 해외에서 원자재를 수급하는 경우는 원자재 조달 기간을 고려해 납기를 더욱 여유 있게 제시해야 한다.

실무에서는 새로운 수입자와의 거래를 성사시키려고 짧은 납기를 제시하거나, 수입자의 무리한 긴급 납기 요구를 수락했다가 급하게 생산해서 보낸 제품이 불량품으로 판정돼 반품 또는 교체 등 품질 클레임이 발생하는 경우도 있으므로 납기 지정에 유의해야 한다.

또한 결제 조건과 선적일은 매우 밀접한 관계가 있다. 통상 Offer의 선적일은 정확한 일자를 지정하는 것이 아니라 결제대금 수령일로부터 30일, L/C 수령일로부터 30일, 계약금 수령일로부터 30일, PO 수령일로부터 30일 등과 같이 '특정일로부터 며칠 이내'와 같은 방식으로 제시한다.

수출자는 대금 결제가 명확히 처리되지 않은 상태에서 선적했다가 제대로 수출대금을 받지 못할 리스크가 있으므로, 선불이나 신용장 방식일 때는 선적일을 주문서 발행일 기준이 아니라 대금 결제 수령일 또는 신용장 수령일로부터 며칠 이내로 정하는 것이 매우 중요하다.

만약 선적일이 결제대금 수령일로부터 30일이라면 선적일은 'Shipment: Within 30 days after receipt of your advance payment'와 같이 표기할 수 있으며, 신용장 방식일 경우에도 선적일은 신용장 수령일로부터 며칠 이내라고 표기할 수 있다.

실무에서는 수출자가 선불 결제나 신용장 수령 전에 구두 오더나 주문서만 받고 생산을 개시했다가 수입자가 대금 결제나 신용장 발행을 지연하거나 주문을 취소하는 바람에 생산 완료된 수출품을 제3자에게도 판매하지도 못해 불용 재고를 떠안게 되는 피해를 보기도 한다. 그러므로 반드시 수출대금 또는 신용장 수령 후에 생산을 개시해야 한다.

후불 결제 방식은 먼저 수출품을 선적한 후에 일정 기일이 지나고 나서 수출대금을 받는 방식이기 때문에 선불 송금 방식과 기준일이 달라진다.

만약 선적일이 주문서 수령일로부터 30일이라면 선적일은 'Shipment : Within 30 days after receipt of your PO'와 같이 표기할 수 있다.

또한 Offer에 대금 결제 조건(Payment Terms)을 중요 거래 조건으로 제시해야 한다.

국제 무역은 당사자 간의 협의에 의해 선불 송금 방식, 후불 송금 방식, 신용장(L/C, Letter of Credit) 방식 등 다양한 결제 방식으로 거래할 수 있다. 결제 방식에 따라 거래 당사자 각자가 감수해야 할 위험 부담이 있으며, 수출자 입장에서 새로운 수입자에게 거래 제안을 할 때는 후불 결제 방식과 같이 결제대금을 받지 못할 리스크가 큰 외상 방식을 제시하지 않는 편이 좋다. 수입자의 규모나 국가와 상관없이 검증이 안 된 새로운 수입자에게는 수출자의 결제 위험을 최소화할 수 있는 100퍼센트 사전 송금 방식이나 L/C 방식을 결제 조건으로 제안하도록 한다.

만약 Offer의 수출대금 결제방식이 100퍼센트 사전 송금 방식이라면 'Payment Terms: By 100% T/T in advance'라고 표기한다.

이와 함께 Offer의 유효기간 역시 매우 중요하다.

수출 가격은 환율과 국제 원자재 시세에 따라 변동이 심하므로 Offer의 유효기간이 언제까지인지 반드시 표기해야 한다.

실무에서는 Offer의 수출 가격이 유효기간 이내에만 효력이 있으며 유효기간 이후에는 변동된 원자재 시세와 환율을 반영해 수출 가격을 다시 책정하여 제시하는 것이 일반적이다.

통상 Offer의 유효기간을 30일 정도로 정하고 있으나 국제 시세가 매우 민감한 원유, 광물 등과 같은 상품은 7일 이내로 짧게 정하기도 한다.

수출품의 원산지와 선적항도 서로 밀접한 관련이 있는 주요 거래 조건이므로 Offer에 명확히 기재해야 한다.

제품의 원산지에 따라 명확히 가격과 품질이 다르기 때문에 Offer에 꼭 기재하는 항목이다. 누락이 없도록 유의해야 한다. 실무에서는 수출국의 선적항이 여러 곳이 있을 때는 선적항의 출항 스케줄과 선적항까지의 거리를 고려해 수출자가 수출국의 선적항을 지정한다.

그 외 클레임 또는 분쟁과 관련된 조항은 Offer에 필수로 기재해야 할 사항이 아니며 필요에 따라 별도 기재할 수 있다.

여러 거래 조건 중에 실무에서 수입자가 중요하게 고려하는 조건은 수출 가격과 함께 포장 방식, 최소주문수량, 납기 또는 선적일, 결제 조건이므로 Offer를 발행하거나 직접 만나 상담할 때 이 조건을 명확히 제시할 수 있도록 해야 한다.

MOU(Memorandum of Understanding)

MOU는 양해각서라고도 지칭하며, 통상적으로 본 계약 체결 이전 단계에 적극적인 협력을 약속하는 취지로 체결하는 가 계약서라고 할

수 있다.

MOU는 본 계약서가 아니므로 어떤 조건으로 어떻게 거래하겠다는 구체적인 내용은 표기하지 않고 앞으로 상호 협력적인 거래를 하겠다는 의사를 표시하는 것이 일반적이다.

그러나 MOU의 법적 효력 여부를 일방적으로 단정할 수 없으며 계약 이행의 필수 요건을 모두 갖추고 있으면 유효한 계약으로 볼 수 있다.

실무에서는 MOU가 정식 계약이 아니라고는 하나 수입자 입장에서는 내용에 따라 많은 부담을 느껴 계약 체결을 꺼리기도 하므로 MOU 체결 자체가 목적이라면 대략적인 계약 취지만 담아 가능한 한 간략하게 작성하는 것이 좋다.

LOI(Letter Of Intent)

LOI는 수출자와 수입자가 본 계약 체결 전 거래 협의 단계에서 체결하는 구매의향서다.

정식 계약을 체결하기 전에 계약 당사자의 계약 의도, 계약 목적, 합의 사항 등을 작성한다. 수출자와 수입자 간에 체결된 LOI의 법적 구속력 여부는 계약서상에 구체적인 문구가 있는지와 개별 내용을 확인해 판단된다.

통상 실무에서는 수입자가 수입 전에 수입국의 수입 허가 요건 확인을 이유로 화장품, 의약품 등과 같은 제품의 핵심 기밀 정보인 성분과 원료 배합 비율 등을 요구하는 경우, 수출자가 수입자에게 기밀 유지를 요청하고자 하는 경우에 체결한다.

NDA(Non-disclosure agreement)

NDA는 수출자와 수입자 간에는 사업 비밀을 공유하지만 제3자에게 는 정보를 공개하지 못하도록 할 때 체결하는 계약이다.

실무에서는 수입자가 수출자에게 견적을 받으려고 제품 도면과 같은 기밀 정보를 제공하는 경우가 있는데 이때 수출자가 제3자에게 수입자 로부터 받은 정보를 공개하지 못하도록 제한하고자 수입자가 수출자에 게 체결 요청을 하는 것이 일반적이다.

Sales Agreement

Sales Agreement는 거래 당사자인 수출자와 수입자의 권한과 책임 을 명확히 규정한 매매 계약서로 양 당사자가 서명함으로써 체결된다.

실무에서는 수출자가 계약서를 작성하면 'Sales Agreement'라고 지칭 하고 수입자가 계약서를 작성하면 'Purchase Agreement'라고 지칭하기 도 한다.

또한 수입자에 따라서는 'Master Procurement Agreement', 'Basic Agreement on Purchase and Sale', 'Sales & Purchase Agreement' 등 과 같이 다양한 타이틀로 지칭하기도 한다.

Sales Agreement는 수출자와 수입자 간 한 번으로 거래가 끝나지 않 고 향후 지속적으로 장기 거래를 하고자 할 경우에 이용되는 계약방식 이다.

실무에서는 기업 규모가 큰 수입자가 자체적인 거래 시스템 또는 매 뉴얼에 따라 상품 공급자에게 Purchase Agreement 체결을 요청하는 것이 일반적이다.

Sales Agreement에는 품질 조건, 수량 조건, 가격 조건, 포장 조건, 선적 조건, 결제 조건, 보험 조건, 클레임 및 중재 조항 등 수출자와 수입자가 국제거래 시 준수해야 할 주요 거래 조건이 명시돼야 한다.

품질은 어느 정도 수준이어야 하는지, 수량의 과부족은 어느 정도를 허용할 것인지, 포장은 어떤 방식으로 해야 하는지, 가격은 어떤 기준에 따라 책정할 것인지, 선적은 분할선적 또는 다른 선박으로의 이동 선적을 허용할 것인지, 결제대금은 어떤 조건으로 지불할 것인지, 보험은 누가 어떤 조건으로 가입해 위험 부담을 질 것인지 등이 구체적으로 표기돼야 한다.

또한 품질 문제가 생겼을 때의 클레임 처리 조항과 수입자와 수출자 간 분쟁이 원만히 해결되지 않았을 때의 중재 조항도 반드시 포함돼 있어야 한다.

품질 조건은 수입자가 수출자로부터 구매하는 제품의 품질 기준을 명확히 규정하는 것이다.

모든 상거래에서 매매되는 제품은 성능, 규격, 크기, 디자인, 색상 등 제품 품질과 관련된 여러 특성에 따라 가격이 달라진다. 따라서 거래 가격이 어떤 품질 기준을 따르는지 명확히 규정해야 한다.

일반적으로 수입자가 수출자의 샘플을 테스트하거나 검토해 자체적인 품질 기준을 통과할 경우 구매 승인을 하며, 수출품은 수입자가 승인한 샘플을 기준으로 생산해 공급해야 한다.

이와 같이 승인 샘플을 품질 기준으로 할 때는 Sales Agreement에 'Quality shall be subject to be as per the approved sample'과 같이 표기할 수 있다.

실무에서는 통상 수출자와 수입자가 거래를 시작하기 전에 수차례 검토용 샘플을 서로 주고받으며 그 후에 품질 기준이 될 최종 샘플을 확정하게 되므로, 언제 어떤 샘플을 발송했고 최종 승인 샘플은 어떤 것인지, 샘플 발송 이력을 정확히 관리하지 않으면 어떤 샘플 기준으로 수출품을 생산해야 할지 모호해지고 향후 분쟁의 여지가 될 수 있다.

이와 같이 수출품 생산 및 검사 시의 합격 품질 기준이 명확하지 않으면 나중에 클레임을 받을 빌미가 될 수 있으며, 반품 또는 교체 요구는 수출자의 피해로 이어질 수 있다. 따라서 수입자에게 테스트용으로 발송한 모든 샘플과 수입자의 주문서에 따라 생산해서 발송한 수출품 샘플을 각 주문건별로 모두 보관해 두어야 수입자와의 품질 분쟁을 방지할 수 있다.

실무에서는 이러한 보관 샘플을 'Keep Sample'이라 하며 수입자에게 발송한 테스트 샘플이 불합격되거나 주문 생산품이 불량으로 판정되면 보관 샘플을 토대로 품질 문제의 원인을 분석해 대책을 수립하거나 품질을 개선한 제품을 생산할 수 있다.

또한 Keep Sample은 생산한 수출품을 출하하기 전에 외관, 색상, 치수 등 품질 검사를 할 때 합격 판단의 명확한 기준으로 활용하기도 하고, 납득할 수 없는 수입자의 품질 클레임에 대한 반박 근거나 입증 근거로도 활용할 수 있다. 특히 품질 조건이 까다로운 전자부품은 승인 샘플과 Keep Sample을 더욱 유의하여 보관해야 한다.

Keep Sample은 분해해 불량 원인을 분석할 수 있도록 수량을 여유 있게 보관해야 한다. 만약 Keep Sample을 분석해도 품질 불량의 원인이 파악되지 않을 때는 수입자에게 불량품 샘플을 보내달라고 요청하고 받은 불량품을 분석해서 불량 원인을 파악해 대책을 수립해야 한다.

수입자의 불량품을 분석했는데도 원자재 불량, 가공 불량, 금형 불량, 포장 불량 등과 같은 일반적인 불량 원인을 찾아내지 못했다면, 운송 중에 파손되었거나 수입자가 보관을 잘못했거나 사용 방법을 제대로 숙지하지 못해 품질 문제가 발생했을 가능성이 크므로 수입자에게 이와 관련된 상황을 확인해 불량 원인을 파악하고 불량 재발 방지를 위한 대책을 수립해야 한다.

실제 인도 내륙 지방에 소재하는 수입자와 거래를 했는데 보낸 수출품이 파손되었다는 불량 통보가 여러 번 있었다. 수출자는 Keep Sample과 수입자가 보낸 불량품 샘플을 분석해도 불량 원인을 찾아낼 수 없어 수입자에게 인도 공항에 도착한 이후의 내륙운송 과정을 문의했다. 확인 결과 수출품을 인도 공항에서 수입자 창고까지 10시간 넘게 비포장도로로 운송했고 그 과정에서 파손된 것으로 파악돼 포장을 변경해 품질 문제를 해결한 사례가 있었다.

또한, 고가의 금형, 기계, 설비 등과 같은 제품은 수출자의 자체 규격으로 제작하는 것이 아니라 주문서 건별로 수입자가 지정한 스펙이나 도면대로 주문 제작하여 공급하는 것이 일반적이므로 제품의 합격 품질 기준이 승인 샘플이 아니라 수입자가 지정한 스펙 또는 도면대로 제작되었는지 여부다.

따라서 수입자가 지정한 스펙대로 주문 제작할 때는 별도 Keep Sample을 보유하기 어렵기 때문에 완성품의 수치를 검사한 검사성적서와 제품의 전후좌우를 상세히 찍은 사진을 보관해야 한다. 검사성적서와 제품 사진은 합격 판정의 기준이 될 뿐만 아니라 나중에 수입자가 품질 문제를 제기할 때 이를 확인할 중요한 근거 자료가 된다.

또한 수출자는 수입자가 승인한 샘플 기준으로 제품을 생산해서 공급해야 하며 수입자의 승인 없이 제품의 스펙을 임의 변경하는 건 계약위반 사항이므로 주의해야 한다.

제품의 재질, 치수, 강도, 등급, 표면 처리 같은 제품 사양을 변경해야 할 때는 반드시 수입자에게 변경 요청을 하고 수입자의 검토를 거쳐 승인을 받은 후에 사양이 변경된 제품을 공급해야 한다. 특히, 품질 기준이 엄격한 국제거래에서 수출자 임의대로 사양을 변경하여 생산한 제품을 공급하는 건 심각한 품질 클레임 사유라는 점을 유념해야 한다.

수입자에 따라서는 Sales Agreement에 품질 조건을 상세히 명시하지 않고 품질 조건 전반에 대해 별도 품질계약서를 체결하거나 주문서인 PO에 품질 기준을 명시하기도 한다. 특히, 자동차부품, 전자부품 등과 같이 사양과 성능을 보증해야 할 필요가 있는 제품은 수입자가 검토용 샘플과 함께 수출자가 보증하는 제품 사양과 성능을 상세히 표기한 'Approval Sheet'를 같이 제출하도록 요구하기도 한다.

수량 조건은 수입자에게 보낸 수출품의 수량 과부족을 어디까지 허

용할 것인지에 대한 규정이다.

수입자 입장에서는 주문 수량보다 많은 수량의 제품을 받으면 초과된 수량만큼 금액을 더 지불하거나 초과 수량을 반송해야 하는 번거로움이 있다. 또한, 주문 수량보다 적은 수량을 받았을 때는 수출자가 부족한 수량만큼 별도로 발송하거나 결제대금에서 차감해야 하는 번거로움이 있다.

실제 수출자가 부족 수량을 발송할 경우에 국제운송비가 별도로 소요되므로 수출자의 부담이 크다. 따라서 수출자와 수입자의 번거로움을 없애고 추가적인 국제운송비 부담이 없도록 일정 범위의 수량 과부족을 허용하도록 한다.

만약 수출자가 ±3%의 수량 과부족을 허용한다면 Sales Agreement에 'Quantity shall be subject to a variation of (3)% plus or minus at Seller's option.'와 같이 표기할 수 있다.

실무에서는 통상 3~5퍼센트의 수량 과부족을 허용하며 주문 수량이 많거나 벌크 화물의 경우에는 5퍼센트의 과부족을 허용한다.

그러나 자동차부품, 전자부품 등은 수입자가 과도한 재고를 부담하지 않으려고 실제 필요한 소요 수량만큼 타이트하게 주문하고 도착 화물을 검사해 수출자에게 부족 수량을 별도로 발송해달라고 요청하기도 하므로 수입자의 거래 방식에 따라 적절히 대응할 필요가 있다.

가격 조건은 제품 가격에 수출자가 책임지고 운송해야 하는 장소까지 운송할 경우에 부담하는 모든 비용을 추가해 수출 가격을 책정하는

조건이다.

무역거래 조건인 인코텀스는 수출자와 수입자가 각각 어디서부터 어디까지 화물 운송비용을 부담할 것인지, 어디서부터 어디까지 화물의 파손, 분실 등 운송 사고 위험을 책임질 것인지를 규정한다.

수출자와 수입자는 11개 인코텀스 조건 중에 합의한 조건을 Sales Agreement에 명시해 향후 모든 거래의 기준 가격 조건으로 한다.

수출자가 수출국의 출발항까지 운송비용을 부담하는 경우와 수입국 도착항까지 운송비용과 보험료를 부담하는 경우는 부담해야 하는 총비용이 다르므로 제품 가격에 총 소요경비를 더한 제품의 수출단가도 달라진다.

인코텀스는 각 조건에 따라 수출자가 부담해야 하는 운송비, 보험료 등과 같은 모든 비용이 구체적으로 명시돼 있으므로 수출 가격 산출의 명확한 근거가 된다.

제품에 따라, 거래 형태에 따라 차이가 있을 수 있으나 실무에서는 수출자와 수입자가 비용과 책임을 적절히 분담한 인코텀스의 FOB, CIF 조건을 Sales Agreement의 가격 조건으로 채택하는 경우가 많다.

또한 보통 국제거래 공용화폐로 사용되는 미국 달러(US$)를 거래 화폐로 지정한다. 만약 가격 조건이 FOB이고 거래 화폐가 미국 달러라면, Sales Agreement에 'Prices shall be in U.S. Currency on FOB Korea basis'로 표기할 수 있다.

그러나 인코텀스는 국제거래에 강제적으로 적용되는 거래 조건이 아니므로 법적 효력을 갖게 하려면 Sales Agreement에 거래 조건이 인코텀스 조항에 따른다는 문구를 아래와 같이 명시해야 한다.

'The trade terms used in this contract shall be governed and interpreted by the provisions of Incoterms 2020 unless otherwise specifically stated.'

포장 조건은 수출자가 수입자에게 제품을 국제운송으로 발송하는 포장 방식에 대한 규정이다.

수출품은 국제운송 중에 파손되지 않도록 견고하게 포장해야 한다. 국내운송에 사용되는 종이 박스에 포장해 운송하다가는 파손될 위험이 크다.

따라서 국내용 종이 박스보다 좀 더 튼튼한 수출 전용 종이 박스를 주로 사용하며, Sales Agreement에 'Packing shall be export standard packing'와 같이 기재한다.

기계, 설비, 건축자재, 금형 등과 같이 무겁거나 큰 특수 제품은 제품 크기에 맞게 맞춤식 나무 박스에 포장하도록 하고 만약 수입자가 지정하는 별도 포장 사양이 있다면 포장 전에 미리 수출자에게 통보해야 한다.

소비재인 경우에는 수입국 시장에서의 판매 촉진과 홍보에 도움이 되는 포장 디자인도 고려해야 하지만 우선적으로 운송 중에 파손되지 않고 수입자에게 안전하게 전달될 수 있는 포장 방식을 고려해야 한다.

소비재는 수입자에게 도착한 화물 포장 박스가 파손돼 시장에서 소비자에게 판매할 제품의 포장도 파손되면 실제 제품이 파손되었는지 여부와 상관없이 판매가 어렵기 때문에 수입자의 교체 요청이 있을 수 있다.

완성품 생산에 사용되는 부품도 수입자에게 도착한 화물 포장박스가 파손되면 포장 내부의 부품도 파손되었을 가능성이 높기 때문에 그대로 생산에 투입하다가 문제가 될 수 있다는 이유로 수입자가 교체 요청을 하기도 한다.

따라서 견고하고 튼튼한 수출 포장이 중요하나 필요 이상으로 과도하게 포장했다가는 비용이 올라가므로 적절한 포장방식을 선정해야 한다.

이와 함께 화물 포장 박스의 Shipping mark는 수출자의 화물을 다른 화물과 구별할 수 있게 해주는 매우 중요한 식별 표시다. Shipping mark에 도착항, 수입자명, 포장박스 No., 원산지, 수량 등 상세한 화물 정보를 기재함으로써 다른 화물들과 함께 선적된 수출자의 화물이 착오 없이 최종 목적항까지 도착해 수입자가 도착 화물을 빠르게 찾을 수 있도록 한다.

Shipping mark에는 다이아몬드, 삼각형 등과 같은 특수 문양을 그리고 내부에 수입자의 약자를 기재하기도 하나 실무에서는 특수 문양을 생략하고 수입자의 Full Name만 기재한다. 포장 화물과 해당 화물의 선적 서류인 Invoice No.가 일치하는지도 중요하므로 Shipping mark에 Invoice No.를 추가로 기재하기도 한다.

또한 포장 박스가 여러 개라면 적재나 하역 시에 포장 박스가 누락되지 않도록 하고 포장 수량이나 포장 물품이 다른 박스와 구분되도록 총

박스 No.와 각 박스의 No.를 함께 포장 박스에 표기해야 한다. 만약 총 10박스 중에 첫 번째 박스이면 C/No. 1/10, 두 번째 박스이면 C/No. 2/10와 같이 표기한다.

실무에서는 수입자가 선적 화물의 포장명세서인 Packing List를 보고 각 포장박스의 내용물과 수량을 빨리 확인할 수 있도록 Shipping mark의 박스 No.가 Packing List의 박스 No.와 일치하도록 한다.

선적 조건이란 선적 기준일, 선적 방식 등 수출자가 수출품의 선적과 관련해 준수해야 할 주요 사항을 규정한다.

수출품의 선적 기준일, 수출품을 여러 번 나누어서 분할선적 할 수 있는지, 운송 중에 다른 선박으로 옮겨서 환적할 수 있는지 등 수출품의 선적과 관련된 규정을 Sales Agreement에 구체적으로 명시한다.

거래 당사자가 선적일에 대해 서로 다른 기준을 가지고 있으면 향후 분쟁의 여지가 있으므로 선적일을 언제로 정할 것인지 Sales Agreement에 명확히 규정한다. 통상 선적일은 화물을 선박에 선적할 때 발행되는 선적 증빙 서류인 B/L 날짜를 기준으로 한다.

또한 분할선적 가능 여부와 환적 가능 여부도 중요한 선적 조건이다.

수출자 입장에서는 주문품을 한 번에 모두 선적해서 보내면 추가 운송비 부담이 없지만 원자재 조달 문제나 생산 설비 고장 탓에 생산이 원활하지 않을 때는 주문품을 한 번에 선적하기 어렵고 몇 번 나누어서 분할선적해야 될 수도 있으므로 Sales Agreement에서 분할선적 허용 여부를 반드시 확인해야 한다. 수출자에게는 매우 중요한 문제이므로 만약 분할선적 불가로 지정돼 있을 때는 수입자에게 분할선적이 가능하도록 선적 조건을 변경해 달라고 요청하도록 한다.

더불어 경유하는 제3국에서 화물을 다른 선박이나 운송 수단으로 이동하여 선적하는 환적 가능 여부도 중요하므로 유의하여 확인 후 선적 조건을 확정해야 한다.

만약 B/L 날짜를 선적일로 정하고 분할선적과 환적이 가능한 선적조건이라면 Sales Agreement에 아래와 같이 표기할 수 있다.

'The date of Bill of Lading shall be accepted as the conclusive date of shipment. Partial shipment and transshipment shall be permitted unless otherwise stated on the face hereof.'

또한 수출자는 계약서에 지정된 선적 기일 이내에 수출품을 선적할 의무와 책임이 있으나 천재지변, 전쟁 등과 같이 수출자가 통제할 수 없는 상황 탓에 선적 기일을 기키지 못했을 때는 책임이 없다는 조항도 Sales Agreement에 명시한다.

그 외 구체적인 선적일 또는 납기는 수출자의 Offer에 제시된 선적 기일에 따라 수입자가 이후에 별도 발행하는 주문서에 상세히 기재하는 것이 통상적인 방식이다.

결제 조건은 수입자가 언제 어떤 방식으로 수출자에게 결제대금을 지불할 것인지를 구체적으로 규정한다.

국제 무역거래의 결제 조건으로는 선불 송금 방식, 후불 송금 방식, 신용장(L/C, Letter of Credit) 방식, 추심 방식 등 다양한 방식이 있으며 수출자와 수입자가 합의해서 결정한 결제 조건을 Sales Agreement 에 명시한다.

결제 조건은 수출대금을 언제 받을 것인지, 어떤 방식으로 받을 것인지, 누구로부터 받을 것인지, 누가 지불 책임을 질 것인지에 따라 달라진다.

수출자는 수출품 선적 전에 100퍼센트 선불로 결제대금을 받는 선불 송금 방식과 은행이 수입자를 대신해 지급보증을 하는 신용장(L/C) 방식을 선호하고, 수입자는 상품을 모두 받은 후에 결제대금을 지불하는 방식을 선호한다.

결제 조건은 국제거래의 핵심이다. 수출자에게 위험 부담이 큰 결제 조건으로 거래했다가 향후 결제대금을 받지 못할 수도 있으므로 각 결제 조건의 특징과 리스크를 고려해 신중하게 결정해야 한다.

만약 결제 조건을 취소불능 신용장 방식으로 할 경우에는, 'Irrevocable Letter of Credit negotiable at sight shall be opened by Buyer immediately after each contract is concluded.'와 같이 표기할 수 있다.

보험 조건은 수출자에게 적하보험 가입 의무가 있는 경우에 수출자가 어떤 조건으로 보험가입을 해야 하는지 규정한다.

수출품 운송 중에 분실, 파손 등과 같은 운송 사고에 대비하는 적하보험 가입 의무가 수출자에게 있는 인코텀스의 CIF 조건으로 거래할 경우에, 수출자는 수출 선적 서류인 Invoice에 기재된 총액의 110퍼센트 범위로 적하보험에 가입해야 한다.

이와 같은 보험 조건에 따를 경우에는, 'In case of CIF basis, 110% of the invoice amount will be insured unless otherwise agreed.'와 같이 표기할 수 있다.

권리 침해 조항은 수입자가 지정한 사양, 디자인 등으로 수출자가 상품을 생산해 공급할 경우에 수출자에게 특허권 침해의 책임이 없음을 규정한다.

이러한 조항은 다음과 같이 표기할 수 있다.

'Buyer is to hold Seller harmless from liability for any infringement with regard to patent, trademark, etc., originated or chosen by Buyer.'

클레임 조항은 수입자가 수령한 제품의 품질 이슈가 있을 때 제품 도착 후 며칠 이내에 어떤 방식으로 수출자에게 클레임을 제기할 것인지를 규정하는 조항이다.

클레임 제기 기한을 정하지 않으면 수입자가 제품 수령을 하고 나서 상당 시일이 지난 후에 수입국에서 판매가 잘 안되거나 시장 상황이 악화되었을 때 클레임을 제기할 수 있으므로 명확하게 클레임 제기 기한을 정해야 한다.

클레임이 있을 경우, 수입국 목적지에 화물 도착일로부터 며칠 이내에 통지할 것인지 클레임 제기 기한을 지정한다. 통상 화물 도착 후 14일 이내 또는 30일 이내와 같이 특정 기한 내에 서면으로 통지하도록 규정한다.

수입자가 수입국 목적항에 화물 도착 후 30일 이내에 서면으로 클레임을 제기하도록 규정하는 경우에 아래와 같이 표기할 수 있다.

'Any claims by Buyer of whatever nature arising under this contract shall be made in written(fax, e-mail, etc.) notice within thirty (30) days after the date of arrival of the shipment at the port of the destination.'

중재 조항은 수입자와 수출자 간의 분쟁을 어떤 방식으로 해결할 것인지에 대한 규정이다.

어떤 중재 기관이 중재할 것인지, 어디에서 중재할 것인지, 중재의 기준이 되는 준거법은 무엇인지를 구체적으로 규정한다.

만약 한국 서울에 있는 대한민국 상사 주재원이 대한민국 법에 따라 분쟁을 중재하는 것으로 규정하는 경우에는 다음과 같이 표기할 수 있다.

'All disputes, controversies, or differences which may arise between the parties shall be finally settled by arbitration in Seoul, Korea in accordance with the Commercial Arbitration Rules of the Korean Commercial Arbitration Board and under the Law of Korea.'

PO(Purchase Order)

PO는 수입자가 제품을 구매하기 위해 발행하는 주문서다.

통상 거래 전반에 대한 포괄 계약서로 Sales Agreement를 먼저 체결한 후에 수입자가 실제로 제품 주문이 필요한 시점에 별도로 발행하는 주문서가 PO다.

PO는 수입자가 제품 구매가 필요한 때에 어떤 규격의 제품을 어떤 조건으로 구매할 것인지, 구체적으로 구매 조건을 지정해 주문 건별로 발행한다.

실무에서는 Sales Agreement를 체결한 이후에 수입자가 PO를 발행해야 실제 매매 거래가 이루어진 것으로 본다. 수입자에 따라서는 Sales Agreement를 체결하지 않고 바로 PO를 발행하기도 하므로 수입자와 협의해 상황에 따라 적합한 방식으로 진행하도록 한다.

PO는 일종의 개별 계약서이므로 수입자의 결제대금 지급, 수출자의 생산 및 선적의 이행이 PO에 명시된 조건대로 진행되어야 한다.

만약 수출자와 수입자가 각자의 의무와 책임을 소홀히 한다면 심각한 문제가 발생할 수 있으므로 Sales Agreement에 PO 이행에 관한 각자의 의무와 책임을 명확히 규정하기도 한다.

실무에서 수입자가 가장 우려하는 것은 PO를 수출자가 제대로 받았는지, 수출자가 별다른 이의 없이 PO를 수락하는지 여부다.

통상적인 무역 계약 체결 절차에 따르면 수출자로부터 PO를 수락한다는 회신을 받지 않으면 계약 체결이 되지 않은 것이므로 수입자는 PO 발행 후에 수출자로부터 별다른 회신이 없으면 PO를 제대로 수령했는지 회신 요청을 하기도 한다. 이러한 우려 때문에 Sales Agreement에 수출자가 PO 수령 후 며칠 이내에 수락 여부를 회신하도록 기한을 지정하는 수입자도 있다. 따라서 수출자는 별도의 규정이 없더라도 수입자가 우려하지 않도록 PO를 수령한 후 빠른 시일 내에 수락한다는 의미로 PO에 서명 날인하여 수입자에게 다시 보내거나 이메일 회신을 해서 확실하게 업무 처리를 하도록 한다.

수입자는 수출자가 제시한 Offer Sheet의 제품명, 규격, 가격, 선적일(납기), 포장 등에 근거해 PO를 발행한다. 수출자는 PO를 수령하면 PO의 제품명, 규격, 가격, 납기와 같은 중요 계약 내용이 Offer Sheet와 일치하는지 반드시 확인해 잘못된 부분은 수입자에게 즉시 정정 요청을 해서 PO가 제대로 수정된 후에 수락해야 한다.

실무에서는 수출자가 PO를 수령한 후에 통상적인 수락 기한인 5일 이내에 정정 요청 또는 수락 불가 등 특별한 의사 표시를 하지 않을 경우에 수출자가 PO의 모든 거래 조건을 이의 없이 수락하고 접수한 것으로 보고 계약이 성립된 것으로 간주하는 수입자도 있다.

원칙적으로 수출자는 PO를 수락한 후에 내용을 변경할 수 없으므로 PO를 수령하면 즉시 이상 유무를 확인해야 하며, 명확하지 않은 부분이나 가격, 수량 등 중요 계약내용이 잘못 기재된 부분이 있으면 바로 수입자에게 통지하고 확인요청을 해야 한다.

수입자에 따라서는 수출자에게 이러한 확인의무 및 통지의무가 있으며 이를 소홀히 하여 피해가 발생할 경우에 수입자에게 어떠한 책임도 없고 전적으로 수출자의 책임이라는 것을 Sales Agreement에 명확히 규정하기도 한다.

실무에서는 수입자로부터 PO를 수령하면 가격, 수량과 같은 기본 계약 내용 이외에 유의해서 확인해야 할 사항이 바로 납기, 즉 선적일이다.

납기는 수입자가 주문한 제품을 선적하기 위해 원자재 구매, 생산, 선적 준비까지 소요되는 총 기간으로 PO에 Lead Time(L/T)이라고 표기한다.

PO의 납기는 지킬 수 있는 납기인지가 매우 중요하며 현실적으로 지키기 어려운 무리한 납기를 수락했는데 선적 기일을 지키지 못하면 계약을 제대로 이행하지 못한 형국이 된다.

따라서 PO의 납기가 수입자의 착오로 수출자가 발행한 Offer의 납기와 다르게 기재돼 있는지, 수출자의 동의 없이 무리한 납기를 지정한 것은 아닌지 유의하여 확인해야 한다.

또한 실무에서는 PO의 납기가 수출국에서 선적하는 일자가 아니라 수입국에 도착하는 일자로 간주하는 수입자도 있으므로 첫 PO라면 납기 기준을 정확히 확인해야 한다.

만약 수출품 생산을 하는 과정에서 원자재 조달 문제, 설비 고장, 제품 불량 등과 같이 돌발 상황이 발생해 불가피하게 납기 내에 선적이 불가능하게 되었을 때는 사전에 수입자가 납득할 수 있도록 납기 지연 사유를 설명하고 가장 빠른 선적 가능 일을 제시해 수입자의 동의하에 선적 일을 변경해야 한다. 납기 지연 때문에 수입자가 피해를 볼 수 있으므로 수입자가 지연 선적일을 수용할 수 있는지 미리 동의를 구하지 않고 선적일이 임박해 납기 내에 선적이 불가능하다고 일방적으로 통지하면 계약 위반으로 취급돼 심각한 상황을 초래할 수 있다.

만약 수출자의 고의, 태만 등과 같이 수출자의 과실에 의해 선적이 지연되면 수입자는 지연일수만큼 위약금 배상을 청구하거나 손실에 대한 손해배상 청구를 할 수 있으므로 최선을 다해 대응함으로써 수입자와 수출자의 피해를 최소화해야 한다.

PI(Proforma Invoice)

PI는 견적송장으로 수출자가 PO 수령 전에 발행한 것은 견적서의 역할을 하고, PO 수령 후에 수입자 요청으로 발행한 것은 수출 대금을 청구하는 청구서의 역할을 한다.

실무에서는 수입자가 PO 발행 후에 결제대금으로 지급할 총금액과 은행정보 등을 기재한 PI의 발행을 수출자에게 요청하기도 한다.

수입자와 수출자는 상호 협의에 따라 NDA, Offer Sheet, MOU 또는 LOI, Sales Agreement, PO 등과 같은 무역 계약을 단계적으로 체결하거나 필요한 무역 계약을 선택적으로 체결해 거래를 진행할 수 있다.

또한 무역 계약은 크게 포괄 계약(Master Contract), 개별 계약(Case by Case Contract), 독점 판매 계약(Exclusive Contract)으로 구분할 수 있다.
포괄 계약은 거래 당사자가 장기간에 걸쳐 지속적으로 빈번하게 거래를 하게 될 경우에 거래 건별로 모든 거래 조건을 다시 협의하고 결정해서 본 계약을 체결하는 번거로움을 피하고자 기본 거래 조건을 포괄적으로 계약 체결하는 것으로, 대표적인 포괄 계약으로 Sales Agreement가 있다.

거래 당사자 간 준수해야 할 품질 조건, 수량 조건, 가격 조건 등 무역거래 기본 조건은 포괄적으로 규정해 계약을 체결해 놓고 수입자가 구매 건별로 PO를 발행해 보다 구체적이고 실질적인 계약 이행 조건에 따라 무역거래가 이루어지는 방식이다.

따라서 주문서인 PO도 일종의 개별 계약서로 간주할 수 있으며, 수입자에 따라서는 Sales Agreement와 PO의 계약 내용이 서로 달라 상충되는 부분이 있을 경우 PO에 따르도록 한다는 조항을 Sales Agreement에 명시하기도 한다.

개별 계약은 통상 Sales Contract라 지칭하며, 포괄 계약서인 Sales Agreement의 품질, 가격, 선적, 결제 조건 등과 같은 중요 일반 거래 조건과 실질적인 매매 거래를 위한 PO의 상세 계약 조건을 통합해 간략하게 체결하는 무역거래 매매 계약서다.

실무에서는 신규 거래 시, 단기 거래 시, 소액 거래 시에 주로 개별 계약을 체결하며, Sales Agreement의 일반 거래 조건과 PO 양식을 적절히 혼합한 계약 서식을 수정 · 보완해서 활용할 수 있다.

독점 판매 계약(Exclusive Contract)은 수출자가 수입국의 다른 수입자에게 상품 공급을 하지 않고 오직 지정 수입자에게만 독점적으로 상품을 공급하겠다는 계약 조건으로 체결하는 계약서다.

특히 시장에서 소비자에게 직접 판매하는 소비재는 상표 및 디자인이 같은 상품을 수입국의 여러 수입자가 시장에 공급하면 시장 경쟁이 불가피해 기존 수입자의 시장 판매가격이 흔들릴 뿐만 아니라 고객 확보가 어려워지므로 판매 실적이 악화될 수 있다.

인지도가 높지 않은 새로운 제품을 수입할 경우 수입자는 홍보와 마케팅에 많은 시간과 비용을 투자해 판매 네트워크를 개척해야 한다. 그러므로 수입자는 성공한 이후에 새로운 수입자와 경쟁 없이 판권을 보호받기 바라며 독점 판매 계약 체결을 요청하는 경우가 있다.

수출자 입장에서는 판매 능력이 검증되지 않은 수입자에게 독점 판매권을 주는 것에 대한 위험 부담이 있으므로 반드시 연간 최소 보증 판매 수량과 독점 판매 기간을 지정하고 나서 계약을 체결해야 한다.

〈 ※무역서식 샘플은 10장 무역 계약 서식 참조 〉

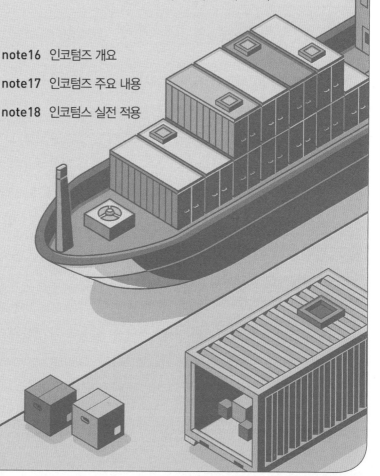

4

Chapter

인코텀즈, 무역 거래 조건(trade terms)에 관한 국제 규칙

note16   인코텀즈 개요

note17   인코텀즈 주요 내용

note18   인코텀스 실전 적용

note16

인코텀즈 개요

상품을 사고파는 모든 거래에서 가격은 매우 중요한 고려 사항이며 국제 무역거래에서도 가격이 구매 여부를 결정하는 핵심 조건이다.

수출 경험이 없는 상태에서 갑작스럽게 해외 수입자가 가격을 문의하면 많은 고민을 하게 된다. 수출은 무언가 복잡한 과정을 거치므로 국내 판매 가격을 그대로 제시하면 안 될 것 같은데 구체적으로 추가비용이 얼마나 더 드는지, 수출 가격을 어떻게 책정해서 수입자에게 제시해야 할지 잘 몰라 난감해 한다.

국내에서 판매하는 가격과 해외 수입자에게 판매하는 수출 가격은 다르다.

수입자에게 합리적인 수출 가격을 책정해 제시하려면 국제상업회의소(ICC)에서 제정한 인코텀스(INCOTERMS: International

Commercial Terms)의 핵심 개념을 정확히 이해해야 한다.

나라마다 자국 내에서 통용되는 거래 방식과 법률이 모두 다르다. 그러므로 국제거래를 하면서 서로 자국의 상관습과 법률에 따라 거래해야 한다고 주장한다면 거래가 성사되기 어렵고 항상 분쟁과 다툼의 여지가 생긴다.

이와 같은 잠재적인 무역 분쟁을 방지하고자 무역거래 조건에 대한 해석을 통일한 국제 규칙이 인코텀스다. 인코텀스는 1936년에 처음 제정된 이후 무역 환경의 변화와 실무를 반영해 수차례 개정되었는데 1980년 이후부터는 10년마다 개정되고 있다.

2010년부터 적용된 인코텀스 2010이 실무에서 오랜 기간 활용되었으며 10년 만에 인코텀스 2020이 최신 개정판으로 실무에 새롭게 적용된다.

인코텀스 2010은 11가지 정형 거래 조건을 규정하고 있다. 인코텀스 2010으로 개정되기 전에는 13가지 정형 거래 조건이었으나 개정 후에 간소화됐으며 국제거래뿐 아니라 국내거래에도 적용할 수 있도록 했다.

인코텀스는 운송 및 보험계약 의무, 물품의 인도 의무, 위험의 이전 의무, 비용의 분담 의무 등 국제운송 전 과정에서 수출자와 수입자가 각각 부담해야 하는 10가지 의무를 규정하고 있다.

수출자가 수입자에게 제품을 보낼 때는 운송 방법과 운송비용, 운송 중의 분실 및 파손과 같은 운송 사고의 위험을 고려하여야 한다. 이러한 점들을 고려해 인코텀스는 수출자와 수입자 중에 누가 운송비와 보험료를 부담할 것인지, 제품은 누가 어디까지 운송할 것인지, 제품 운송 중의 분실과 파손 위험은 누가 어디까지 책임을 질 것인지와 같은 구체적이고 실질적인 방식을 규정한다.

무역거래 당사자가 인코텀스를 채택했다면 무역 계약서의 기본 거래 조건이 될 수 있지만 인코텀스는 법적 강제성이 없으므로 효력을 갖게 하려면 무역거래 조건이 인코텀스 규정에 따른다는 것을 계약서에 명시해야 한다.

인코텀스 2010으로 개정하기 전에는 FOB, CFR, CIF 조건의 위험 분기점이 'ship's rail', 즉 본선 난간으로 규정돼 있어 수출자가 책임져야 하는 위험 부담 구간이 모호했다. 이러한 점을 보완하고자 인코텀스 2010은 'on board the vessel'과 같이 물품이 선박에 선적 완료된 상태에서 수출자의 위험 부담이 종료되는 것으로 정해, 위험 이전에 대한 기준을 명확하게 변경했다.

개정된 인코텀스 2020은 무역거래에 인코텀스를 활용하는 사용자들이 적합한 인코텀스 조건을 선택할 수 있도록 보다 더 구체적이고 깊이 있게 규정하고 명시한다. 명확하고 상세하게 인코텀스 규칙을 설명함으로써 사용자가 잘못 해석하거나 적용하다가 막대한 손실을 입지 않도록 방지한다.

인코텀스 2020은 무역 환경의 변화와 사용자의 피드백을 반영해 인코텀스 2010에서 몇 가지 세부 사항들이 개정되었는데, 핵심 개정 내용은 DAT가 DPU로 변경된 것이다.

DPU(Delivered At Place Unloaded)는 수입자가 지정한 수입국 목적지까지 수출자가 물품을 운송하고 운송트럭에서 물품을 내리는 하역

작업까지 완료한 후에 수입자에게 인도하는 조건으로, 수입통관비를 제외하고 물품을 인도할 때까지 소요되는 모든 비용을 수출자가 부담하고 운송 사고에 대한 위험 부담도 수출자가 진다.

따라서 DPU 조건은 수입자가 지정한 수입국 목적지까지 수출자가 물품을 운송하고 운송트럭에서 화물을 내리지 않은 상태로 수입자에게 인도하는 DAP(Delivered At Place) 조건에 하역 의무가 추가된 것이다.

인코텀스 2010의 DAT(Delivered At Terminal) 조건은 수입국의 최종 목적지가 터미널로 지정돼 있으나 개정된 DPU 조건은 터미널을 포함해 임의의 장소 어느 곳이든 최종 목적지로 지정할 수 있으며 화물의 하역을 완료한 상태로 수입자에게 인도하는 것이 핵심이다.

앞으로 새로운 수입자 또는 수출자와 국제 무역거래 계약을 체결한다면 최신 개정판인 인코텀스 2020을 적용하기를 권장한다.

그러나 인코텀스 2020이 아직 적용 초기이므로 개정 내용에 대한 정보가 부족하거나 오랫동안 사용해 익숙해진 인코텀스 2010을 선호할 수 있으며, 또한 이전에 체결된 무역 계약이 인코텀스 2010 기준으로 되어 있는 경우도 있으므로 인코텀스 2010도 기본적으로 숙지해야 한다.

인코텀스 2010과 인코텀스 2020의 11가지 정형 거래 조건에 따른 수출자와 수입자의 비용 부담 및 위험 부담에 대한 규정을 명확히 이해해야 신속하고 명확하게 수출 가격을 책정해 수입자에게 제시할 수 있다.

뿐만 아니라 수입자가 수출자에게 부담이 큰 인코텀스 조건으로 거래를 요청한다면 수출자의 부담이 완화된 조건을 제안해 조정할 수 있다.

[인코텀스 2010과 인코텀스 2020 비교 1]

	인코텀스 2010 Seller/Buyer 의무		인코텀스 2020 Seller/Buyer 의무	
	Seller(수출자) 의무	Buyer(수입자) 의무	Seller(수출자) 의무	Buyer(수입자) 의무
1	셀러의 일반 의무	바이어의 일반 의무	일반 의무	일반 의무
2	허가, 인가, 보안 통관, 기타 절차	허가, 인가, 보안 통관, 기타 절차	물품의 인도	물품의 인수
3	운송 계약, 보험 계약	운송 계약, 보험 계약	위험 이전	위험 이전
4	물품의 인도	물품의 인수	운송	운송
5	위험 이전	위험 이전	보험	보험
6	비용 분담	비용 분담	인도/운송 서류	인도/운송 서류
7	바이어에 대한 통지	셀러에 대한 통지	수출/수입통관	수출/수입통관
8	인도 서류	인도의 증빙	점검/포장/ 하인 표시	점검/포장/ 하인 표시
9	점검, 포장, 하인 표시	물품 검사	비용 분담	비용 분담
10	정보에 관한 협조, 관련 비용	정보에 관한 협조, 관련 비용	통지	통지

[인코텀스 2010과 인코텀스 2020 비교 2]

인코텀스 2010 정형 거래 조건 (11개 조건)	인코텀스 2020 정형 거래 조건 (11개 조건)
EXW(EX Works) (공장 인도 조건)	EXW(EX Works) (공장 인도 조건)
FCA(Free Carrier) (운송인 인도 조건)	FCA(Free Carrier) (운송인 인도 조건)
FAS(Free Alongside Ship) (선측 인도 조건)	FAS(Free Alongside Ship) (선측 인도 조건)
FOB(Free on Board) (본선 인도 조건)	FOB(Free on Board) (본선 인도 조건)
CFR(Cost and Freight) (지정 목적항 운임 포함 인도 조건)	CFR(Cost and Freight) (지정 목적항 운임 포함 인도 조건)
CIF(Cost, Insurance and Freight) (지정 목적항 운임 · 보험료 포함 인도 조건)	CIF(Cost, Insurance and Freight) (지정 목적항 운임 · 보험료 포함 인도 조건)
CPT(Carriage Paid To) (지정 목적지 운임 지급 인도 조건)	CPT(Carriage Paid To) (지정 목적지 운임 지급 인도 조건)
CIP(Carriage and Insurance Paid to) (지정 목적지 운임 · 보험료 지급 인도 조건)	CIP(Carriage and Insurance Paid to) (지정 목적지 운임 · 보험료 지급 인도 조건)
DAT(Delivered At Terminal) (지정 터미널 인도 조건)	DAP(Delivered At Place) (지정 목적지 인도 조건)
DAP(Delivered At Place) (지정 목적지 인도조건)	DPU(Delivered At Place Unloaded) (지정 목적지 양하 인도 조건)
DDP(Delivered Duty Paid) (지정목적지 관세 지급 인도 조건)	DDP(Delivered Duty Paid) (지정목적지 관세지급 인도조건)

note17

인코텀즈 주요 내용

[인코텀스 2010]

인코텀스 2010은 11개의 정형 거래 조건을 운송 방식 불문 규칙과 해상 및 내수로 운송규칙으로 구분한다.

운송 방식 불문 규칙은 "Rules for any Mode or Modes of Transport"로 어떠한 운송 방식에도 사용 가능한 규칙이다.

이 규칙은 해상운송, 항공운송, 내륙운송 중 어떤 운송 방식에도 적용할 수 있으며 여러 가지 운송 방식을 혼합한 복합 운송에도 적용할 수 있다.

운송 방식 불문 규칙에는 EXW(EX Works, 공장 인도), FCA(Free Carrier, 운송인 인도), CPT(Carriage Paid To, 운송비 지급 인도), CIP(Carriage and Insurance Paid To, 운송비 · 보험료 지급 인도),

DAT(Delivered At Terminal, 지정 터미널 인도), DAP(Delivered At Place, 지정 목적지 인도), DDP(Delivered Duty Paid, 지정 목적지 관세 지급 인도)와 같은 7가지 규칙이 있다.

해상 및 내수로 운송규칙은 "Rules for Sea and Inland Waterway of Transport"로 해상운송과 내수로 운송에만 적용 가능한 규칙이다.

이 운송 규칙에는 FAS(Free Alongside Ship, 선측 인도), FOB(Free On Board, 본선 인도), CFR(Cost and Freight, 운임 포함 인도), CIF(Cost, Insurance and Freight, 운임 · 보험료 포함 인도)와 같은 4가지 규칙이 있다.

인코텀스의 핵심 특징은 비용 부담의 주체가 반드시 위험 부담의 주체가 되는 것은 아니라는 점이다. 수출자가 운송비, 보험료, 통관비 등의 비용은 부담하지만 제품의 파손, 분실의 책임, 즉 위험 부담은 수입자에게 있는 경우도 있으므로 해당 조건을 정확히 확인해야 한다.

인코텀스 2010의 11개 정형거래 조건은 수출자와 수입자의 핵심 의무인 위험 이전(Transfer of risks)과 비용 부담(Allocation of costs)에 대해 명확히 규정하고 있다.

위험 이전이란 수출자가 수입자에게 화물을 운송하는 도중에 제품의 파손, 분실 등과 같은 사고가 발생할 때 어디까지 수출자가 책임지고 어디서부터 수입자가 책임지는지 수출자와 수입자의 사고 위험 책임 구간과 위험의 이전 시점을 규정하는 것이다.

수출을 하려면 수출자의 공장 또는 창고로부터 수입자의 공장 또는 창고까지 내륙, 해상 또는 항공운송 방식으로 매우 먼 거리를 이동하고 운송수단을 여러 번 바꿔 적재하거나 하역해야 하며 위험한 환경에서도 위험을 감수해야 하는 어려움이 있다.

이와 같이 예측하기 어려운 다양한 잠재적인 위험이 있어 운송 중에 파손 또는 분실 사고가 발생할 가능성이 매우 크기 때문에 반드시 어디서부터 어디까지 누가 위험을 책임질 것인지 명확하게 규정할 필요가 있다.

운송 사고의 위험이 수입자에게 이전되기 전에 사고가 발생한 경우는 수출자가 책임을 지고, 사고의 위험을 이전 한 이후에 발생한 운송 사고에 대해서는 수입자가 책임을 진다.

복잡한 국제운송은 국내운송에 비해 사고 위험이 매우 높기 때문에 수출자와 수입자는 각자 책임져야 하는 운송 구간에서 운송 사고가 일어날 경우를 대비해 손실을 보상받는 보험에 가입할 필요가 있다.

비용 부담이란 수출자가 수입자에게 제품을 운송하는 과정에서 발생하는 여러 비용을 누가 어디서부터 어디까지 부담할 것인지 규정하는 것이다. 국제운송 과정 중에는 수출국 국내운송비, 수출통관비, 선적비용, 해상/항공운송비, 하역비용, 수입통관비, 수입국 내륙운송비, 적하보험료, 관세, 부가세 등 다양한 비용이 소요된다. 이러한 다양한 비용은 인코텀스 규정에 따라 수출자의 비용 부담 구간에서는 수출자가, 수입자의 비용 부담 구간에서는 수입자가 각각 부담한다.

인코텀스 2010의 11가지 정형거래 조건(Trade Terms)의 주요 내용은 아래와 같다.

(※표기한 4개 조건은 해상 및 내수로 운송 시 사용 규칙)

인코텀스 조건	수출자의 위험 부담이 수입자의 위험 부담으로 이전되는 시기	비용 부담 구분	
		수출자(seller) 부담	수입자(buyer) 부담
EXW(EX Works) (공장 인도 조건)	수출자의 공장, 창고 등에서 물품을 인도하였을 때	없음	수출국 국내운송비, 수출통관비, 수입국 목적지까지의 운송비, 보험료, 수입통관비
FCA (Free Carrier) (운송인 인도 조건)	수출자가 수입자 지정 운송인에게 지정 장소에서 수출통관된 물품을 인도하였을 때	수출국 국내운송비, 수출통관비	수입국 목적지까지의 운송비, 보험료, 수입통관비
*FAS (Free Alongside Ship) (선측 인도 조건)	수출국 지정 선적항에서 선적 전에 본선의 측면에서 물품이 인도되었을 때	수출국 국내운송비, 수출통관비	수입국 목적지까지의 운송비, 보험료, 수입통관비
*FOB (Free on Board) (본선 인도 조건)	수출국 지정 선적항에서 물품이 본선에 선적되었을 때	수출국 국내운송비, 수출통관비, 선적비용	수입국 목적지까지의 운송비, 보험료, 수입통관비
*CFR(Cost and Freight) (지정 목적항 운임 포함 인도 조건)	수출국 지정 선적항에서 물품이 본선에 선적되었을 때	수출국 국내운송비, 수출통관비, 수입국 지정항까지의 운송비	수입국 목적지까지의 내륙운송비, 보험료, 수입통관비

*CIF (Cost, Insurance and Freight) (지정 목적항 운임 · 보험료 포함 인도 조건)	수출국 지정 선적항에서 물품이 본선에 선적되었을 때	수출국 국내운송비, 수출통관비, 수입국 지정항까지의 운송비, 보험료	수입국 목적지까지의 내륙운송비, 수입통관비
CPT(Carriage Paid To) (지정 목적지 운임 지급 인도 조건)	지정목적지까지 운송할 운송인에게 물품이 인도되었을 때	수출국 국내운송비, 수출통관비, 수입국 지정 목적지까지의 운송비	보험료, 수입통관비
CIP(Carriage and Insurance Paid to) (지정목적지 운임 · 보험료 지급 인도 조건)	지정목적지까지 운송할 운송인에게 물품이 인도되었을 때	수출국 국내운송비, 수출통관비, 수입국 지정 목적지까지의 운송비, 보험료	수입통관비
DAT(Delivered At Terminal) (지정터미널 인도 조건)	물품이 수입통관되지 않고 운송 수단에서 내려진 상태로 수입국의 지정터미널에서 수입자에게 인도되었을 때	수출국 국내운송비, 수출통관비, 수입국 지정 터미널까지의 운송비, 보험료, 양하비	수입국 목적지까지의 내륙운송비, 수입통관비
DAP(Delivered At Place) (지정 목적지 인도 조건)	물품이 수입통관되지 않고 차량에 실린 상태로 수입국의 지정 목적지에서 수입자에게 인도되었을 때	수출국 국내운송비, 수출통관비, 수입국 지정 목적지까지의 운송비, 보험료	수입통관비
DDP(Delivered Duty Paid) (지정 목적지 관세 지급 인도 조건)	물품이 수입통관되어 차량에 실린 상태로 수입국 지정목적지에서 수입자에게 인도되었을 때	수출국 국내운송비, 수출통관비, 수입국 지정 목적지까지의 운송비, 보험료, 수입통관비	없음

〈인코텀스 2010 수출자와 수입자의 비용 부담 요약〉

	인코텀스	수출국 국내 운송비	수출 통관비	수입국 까지 해상/ 항공 운송비	수입 통관비 (관세, 부가세 포함)	수입국 목적지 까지 내륙 운송비	수입국 목적지 에서 양하비 (하역비)	보험료
수출국 인도	EXW	I	I	I	I	I	I	I
	FCA	E	E	I	I	I	I	I
	FAS	E	E	I	I	I	I	I
	FOB	E	E	I	I	I	I	I
수입국 인도	CFR	E	E	E	I	I	I	I
	CIF	E	E	E	I	I	I	*E
	CPT	E	E	E	I	E	I	I
	CIP	E	E	E	I	E	I	*E
	DAT	E	E	E	I	I	E	E
	DAP	E	E	E	I	E	I	E
	DDP	E	E	E	E	E	I	E

(E: 수출자 부담, I: 수입자 부담, *E: 수출자 필수 부담)

〈인코텀스 2010의 비용 부담과 위험 부담 비교〉

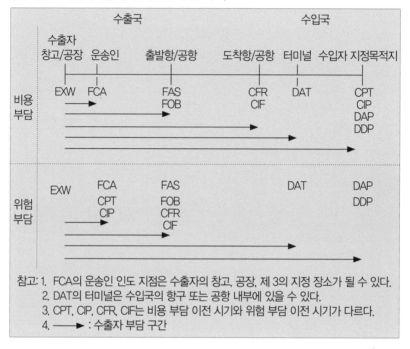

E, F, D 글자로 시작하는 조건은 비용 부담과 위험 부담 구간이 동일하여 수출자가 수입자에게 물품을 인도할 때 수출자의 운송비용 부담과 운송 사고에 대한 위험 부담이 모두 종료되고 수입자에게 비용과 위험이 동시에 이전된다.

그러나 C 글자로 시작하는 조건은 수출자가 수출국에서 물품을 인도할 때 운송 사고에 대한 위험 부담 책임은 종료되지만 수입국 지정 장소에 물품이 도착해야 비용 부담 책임이 종료되므로 수출자가 수입자에게 비용 부담을 이전하는 시기와 위험 부담을 이전하는 시기가 서로 다르다는 것이 가장 큰 특징이다.

FCA, CPT, CIP는 수출자가 특정 장소가 아니라 운송인에게 화물을 인도해야 수출자의 운송 사고 위험 부담이 종료된다. 그 외 조건은 인코텀스가 정한 특정 장소 또는 특정 상태에서 화물을 수입자에게 인도하면 수출자의 운송 사고 위험 책임이 끝난다.

EXW는 물품의 인도 지점에서 FCA와 유사한 조건이다. EXW는 수입자가 수출자의 공장 또는 창고에서 물품을 픽업해 수출통관부터 수입국 목적지에 도착할 때까지 운송 전 과정에 소요되는 비용과 위험을 부담하는 조건으로, 수출자가 수출자의 공장이나 창고에 물품이 적재된 상태에서 수입자에게 물품을 넘기면 수출자의 의무가 종료되며 모든 비용과 위험이 수입자에게 이전된다. 따라서 EXW는 수출자의 운송 책임이 가장 적고 수입자의 운송 책임이 가장 큰 조건이다.

FCA는 수입자가 지정한 특정 운송인에게 물품을 인도하면 수출자의 비용 부담과 위험 부담 책임이 종료돼 수입자에게 운송 책임이 이전된다.

FCA는 특정 장소가 아니라 운송인에게 화물을 인도하는 조건이므로 운송인에게 화물을 인도하는 장소는 유동적일 수 있다. 수출자는 수출통관이 완료된 물품을 수출자 창고나 공장에서 운송인의 트럭에 적재하거나 또는 제3의 지정 장소에서 운송인에게 물품을 인도해서 책임을 종료할 수 있다.

실무에서는 수출자가 터미널 또는 운송인의 창고 같은 제3의 지정 장소에서 운송인에게 화물을 인도하는 경우가 많다. 이와 같이 운송인이 수출자의 공장이나 창고가 아니라 지정된 터미널 또는 운송인의 창고에서 물품을 인도받는 경우에는 수출자가 인도 장소까지의 국내운송비를 부담한다.

EXW와 FCA의 가장 큰 차이점은, EXW가 물품을 수출통관 하지 않은 상태에서 수입자에게 인도하는 반면에, FCA는 수출자가 비용을 부담해 물품을 수출통관 한 상태에서 수입자에게 인도한다는 것이다.

FAS는 FOB와 유사한 조건이다. FOB가 수출항의 본선에 물품 선적이 완료되면 수출자의 비용 부담 및 위험 부담 책임이 종료되는 반면에, FAS는 물품이 수출항의 본선에 선적되기 전 본선의 선측에 적재된 상태로 인도하면 수출자의 비용 부담과 위험 부담 책임이 끝난다. FAS는 컨테이너처럼 규격화된 포장 방식으로 포장이 불가능한 석탄, 곡물, 광물 등과 같은 벌크 화물의 국제운송에 주로 이용되며, 일반 화물은 FOB 조건이 주로 활용되고 있다.

또한 인코텀스 조건 중에 수출자의 위험 이전 구간과 비용 이전 구간이 명확히 다른 CFR, CIF, CPT, CIP 조건은 유의해 확인해야 한다.

CFR, CIF 조건은 수출자가 수입국 지정항까지의 화물 운송에 드는 모든 소요비용을 부담하지만 수출국에서 물품이 본선에 선적 완료되면 운송 사고 위험에 대한 수출자의 책임이 끝난다.

CPT, CIP 조건은 수출자가 수입국 지정 목적지까지 화물 운송에 드는 모든 소요비용을 부담하지만 수출국에서 운송인에게 화물을 인도하면 운송사고 위험에 대한 수출자의 책임이 끝난다.

CPT, CIP 조건으로 진행할 경우 수출자와 수입자 간의 위험 분담과 비용 분담에 대한 분쟁을 피하려면 수출자가 어디에서 운송인에게 화물을 인도할 것인지, 화물을 도착시켜야 하는 수입국 지정 목적지가 어디인지 명확하고 구체적으로 지정해야 한다.

만약 운송인에게 인도할 수출국의 장소나 수입국의 최종 지정 목적지가 불명확할 때는 반드시 수입자에게 지정 장소를 재확인해 분쟁의 여지가 없도록 해야 한다.

국제거래에서는 운송 도중 사고로 화물이 분실되거나 파손되는 피해에 대비하는 적하보험 가입이 매우 중요하다. 수출자나 수입자 중 누군가는 보험에 가입해 향후 발생할 수 있는 손해에 대비해야 한다. 인코텀스는 적하보험을 누가 가입해야 하는지 명확히 규정하고 있다.

인코텀스 규정에 따라 CIF, CIP 조건과 같이 수출자가 수입자를 대신해 보험에 가입해야 하는 보험 계약 체결 의무가 있는 경우에는 수출자가 보험료를 추가해 책정한 수출 가격을 수입자에게 청구해서 수입자 대신 보험료를 지불하는 것이므로 향후 운송 사고가 발생하면 수입자에게 보험 보상 청구 권한이 있다.

이와 같이 CIF, CIP 조건은 수출자에게 보험 가입 의무가 있으나, 그 외 조건은 보험 가입 의무가 없으므로 수출자 또는 수입자가 필요에 따라 보험 가입 여부를 결정할 수 있으며 통상 운송 사고에 대한 손실을 감수해야 하는 당사자가 가입한다.

만약 물품을 컨테이너에 적재해 본선에 선적하기 전에 터미널에서 운송인에게 인도하는 경우라면 FOB 조건이 아니라 FCA 조건을 사용하고, 마찬가지로 CFR 조건은 CPT 조건으로, CIF 조건은 CIP 조건으로 변경해서 활용하도록 한다.

처음에는 인코텀스 조건을 모두 정확히 이해하기 어렵지만 실무에서 주로 많이 활용되는 인코텀스 조건 위주로 숙지하면 큰 어려움은 없을 것이다.

실무에서는 FOB, CIF 조건을 가장 많이 활용한다.

FOB, CIF, CFR 조건은 원칙적으로 해상운송에 사용되는 규칙임에도 불구하고 실무에서는 해상운송뿐 아니라 항공운송의 경우에도 혼용해 사용한다.

만약 FOB Busan, Korea라면 수출자가 수출품을 공장에서 부산항까지 운송하고 수출통관을 한 후에 선박에 선적할 때까지 소요되는 국내운송비, 수출통관비, 선적비용을 포함한 모든 소요 비용을 부담한다.

만약 CIF Nagoya, Japan라면 수출자가 수출품을 공장에서 부산항까지 운송하고 수출통관을 한 후에 선박에 선적해 일본 나고야항에 도착할 때까지 소요되는 국내운송비, 수출통관비, 나고야항까지의 해상 운임, 보험료를 포함한 모든 비용을 부담한다.

최근에는 수입자가 수출자의 책임으로 수입국의 지정 목적지까지 물품을 도착시키는 조건을 요구하는 경향이 증가하고 있으므로 DAT, DAP, DDP와 같이 수출자가 수입국 특정 장소에서 물품을 인도하는 조건들을 정확히 구분해야 한다.

수출자에게 비용 부담과 위험 부담이 큰 순서는 DAT(Delivered At Terminal, 지정 터미널 인도) 〈 DAP(Delivered At Place, 지정 목적지 인

도) 〈 DDP(Delivered Duty Paid, 수입국 지정 목적지 관세 납부 인도)다.

DAT는 수출자가 수입국에 도착한 화물을 수입통관하지 않은 상태로 수입국의 지정 터미널에서 수입자에게 물품을 인도하는 조건이다. 특별히 규정되지 않은 경우에는 수출자가 운송 수단에 물품을 적재하고 수입국 목적지에서 수입자가 운송 수단에서 물품을 내리는 것으로 정하는데 DAT 조건은 유일하게 트럭에서 물품을 내릴 하역 의무가 수출자에게 있다.

DAT 조건은 수입국의 항구 또는 공항 내부의 터미널이나 지정된 터미널에서 화물을 인도하거나, 유럽이나 중앙아시아의 경우에는 기차나 트럭의 화물 집하지인 화물 터미널에서 인도함으로써 수출자의 운송비용 부담과 운송 사고에 대한 위험 부담 책임이 종료된다.

DAP는 수출자가 운송비용과 운송 사고 위험을 책임지고 물품을 수입통관하지 않은 상태로 수입자가 지정한 수입국 목적지까지 운송하는 조건이다.

DAP 조건에 수입국에서의 수입통관 비용과 관세, 부가세 등 수입관련 세금까지 추가로 부담하면 DDP 조건이 된다.

마찬가지로 DAP, DDP 조건도 수출자의 책임으로 화물을 어디까지 도착시켜야 하는지 명확히 지정해야 한다. 만약 수입자가 DAP ACE, Japan과 같이 최종 도착지를 지정하면 수출자가 일본 ACE까지 도착시키는 조건이다.

DAT, DAP, DDP 조건은 수출자에게 수입국에서의 수입통관 의무가 있는지 여부가 매우 중요하다. 만약 DDP 조건과 같이 수출자에게 수입통관 의무가 있다면 수출자가 수입통관비용과 관세, 부가세 등 수입 관련 세금을 함께 내야 한다.

DDP 조건은 수출국 내륙운송비, 수출통관비, 해상/항공운송비, 수입통관 비용, 관세, 부가세, 보험료, 수입국 내륙운송비 등 모든 소요 비용을 수출자가 전액 부담해서 수입자가 지정하는 회사나 창고까지 도착시켜야 하고, 최종 목적지에 도착할 때까지 운송 사고에 대한 위험 부담도 모두 수출자가 지므로 수출자에게 가장 부담이 큰 조건이다.

또한, 수입국의 사업자가 아닌 수출자가 납부한 부가세를 환급받기는 어렵기 때문에 수출자가 수입통관을 하면서 납부해야 하는 부가세만큼 수출 가격이 인상되므로 실무에서 DDP 조건을 활용하는 경우는 많지 않다.

만약 DDP 조건에 부가세를 포함시키지 않고 수출 가격을 제시하고자 한다면 수입자에게 견적을 제시할 때 'DDP, excluding V.A.T' 또는 'DDP, V.A.T excluded'와 같은 특수 조항을 표기해야 한다.

수출자가 수입자 지정 목적지까지 도착시키는 DAT, DAP, DDP 조건은 특히 포워더(국제운송사)의 역할이 매우 중요하다. 따라서 운송사를 선정하는 것이 중요한 업무라 할 수 있다.

일반적으로 DAT, DAP, DDP 조건과 같이 수출자의 운송 책임이 큰 경우에는 수출자가 운송사를 선정해 운송, 통관 관련 업무를 위임하고, EXW 조건같이 수입자가 수출자의 공장이나 창고에서 화물을 인도받는 경우는 수입자의 운송 책임이 크므로 통상 수입자가 특정 운송사를 지정해 화물이 수입자의 최종 목적지에 도착할 때까지 운송 전 과정을 진행 및 컨트롤하도록 한다. 수입자가 특정 운송사를 지정함으로써 경쟁력 있는 운송비용으로 신속 정확하고 안전하게 화물을 인도받을 수 있다.

국제운송사는 해당 수입국으로의 운송 경험은 물론 수출품의 반송, 억류 등 운송 및 통관 관련 사건 사고에 관해 많은 경험이 있어 수출자가 수출 전에 점검할 수 있도록 정보를 제공할 뿐만 아니라 돌발 상황이나 긴급 상황에 유연하게 대처할 수 있도록 잘 커뮤니케이션하는 운송사를 선정하는 것이 좋다.

실무에서는 일본 수입자가 수입통관비를 제외한 모든 비용과 위험을 수출자가 부담해 수입자의 공장까지 화물을 도착시키는 DAP(개정 전 DDU) 조건을 요구하는 경우가 많다.

또한 싱가폴, 홍콩의 창고를 잠시 경유해 최종 목적지인 제3국으로 운송하는 일이 많은 싱가폴, 홍콩 수입자도 수입국의 지정 창고까지 화물 도착을 요청하기도 한다.

실무 경험에 따르면 일본과 같이 수입통관 시스템이 잘 구축돼 있는 수입국의 수입 규정에 따를 경우에 운송, 통관 관련 사고가 거의 없으며 내륙 운송 인프라도 잘 갖춰져 있으므로 수입국 지정 목적지 도착 조건으로 거래해도 큰 리스크가 없다.

그러나 수입통관 시스템과 내륙 운송 인프라가 제대로 구축되지 않은 국가와 수입국 지정목적지 도착 조건으로 거래할 때는 각별한 주의가 필요하다.

따라서 수입자가 수출자에게 부담이 큰 DAT, DAP, DDP 조건으로 거래를 요청한다면 무역거래에서 통상 많이 활용하는 FOB 또는 CIF 조건으로 유도하는 것이 좋다.

[인코텀스 2020]

인코텀스 2020의 큰 틀은 기본적으로 인코텀스 2010과 동일하며 인코텀스 2020의 핵심 개정 내용은 인코텀스 2010의 DAT(Delivered At Terminal) 조건이 DPU(Delivered At Place Unloaded) 조건으로 변경된 것이다. 인코텀스 2020의 DPU 조건은 DAT 조건의 수입국 최종 목적지가 터미널로만 제한된 것과 DAP 조건이 수입국 최종 목적지에 화물이 도착된 후에 운송 트럭에서 화물을 내리지 않은 상태로 수출자가 수입자에게 화물을 인도하도록 규정함으로써 무역거래 당사자들이 현장에서 겪는 어려움과 한계점을 보완하기 위해 개정된 것이라고 할 수 있다.

인코텀스 2020은 인코텀스 2010과 마찬가지로 11개 규칙으로 구성돼 있으며 7개의 운송 방식 불문 규칙과 4개의 해상/내수로 운송 규칙으로 구분한다.

해상운송, 항공운송, 내륙운송 중에 어떠한 운송 방식으로도 운송이 가능한 운송 방식 불문 규칙으로는, EXW(EX Works, 공장 인도), FCA(Free Carrier, 운송인 인도), CPT(Carriage Paid To, 운송비 지급 인도), CIP(Carriage and Insurance Paid To, 운송비 · 보험료 지급 인도), DAP(Delivered At Place, 지정 목적지 인도), DPU(Delivered At Place Unloaded, 지정 목적지 양하 인도), DDP(Delivered Duty Paid, 지정 목적지 관세 지급 인도)와 같은 7가지가 있다.

해상/내수로 운송 시에 사용하는 운송 규칙으로는, FAS(Free Alongside Ship, 선측 인도), FOB(Free On Board, 본선 인도), CFR(Cost and Freight, 운임 포함 인도), CIF(Cost, Insurance and Freight, 운임·보험료 포함 인도)와 같은 4가지 규칙이 있다.

그 외 추가로 인코텀스 2020에서 개정된 내용은 다음과 같다.

1. 개정 전 FCA(Free Carrier) 규칙은 수출자가 물품을 운송인에게 인도한 후에 수출자의 의무가 종료됐다. 그러나 개정된 인코텀스 2020에서는 수출자와 수입자의 동의하에 수입자는 화물이 선적된 다음 on-board B/L을 수출자에게 발행하도록 운송인에게 지시할 수 있고, 수출자는 수령한 on-board B/L을 은행을 통해 수입자에게 제시하는 것으로 개정되었다.

2. 인코텀스 2020는 운송비, 수출통관비와 같이 수출자와 수입자가 부담해야 하는 예상 비용 전체 리스트를 한눈에 볼 수 있도록 상세히 명시했다.

3. 인코텀스 2020에서는 CIF 조건과 CIP 조건이 서로 다른 수준의 적하보험을 보장한다. 개정 전 인코텀스 2010은 CIF와 CIP가 동일한 수준으로 적하보험을 보장했으나 인코텀스 2020으로 개정된 후에 CIF는 개정 전과 마찬가지로 보험 보상 범위를 협회 적하보

험 약관의 최소 보장 수준인 C 레벨로 유지하고 거래 당사자의 합의에 따라 더 높은 수준으로 조정할 수 있으며, CIP는 글로벌 거래 당사자의 피드백을 반영해 보험 보상 범위를 협회 적하보험 약관의 최대 보장수준인 A레벨로 높이도록 개정됐다.

4. 인코텀스 2020는 운송사인 제3자에게 화물 운송을 위탁하지 않고 상황에 따라 수입자 또는 수출자가 자신들의 차량 등 자체적인 운송 수단으로 직접 운송할 수 있도록 개정됐다. 특히, 수출국 또는 수입국에서 내륙 운송이 필요한 FCA, DAP, DPU, DDP 조건의 경우에 적용될 수 있다.

5. 인코텀스 2020는 운송, 수출입 통관의 보안 관련 규정을 좀 더 명확하고 상세하게 개정했다.

인코텀스 2020의 11가지 정형 거래 조건(Trade Terms)의 주요 내용은 다음과 같다.

(*표기한 4개 조건은 해상 및 내수로 운송 시 사용 규칙)

인코텀스 조건	수출자의 위험 부담이 수입자에게 이전되는 시기	비용 부담 구분	
		수출자 부담	수입자 부담
EXW (EX Works) (공장 인도 조건)	수출자의 공장, 창고 등에서 물품을 인도하였을 때	없음	수출국 국내운송비, 수출통관비, 수입국 목적지까지의 운송비, 보험료, 수입통관비
FCA (Free Carrier) (운송인 인도 조건)	수출자가 수입자 지정 운송인에게 지정 장소에서 수출통관된 물품을 인도하였을 때	수출국 국내운송비, 수출통관비	수입국 목적지까지의 운송비, 보험료, 수입통관비
*FAS (Free Alongside Ship) (선측 인도 조건)	수출국 지정 선적항에서 선적 전에 배의 측면에서 물품이 인도되었을 때	수출국 국내운송비, 수출통관비	수입국 목적지까지의 운송비, 보험료, 수입통관비
*FOB (Free on Board) (본선 인도 조건)	수출국 지정 선적항에서 물품이 본선에 선적되었을 때	수출국 국내운송비, 수출통관비, 선적비용	수입국 목적지까지의 운송비, 보험료, 수입통관비
*CFR(Cost and Freight) (지정 목적항 운임 포함 인도 조건)	수출국 지정 선적항에서 물품이 본선에 선적되었을 때	수출국 국내운송비, 수출통관비, 수입국 지정항까지의 운송비	수입국 목적지까지의 내륙운송비, 보험료, 수입통관비
*CIF (Cost, Insurance and Freight) (지정목적항 운임·보험료 포함 인도 조건)	수출국 지정 선적항에서 물품이 본선에 선적되었을 때	수출국 국내운송비, 수출통관비, 수입국 지정항까지의 운송비, 보험료	수입국 목적지까지의 내륙운송비, 수입통관비

CPT(Carriage Paid To) (지정목적지 운임지급 인도 조건)	지정목적지까지 운송할 운송인에게 물품이 인도되었을 때	수출국 국내운송비, 수출통관비, 수입국 지정목적지까지의 운송비	보험료, 수입통관비
CIP(Carriage and Insurance Paid to) (지정목적지 운임 · 보험료 지급 인도 조건)	지정목적지까지 운송할 운송인에게 물품이 인도되었을 때	수출국 국내운송비, 수출통관비, 수입국 지정목적지까지의 운송비, 보험료	수입통관비
DAP(Delivered At Place) (지정목적지 인도 조건)	물품이 수입통관되지 않고 차량에 실린 상태로 수입국의 지정 목적지에서 수입자에게 인도되었을 때	수출국 국내운송비, 수출통관비, 수입국 지정 목적지까지의 운송비, 보험료	수입통관비
DPU(Delivered At Place Unloaded) (지정목적지 양하 인도 조건)	물품이 수입통관되지 않고 운송 수단에서 내려진 상태로 수입국 지정 목적지에서 수입자에게 인도되었을 때	수출국 국내운송비, 수출통관비, 수입국 지정 목적지까지의 운송비, 보험료, 양하비	수입통관비
DDP(Delivered Duty Paid) (지정목적지 관세지급 인도 조건)	물품이 수입통관돼 차량에 실린 상태로 수입국 지정 목적지에서 수입자에게 인도되었을 때	국내운송비, 수출통관비, 수입국 지정 목적지까지의 운송비, 보험료, 수입통관비	없음

〈인코텀스 2020 수출자와 수입자의 비용 부담 요약〉

인코텀스		수출국 국내 운송비	수출 통관비	수입국 까지 해상/ 항공 운송비	수입 통관비 (관세, 부가세 포함)	수입국 목적지 까지 내륙 운송비	수입국 목적지 에서 양하비 (하역비)	보험료
수출국 인도	EXW	I	I	I	I	I	I	I
	FCA	E	E	I	I	I	I	I
	FAS	E	E	I	I	I	I	I
	FOB	E	E	I	I	I	I	I
수입국 인도	CFR	E	E	E	I	I	I	I
	CIF	E	E	E	I	I	I	*E
	CPT	E	E	E	I	E	I	I
	CIP	E	E	E	I	E	I	*E
	DAP	E	E	E	I	E	I	E
	DPU	E	E	E	I	E	E	E
	DDP	E	E	E	E	E	I	E

(E:수출자 부담, I:수입자 부담, *E:수출자 필수 부담)

〈인코텀스 2020의 비용 부담과 위험 부담 비교〉

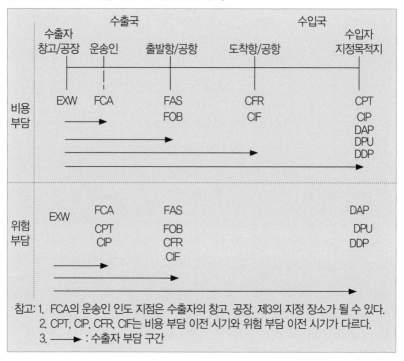

개정된 인코텀스 2020에서 DAT 조건이 DPU 조건으로 변경됨으로써, 수출자에게 부담이 큰 순서는 DAP(Delivered At Place, 지정 목적지 인도) 〈 **DPU(Delivered At Place Unloaded, 지정 목적지 양하 인도)** 〈 DDP(Delivered Duty Paid, 지정 목적지 관세 납부 인도)다.

실무에서는 무역거래 당사자 간에 인코텀스 조건에 대한 해석이 달라 분쟁이 발생하는 경우가 있으므로 명확한 인코텀스 조건을 무역거래 조건으로 채택해 활용하는 것이 바람직하다.

note18

인코텀스 실전 적용

    무역 실무에서 인코텀스는 가격 조건을 제시하는 기준이 되며 수출 가격을 합리적으로 책정하려면 수출자가 어디서부터 어디까지 어떤 비용을 부담해야 하는지 명확히 이해해야 한다.

    또한 위험 이전과 비용 이전의 개념을 정확히 이해해야만 거래 조건을 협상할 때 감수해야 할 모든 위험과 비용을 충분히 고려해 조건을 거절하거나 수용할 수 있다. 뿐만 아니라 국제운송 과정 중에 자신이 어떤 비용을 부담해야 하는지 정확히 알아야 자신에게 부담이 적은 조건으로 거래 제안을 할 수 있다.

    최근에는 수입자가 자신들에게 유리한 조건으로 국제운송을 요구하는 경우가 증가하고 있으며 일부 국가의 수입자는 수출자의 비용 부담과 위험 부담으로 수입자의 공장이나 창고까지 운송해 달라고 요구하기도 한다.

수출자 입장에서 위험 부담과 비용 부담이 가장 적은 조건은 수출자의 공장이나 창고에서 수입자에게 물품을 인도하는 EXW 조건이지만 수입자에게는 가장 부담이 큰 조건이다.

반대로 수출자에게 가장 부담이 큰 조건은 수출자의 위험 부담과 비용 부담으로 수입자의 공장 또는 창고까지 물품을 도착시키는 DDP 조건으로, 수입자는 운송 전 과정에 관여하거나 책임질 필요가 없으므로 가장 부담이 적은 조건이다.

만약 수출자에게 가장 부담이 큰 DDP 조건으로 거래 수용이 어렵다면 CIF 조건처럼 수출자의 부담이 완화된 조건으로 변경 요청을 해서 조정하는 것이 좋다.

일부 국가는 수입통관이 원활하지 않고 내륙 운송 시스템이 좋지 않아서 수입자가 지정한 장소까지 수출자가 운송을 책임져야 할 경우 아주 힘든 상황에 처할 수 있으므로 거래 조건을 결정할 때 매우 유의해야 한다.

실무에서 가장 많이 사용되는 인코텀스 조건은 FOB(본선 인도 조건), CIF(보험료ㆍ운임 포함 인도 조건) 조건이다.

이 조건들은 수출자와 수입자의 위험 부담과 비용 부담 책임을 적절히 분담하고 있어 모두에게 가장 합리적이라 할 수 있다.

인코텀스 규정에 근거해 수입자에게 수출 가격을 제시할 때는 제품 가격에 해당 소요비용(운임, 수출통관비, 수입통관비, 보험료, 관세, 부가세 등)을 추가해서 수출 가격을 책정해야 한다.

수입자에게 FOB 조건으로 수출 가격을 제시 할 경우에는 **'US$ 10/ PC FOB Korea'**와 같은 방식으로 제시한다.

실무에서는 수출자 공장에서 선적항까지의 거리, 선적 스케줄에 따라 선적항이 달라질 수 있기 때문에 특정 항구를 지정하지 않고 FOB Korea로 견적을 제시하는 쪽이 좀 더 유동적이나 부산항과 같이 특정 항에서 선적하는 조건이라면 'US$ 10/PC FOB Busan, Korea'로 수출 가격을 제시할 수 있다.

즉, 화물을 수출자 공장에서 한국 부산항까지 운반해 출항할 배에 선적할 때까지의 모든 비용을 수출자가 부담하는 조건으로 거래했을 때, 수출 가격이 개당 US$ 10이라는 의미다.

FOB 조건으로 화물을 선박에 선적할 때까지 수출자가 부담해야 하는 비용으로는 수출자 공장에서 부산항까지의 내륙운송비, 수출통관 비용 등이 있다.

따라서 FOB 조건인 경우에는, '제품 가격 + 수출자 공장에서 부산항까지의 내륙운송비 + 수출통관비 = 수출 가격'이 된다.

만약 **'US$ 12/PC CIF Nagoya, Japan'**이라면 수출자가 수출항의 본선인 배에 물품을 선적할 때까지의 모든 비용과 해상 운임, 보험료까지 모두 부담해 일본 나고야 항에 도착시키는 조건으로 거래했을 경우, 수출 가격이 개당 US$ 12이라는 의미다. 수출자가 책임지는 총비용은 수출자 공장에서 부산항까지의 내륙운송비, 수출통관 비용, 부산항에서 나고야항까지의 해상운송비, 적하보험료를 모두 포함한다.

따라서 CIF 조건은 '제품 가격 + 수출자 공장에서 부산항까지의 내륙운송비 + 수출통관비 + 일본 나고야 항까지의 해상운임 + 일본 나고야 항까지의 적하보험료 = 수출 가격'이 된다.

만약 'US$ 20/PC DDP ACE, Japan'이라면 수출자가 총 운송비용, 수출통관비, 수입통관비, 보험료, 관세, 소비세(부가세) 등 모든 비용을 부담해 수입자인 일본 ACE의 창고까지 물품을 도착시키는 조건으로 거래했을 때 수출 가격이 한 개에 US$ 20이라는 견적이다.

그러므로 DDP 조건은, '제품 가격 + 수출자 공장에서 부산항까지의 내륙운송비 + 수출통관비 + 일본 나고야 항까지의 해상 운임 + 수입통관비(관세, 소비세 포함) + 일본 ACE까지의 내륙운송비 + 일본 ACE까지의 적하보험료 = 수출 가격'이 된다.

통상 제품 가격은 국내 판매 가격, 또는 제품 원가(원자재비, 가공비, 생산 로스 등)에 적정한 영업 마진을 포함한 가격을 의미한다.

실무에서는 원가 산출과 제품 가격 책정이 매우 중요하며 실무자가 가장 어려워하는 부분이기도 하다. 따라서 신속하고 합리적으로 수출 가격을 책정하려면 먼저 원가 산출과 제품 가격 책정 기준을 명확히 정해두어야 한다.

특히, 수입자에게 수출 가격을 제시하고 가격 협상을 해야 하는 실무자에게는 원가 산출이 핵심 업무이며 원가의 구조와 범위, 산출 방식을 정확히 이해하지 못하면 주도적으로 수출 가격을 책정하거나 협상을 이끌어가기 어렵다.

통상 가공비에는 포장비와 검사비가 포함된 것으로 간주하나 만약 가공비에 포장비와 검사비가 포함돼 있지 않다면 반드시 원가에 포함하도록 한다. 수출품의 품질 기준이 까다로울수록 검사 비용이 많이 들고 크기가 크거나 무거울수록 포장비도 비싸지므로 반드시 확인해 원가에 반영하도록 한다.

제품 생산 중에 불량이 발생해서 생기는 생산 로스도 원가 산출에 중요한 요소이며 통상 원자재비와 가공비를 합한 가격의 3~5퍼센트 수준을 생산로스로 책정한다.

실무 경험에 의하면 최소 원가의 20~30퍼센트 수준으로 영업 마진을 책정해 제품 가격을 결정하는 것이 적합하다. 만약 20퍼센트 이하의 영업 마진을 책정한 수출 가격으로 수출을 하다가 국제 원자재 시세와 환율이 급격하게 변화하면 적자 리스크가 커진다.

제조사에서 도매가격으로 수출품을 구매해 수출하는 경우라면 제조사의 영업 마진이 이미 포함돼 있다. 여기에 또 높은 마진을 책정하면 수출 가격이 과도하게 비싸지므로 적정 마진을 책정해 수출 가격의 경쟁력을 확보하도록 한다.

수출자는 CIF, DAP, DDP 등과 같이 수입국 지정 장소까지 도착시키는 조건으로 수출 가격을 제시하기 전에 운송비와 소요비용이 얼마나 드는지 확인해야 한다.

그러나 실무에서는 수입자가 얼마나 구매할 것인지와 같은 수출계약 규모가 명확하지 않으면 출하 수량, 출하 횟수, 화물의 크기 또는 무게를 추정하기 어렵기 때문에 수입국까지의 운송비 산출이 어렵다. 또 대략적인 출하 규모를 추정해 국제운송비 및 소요 경비에 대한 견적을 운송사에 요청해 견적을 받은 후 수출 가격을 책정해야 하므로 수입자에게 수출 가격을 제시하기까지 많은 시간이 걸린다.

수출자 입장에서는 수출계약 수량을 한 번에 모두 선적하는 것이 운임과 비용이 적게 들지만 수입자가 재고 부담과 결제 부담이 있다는 이유로 필요한 수량만큼 여러 번 나누어 선적해 줄 것을 요구할 수도 있다. 그런 경우에 수출자의 운송비 부담이 가중되므로 출하 횟수도 운송비 산출에서 매우 중요한 조건으로 고려해야 한다.

만약 기계나 금형처럼 크고 무거운 제품이라면 포장비뿐 아니라 국제운송비도 비싸지므로 출하 건별로 운송비와 포장비를 개별 확인해 수출 가격을 책정해야 한다.

수년간 수출 가격 산출을 해본 경험에 의하면 FOB 가격은 통상 국내 판매 가격에 1~2퍼센트, CIF 가격은 FOB 가격에 3~5퍼센트를 더한 가격 수준으로 볼 수 있다.

인코텀스 조건에 따라 운송과 비용 부담이 어떻게 달라지는지 정확히 이해하지 못하고 수출 가격을 책정했다가는 수출자가 손해를 보고 판매할 수도 있다.

수출자는 수입자와 합의한 인코텀스 조건에 따라 수출자가 지불해야 하는 통관비, 운송비, 보험료, 그 외 비용을 제품 가격에 추가로 합산해 최종 수출 가격을 책정해서 수입자에게 청구한다.

이와 같이 수출자는 관세사, 운송사, 보험사에 지불해야 할 국제운송 관련 소요 비용을 수입자에게 청구해 수입자 대신 각 해당 기업에게 지불하는 것과 같다고 할 수 있다.

따라서 인코텀스 조건에 따라 수입자에게 청구해야 할 타당한 비용을 누락하면 수출자의 손실로 이어질 수 있으므로, 이러한 점을 충분히 고려하여 수출 가격을 책정해야 한다.

무역 실무의
핵심

Chapter5 결제 방식

Chapter6 운송 방식

Chapter7 통관 절차

Chapter8 무역 클레임

5

Chapter

결제 방식

note19 송금 방식, 통장으로 송금해주세요

note20 신용장 방식, 은행만 믿자

note21 추심 방식, 확실히 믿지 않으면 할 수 없다

note22 해외 미수채권 회수 방법, 끝까지 받아낼 수 있을까

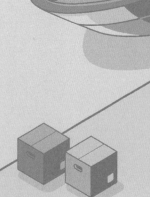

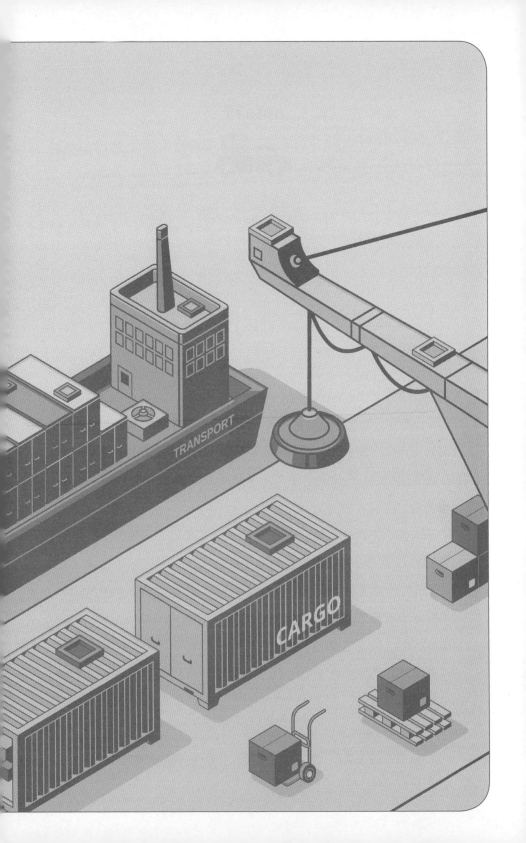

note19

송금 방식, 통장으로 송금해주세요

수출자와 수입자가 협상을 거쳐 수출계약을 체결하고 계약에 따라 수입자가 수출자에게 제품 구매 대금을 지불하는 것이 수출대금 결제다.

국제거래에서 수출대금 결제는 매우 중요한 부분이며 핵심이라 할 수 있다.

모든 거래는 제품을 팔고 돈을 받지 못하거나 돈을 지불했는데 제품을 받지 못할 경우에 심각한 문제가 된다.

수출자가 수출대금을 제대로 받지 못하면 경영 악화로 이어지므로 수출대금 결제 조건을 결정할 때는 매우 신중히 검토해야 한다. 특히 국제거래는 국내 거래보다 복잡한 과정을 거쳐 수출대금을 받게 되고 수출대금을 받지 못할 위험도 크기 때문에 결제 방식을 정확히 이해하고 채택해야 한다.

실무에서 주로 활용되는 무역 결제 방식으로는 송금 방식, 신용장 방식, 추심 방식이 있다.

최근에는 송금 방식 거래가 점점 증가하고 신용장 방식, 추심 방식 거래는 감소하는 추세다.

실무에서는 송금 방식을 T/T(Telegraphic Transfer) 방식이라 하며, Wire Transfer라고 지칭하기도 한다.

T/T 방식은 수입자가 수출자의 지정 은행 계좌로 수출 결제대금을 송금하는 방식이다. T/T 송금 방식에서는 수출자가 수입자에게 보낼 수출품을 선적하기 전에 결제대금을 받을지, 선적한 후에 결제대금을 받을지가 매우 중요하므로 수입자와 대금 결제를 받을 시기를 신중히 협의해 결정해야 한다. 수출자가 결제대금을 받는 시기가 수출품 선적 전인지, 선적 후인지에 따라 사전송금방식과 사후송금방식으로 구분할 수 있다.

사전송금방식(Advance Remittance)은 수입자가 수출자의 통장으로 결제대금을 선불로 송금한다.

실무에서는 무역 계약 서식에 사전송금방식을 'T/T in advance'라고 표기한다.

일반적으로 수입자가 수출자에게 PO(주문서)를 발행한 후 며칠 내에 T/T 방식으로 결제대금을 송금하거나, 수출자가 제품을 발송하기 직전에 결제대금을 송금하기도 한다.

이 방식은 수출품을 선적하기 전에 결제대금을 모두 받기 때문에 수출자에게 유리하고 안전한 방식이며, 수입자는 제품을 받아서 확인하지 못한 상태에서 송금해야 하므로 수입자에게 불리하고 위험 부담이 있는 방식이다.

수출자 입장에서는 검증되지 않은 새로운 수입자라 수출대금을 회수하지 못할 가능성이 있다고 판단되거나, 거래 금액이 적거나, 단발성 거래인 경우 안전한 선불 방식을 선호한다.

수출자에게 유리한 선불 방식을 선택했더라도 제품 생산을 완료했는데 수입자가 수출대금 결제를 미루거나 제품 수령을 거부하는 경우도 있으며, 이때 수출자가 완성품을 다른 고객에게도 판매할 수 없어 불용재고가 되면 폐기 처분해야 되므로 경제적 손실이 크다.

따라서 실무에서는 이러한 위험을 최소화하기 위해 PO를 받고 나서 며칠 이내(통상 7일내)에 계약금으로 결제대금의 일부(30~50퍼센트 수준)를 받은 후 원자재 구입과 제품 생산을 시작하고 출하하기 전에 나머지 결제대금을 받기도 한다.

따라서 수입자가 제품 선적 직전에 전액을 송금하겠다고 하는 경우에는 제품 생산을 시작하기 전에 계약금으로 일부를 송금하도록 요청해 송금액과 송금 시기를 조정할 필요가 있다.

수출품을 선적한 후에 T/T 방식으로 수출대금 결제를 받는 것을 사후송금방식이라 하며, 일종의 외상 거래 방식으로 수입자가 수출자의 통장으로 결제대금을 후불 송금한다.

사후송금방식은 수출자가 제품 선적 후 또는 수입자가 제품 수령 후 30일, 60일, 90일 등과 같이 일정 기간이 지난 뒤에 결제대금을 송금하는 방식이다.

또한 수입자가 소량씩 자주 발주해 수입 건수가 많은 경우에 국내거래 결제방식과 같이 매월 수입한 총 금액을 월 마감한 후에 30일, 60일 등 일정기간 경과 후에 지급하기도 한다.

실무에서는 사후송금방식의 모호한 송금 기준일 때문에 수출입자 간 혼란이 없도록 선적 서류인 Invoice 날짜로부터 며칠 후, 또는 선적 후에 발급되는 B/L 날짜로부터 며칠 후와 같이 송금 기준일을 명확히 정한다.

통상 송금 기준일과 결제대금 수령일은 수입자의 결제 방식에 따르나 선적 후 대금 수령일이 길어질수록 수출자의 결제대금 미수 위험이 커지므로 수입자가 30일 이상의 장기 외상 거래를 요청한다면 30일 이내로 조정하는 것이 좋다.

이와 같이 사후송금방식은 수출자가 수출품을 선적한 다음에 대금 결제를 받기 때문에 물품을 수령한 수입자의 결제대금 지급 지연 또는 거절과 같은 결제대금회수 위험이 있으므로 수출자에게 불리한 방식이라 할 수 있다.

반면에 수입자는 선적 확인 후, 또는 제품 확인 후에 결제대금을 송금하므로 물품을 받지 못할 위험이 적기 때문에 수입자에게 유리한 방식이다.

따라서 실무에서 사후송금방식은 기업 규모가 크고 인지도와 신용도가 높은 수입자나 장기간 거래를 해서 충분히 신뢰가 구축되고 신용이 검증된 믿을 만한 수입자, 또는 수출자의 본사와 지사 간 거래 시에 주로 활용된다.

그러나 장기간 거래로 신뢰가 쌓였다고 판단해 사전송금방식에서 사후송금방식으로 결제 방식을 변경했는데 수입 금액을 급격히 증가시킨 후 결제대금 지급을 지연하거나 거절하는 수입자도 있으므로, 이러한 점을 유의해 거래 중인 수입자라도 결제 방식은 신중히 검토해 변경해야 한다.

실무에서 수출자와 수입자는 각자가 감수해야 하는 위험 부담을 최소화하려고 분할 지급 방식으로 진행하기도 한다.

분할 지급 방식은 수입자가 제품 주문과 동시에 결제대금의 일부를 계약금으로 송금하고, 나머지는 수출자가 제품 선적 후 또는 제품이 수입자에게 도착한 후에 분할해 지급하는 방식이다.

실무에서 분할 지급 방식은 수출자자 30퍼센트를 선불로 받고 제품 선적 후에 선적 서류를 수입자에게 보낸 다음 Invoice 날짜 또는 B/L 날짜로부터 30일, 60일, 90일 등 일정 기간이 경과한 뒤에 잔금 70퍼센트를 후불로 받는 형식으로 진행한다. 선금과 잔금의 지급 비율은 수출자와 수입자가 서로 협의해 정할 수 있다.

분할 지급 방식은 선불로 일부 계약금을 받았다고 해도 수입자가 물품 수령 후에 잔금의 지급을 지연시키거나 거절할 수 있으므로 위험이 여전히 높다.

그 외 CAD(Cash Against Documents, 서류 상환 시 지급) 방식, COD(Cash On Delivery, 물품 인도 시 지급) 방식, O/A(Open Account, 선적 통지 조건부 지급) 방식이 있다.

CAD 방식은 수출자가 선적을 입증하는 선적 서류를 수출국에 있는 수입자의 지사 또는 대리인에게 제시하면 결제대금을 지급하는 방식으로 선적 서류와 결제대금을 교환하는 것과 같다.

COD 방식은 수입자가 도착 물품의 품질을 확인 후에 수입국에 있는 수출자의 지사 또는 대리인에게 결제대금을 지급하고 물품을 찾아오는 방식으로 도착 물품과 결제대금을 교환하는 것과 같다. 수입자는 수입품의 품질 이상 여부를 확인한 후에 결제대금을 지급할 수 있으므로 주로 가격이 비싼 제품을 수입할 때 이러한 결제 방식을 선호한다.

O/A 방식은 수출자가 수출품 선적한 다음 수입자에게 선적 사실을 통지한 시점에 수출대금을 수령할 수 있는 채권이 생긴다.

수출자는 거래 은행과 약정을 맺고 물품을 선적한 후에 바로 은행에 수출대금 채권을 매각해 대금을 받을 수 있으며, 은행은 약정 기일에 수입자로부터 결제대금을 받는다.

이러한 CAD, COD, O/A 방식은 선적 후에 결제대금을 받기 때문에 수출자 입장에서는 사후송금방식으로 간주하기도 한다.

수출대금 미수 위험이 높은 사후송금방식과 분할지급방식으로 거래하기 전에 수출 보험에 가입하는 것이 좋다. 수출 보험은 결제대금을 회수하지 못하는 결제 사고에 대비하기 위한 것으로, 수출 보험에 따라 다르나 수입자의 신용등급이 낮으면 결제사고 위험이 높아 보험가입이 거절될 수 있으며, 고위험국도 보험가입이 불가능하다.

수출 보험은 수입자 위험, 수입국 위험 등으로 수출대금을 받지 못해 손실이 발생했을 때 보상 책임 금액 내에서 손실을 보상하는 보험이므로 효과적으로 활용하면 수출자의 손실을 최소화할 수 있다.

수출 기업은 한국무역보험공사(https://ksure.or.kr)가 수출대금 미회수 사고에 대비한 다양한 수출 보험을 제공하므로 선택해 활용할 수 있다.

note20

신용장 방식, 은행만 믿자

신용장(L/C: Letter of Credit) 방식은 은행이 수입자를 대신해 수출자에게 수출 결제대금을 지급하겠다고 보증하는 방식이다.

신용장이란 수출자가 선적 후에 지정된 서류를 은행에 모두 제시한다면 은행이 수출자에게 결제대금을 지급할 것을 보증하는 조건부 지급 확약서다.

신용장 방식은 거래 금액이 크거나 수입자의 신용이 불확실해 대금을 회수하지 못할 위험이 큰 경우에 주로 사용된다.

수출자 입장에서는 수입자가 대금 결제를 하지 못하더라도 은행이 대신 결제하겠다고 약속하는 것이므로 신용장 방식으로 거래하는 쪽이 안전하고 유리하다. 그러나 수입자는 신용장을 개설하려면 복잡한 절차를 거쳐야 하고 비싼 수수료를 부담해야 하므로 신용장 방식을 기피하는 경향이 있다. 최근에는 송금 방식 거래가 증가하고 있고 신용장 방식 거래가 점차 줄어들고 있는 추세다.

신용장 방식은 신용장의 해석 및 시행을 ICC(국제상업회의소)가 제정한 UCP(Uniform Customs and Practice for Documentary Credits, 신용장 통일 규칙)에 따르며, 주요 특성으로는 독립성의 원칙, 추상성의 원칙이 있다.

신용장은 매매 계약서와는 별도의 효력을 갖는 독립적인 서류이며, 서류 추상성의 원칙에 따라 제품의 이상 유무가 아니라 서류의 이상 유무를 확인한 후에 대금 결제를 하므로 제품의 품질을 보장할 수 없다는 한계가 있다.

신용장 방식의 가장 큰 특징은, 제품의 이상 유무가 아니라 신용장의 이상 유무와 필요한 서류가 제대로 제출되었는지를 확인해 은행이 결제대금을 지급한다는 것이다.

따라서 수출자는 수입자로부터 신용장을 수령하면 중점 사항을 면밀히 확인해 거래 계약서와 신용장의 내용이 서로 다른 경우, 제출할 수 없는 서류나 지킬 수 없는 조건을 요구하는 경우에는 수입자에게 즉시 서면으로 변경을 요청해야 한다.

신용장에서 중점적으로 확인해야 할 사항은, 수익자명(수출자명), 상품명, 수량, 단가, 총금액, 선적항, 도착항, 분할선적 및 환적 가능 여부, 제품 선적 기일, 신용장 유효기일 등이고, 신용장의 선적 기일 및 유효 기일의 연장, 주요 계약 내용(수량, 단가, 총금액)의 표기 오류 정정, 선적항 또는 도착항 변경 등이 수출자가 주로 신용장에서 변경해달라고 요청하는 조건들이다.

신용장 방식은 수출자가 수입자와 계약한 물품을 제대로 선적했더라도 신용장상의 요구 서류를 정확히 제출하지 못하거나 신용장과 제출 서류의 불일치 또는 서류상 문제가 있다면 수출대금 지급이 거부될 수 있다.

반대로 수입자는 불량품이나 다른 제품이 잘못 발송될지라도 신용장에 문제가 없고 수출자가 선적 서류 및 요구 서류를 은행에 제대로 제출하면 수출대금을 지급해야 하는 위험 부담이 있다.

실무에서는 신용장 수령 후에 제품 생산 중 불량이나 원자재 조달 문제, 생산 장비의 고장 등 다양한 이유로 납기를 지키기 어려운 돌발 상황이 발생할 수 있다.

신용장의 물품 선적 기일이나 신용장 유효 기일이 너무 짧거나 분할 선적이 금지돼 있으면 수출자와 수입자 모두 난처한 상황에 처할 수 있다. 따라서 현실적으로 지킬 수 있도록 여유 있게 기한이 설정돼 있는지, 실무에서 대응 가능한 방식인지 등 실무적으로 매우 중요한 사항을 확인해 변경 요청 여부를 판단해야 한다.

신용장은 어느 한쪽의 일방적인 요청에 의해 취소 또는 조건 변경이 불가능하며 신용장 관련 당사자인 신용장 개설 의뢰인(수입자), 개설 은행, 수익자(수출자) 전원 합의하에 신용장 유효 기간 내에 취소나 조건 변경이 가능하다.

신용장 방식은 수입자와 수입자의 은행, 수출자와 수출자의 은행 등 여러 당사자의 협력이 있어야 진행된다.

신용장에 표기되는 주요 당사자는 다음과 같다.

Applicant(개설 의뢰인): 신용장 개설을 의뢰하는 자로 일반적으로 수입자라 할 수 있다.

Issuing Bank(개설은행): 수입자, 즉 개설 의뢰인의 요청에 따라 신용장을 개설하고 수입자를 대신해 대금 지급을 보증하는 은행으로 Opening Bank라고도 부른다.

Advising Bank(통지은행): 개설 은행의 요청에 따라 수출자에게 개설된 신용장을 통지하는 은행이다. 일반적으로 수출자의 거래 은행을 통해 통지한다.

Negotiating Bank(매입은행): 신용장에 명시된 선적 서류 및 요구 서류를 수출자가 제시하면 서류를 받고 수출대금을 지급하는 수출국의 은행을 의미한다. 선적 서류 및 요구 서류를 받는 대신 수출대금을 지급하는 것을 매입이라 하며, 통상 수출자의 거래 은행이 매입은행이 된다.

Beneficiary(수익자): 신용장을 수령하고 대금 지급을 받는 수출자를 의미한다.

신용장 개설은 '수입자가 개설은행에 신용장 개설 신청 → 개설은행의 신용장 개설 → 통지은행에 신용장 송부 → 수출자에 신용장 도착 통지'의 순서로 진행한다.

반대로 신용장의 대금 지급은 '수출자가 매입 은행에 환어음 및 요구 서류(선적 서류 포함) 제출 → 매입은행이 수출자에 수출대금 지급 → 개설은행에 환어음, 요구 서류(선적 서류 포함) 송부 → 수입자에 선적 서

류 도착 통지'의 순서로 진행된다.

   수출자가 상품을 선적해서 보냈다는 증명 서류인 선적 서류와 신용장상의 요구 서류를 매입은행에 제출하고 수출대금을 받는 것을 통상 '네고(NEGO: Negotiation)'라고 칭한다.

   수출자가 신용장 네고를 위해 매입 은행에 제출할 서류는 선적 서류(Invoice, Packing list, B/L)와 그 외 원산지증명서, 적하보험증권, 검사증명서 등 수입자가 신용장상으로 요구한 서류들이다.

   신용장은 다양한 종류가 있는데 대금 지급 시기에 따라 At sight L/C와 Usance L/C로 구분한다.

   At sight L/C(일람불 신용장)는 수출자가 매입 은행에 선적 서류 및 요구 서류를 환어음과 함께 제출하면 서류상의 불일치 또는 하자가 없을 경우 **즉시** 결제대금을 지급하는 방식이다.

   환어음은 신용장방식이나 추심방식에서 수출자가 은행 또는 수입자에게 환어음에 기재된 결제대금의 지급을 요청하기 위해 발행한다.

   신용장 중에 가장 많이 활용되는 Documentary credit(화환신용장)는 환어음과 함께 선적서류의 제출을 요구한다.

   Usance L/C(기한부 신용장)는 수출자가 매입 은행에 선적 서류 및 요구 서류를 환어음과 함께 제출하면 30일 또는 60일과 같이 **일정 기간이 경과 한 후**에 대금을 지급하는 방식이다.

   따라서 환어음과 선적 서류를 제시하면 은행이 바로 결제대금을 지급하는 At sight L/C 방식이 Usance L/C 방식보다 수출대금을 빨리 회수할 수 있으므로 수출자에게 더 유리한 방식이라 할 수 있다.

그 외 여러 신용장 종류 중 실무에서 주로 많이 활용되는 것은 Irrevocable L/C(취소 불능 신용장)이다.

취소 불능 신용장은 신용장 당사자 전원의 서면 합의 없이 어느 일방의 요청으로 취소할 수 없는 신용장이다.

실무에서 주로 활용하는 신용장은 당사자 전원의 합의 없이는 취소할 수 없는 Irrevocable L/C(취소 불능 신용장)이며, 선적 서류 등 신용장의 요구 서류를 제출하면 즉시 대금을 지급하는 At sight L/C다.

Irrevocable L/C이며 동시에 At sight L/C이면 무역 계약서의 결제대금 조건에 'Irrevocable at sight L/C'라고 표기할 수 있다.

어느 한쪽이 일방적으로 취소할 수 없으며 수출자가 선적 후에 선적 서류 등의 요구 서류를 은행에 제출하면 즉시 결제대금을 지급받는 신용장 방식이라는 의미다.

신용장 방식은 수입자가 경영 악화나 기타 사유로 수출대금을 지급할 수 없는 상황이 될지라도 은행이 수입자를 대신해 수출대금 지급을 보장하는 안전하고 매력적인 결제 방식이다.

그러나 수출자가 지켜야 할 중요 사항을 제대로 이행하지 못할 경우에는 은행으로부터 수출대금을 지급받기 어려울 수 있으므로 신용장에 명시된 주요 조건에 따라 정확히 진행해야 한다.

〈신용장 예시〉

27	Sequence of total	: 1/1
40A	Form of documentary credit	: IRREVOCABLE
20	Documentary credit number	: A1234 000
31C	Date of issue	: 18/07/30
31D	Date and place of expiry	: 18/09/30 KOREA
50	Applicant	: AAA CO., LTD 987, NIHONBASHI, CHUO-KU, TOKYO, JAPAN
59	Beneficiary	: EMC CO., LTD 123, GANGNAM-RO, GANGNAM-GU, SEOUL, KOREA
32B	Currency code amount	: USD 50,000.00
41D	Available with/by name, address	: ANY BANK BY NEGOTIATION
42C	Drafts at	: SIGHT
42A	Drawee	: TOKYO BANK 123, NIHONBASHI, CHUO-KU, TOKYO, JAPAN
43P	Partial shipment	: ALLOWED
43T	Transshipment	: NOT ALLOWED
44A	On board/dispatch/taking charge	: BUSAN, KOREA
44B	For transportation to	: TOKYO, JAPAN
44C	Latest date of shipment	: 18/09/15

45A Description of goods and/or services

AUTO PARTS
QUANTITY : 50,000 PCS
TOTAL AMOUNT : USD 50,000.00
ORIGIN : KOREA

46A Documents required

1. SIGNED COMMERCIAL INVOICE IN QUINTUPLICATE
2. PACKING LIST IN TRIPLICATE
3. FULL SET OF CLEAN ON BOARD OCEAN BILL OF LANDING MADE
   OUT TO THE ORDER OF TOKYO BANK MARKED FREIGHT COLLECT
   AND NOTIFY APPLICANT
4. INSURANCE POLICY IN DUPLICATE ENDORSED IN BLANK FOR
   110% OF THE INVOICE VALUE COVERING THE INSTITUTE CARGO
   CLAUSES(ALL RISKS) INCLUDING WAR RISKS AND S.R.C.C.
5. CERTIFICATE OF ORIGIN

47A Additional conditions

ALL DOCUMENTS MUST BEAR OUR CREDIT NUMBER

71B Charges   : ALL BANKING COMMISSIONS
                                       AND CHARGES INCLUDING
                                       REIMBURSEMENT CHARGES
                                       OUTSIDE JAPAN ARE FOR
                                       ACCOUNT OF BENEFICIARY

48 Presentation period   : DOCUMENTS MUST BE
                                       PRESENTED WITHIN 14DAYS
                                       AFTER THE DATE OF B/L BUT
                                       WITHIN THE VALIDITY OF THIS
                                       CREDIT

49 Confirmation instructions   : WITHOUT

78 Instructions to the pay/acc/nego bank

ALL DOCUMENTS TO US BY COURIER SERVICE IN ONE LOT

72 Sender to receiver information : THIS CREDIT IS SUBJECT TO UCP
                                       2007 ICC PUBLICATION NO. 600

〈환어음 예시〉

BILL OF EXCHANGE

NO._____20180920_____ BILL OF EXCHANGE, SEP. 20. 2018, SEOUL, KOREA

FOR US$50,000.00

AT ×××_____ SIGHT OF THIS ORIGINAL BILL OF EXCHANGE (SECOND OF THE

SAME TENOR AND DATE BEING UNPAID) PAY TO FIRST BANK OR ORDER THE

SUM OF US DOLLARS FIFTY THOUSAND ONLY

VALUE RECEIVED AND CHARGE THE SAME TO ACCOUNT OF AAA CO., LTD.,

987,_____NIHONBASHI, CHUO-KU,_____TOKYO,_____JAPAN

DRAWN   UNDER   _____TOKYO_____   BANK

L/C NO. A1234-000_____ DATED JULY 30, 2018

TO   TOKYO BANK, 123, NIHONBASHI, CHUO-KU, TOKYO, JAPAN

                                                    EMC CO., LTD

note21

추심 방식,
확실히 믿지 않으면 할 수 없다

추심 방식은 수출자의 의뢰를 받은 수출자의 거래 은행이 수입자의 거래 은행을 통해 수입자에게 선적 서류와 환어음을 제출하고 결제대금을 받는 방식이다.

추심 방식은 물품 선적 후에 결제대금을 받는 T/T 사후송금방식과 매우 유사하다.

그러나 T/T 사후송금방식과 가장 큰 차이점은 수출자가 수입자에게 직접 결제를 청구하지 않고 수입자의 은행을 통해 수입자에게 대금 결제를 청구하며, 또한 수입자는 수출자에서 직접 결제대금을 송금해서는 안 되며 반드시 추심 은행인 수입자 은행을 통해 결제대금을 지급해야 한다는 것이다.

추심 방식은 은행이 수출자를 대신해 수입자에게 수출 선적 서류를 전달하고 수입자로부터 결제대금을 받아 수출자에게 전달하는 역할을 할 뿐이며, **수입자가 대금 결제를 하지 못하는 경우에 은행이 대신 수출자에게 결제대금을 지급할 것을 보장하지는 않는다.**

추심 방식으로 수출자가 수입자에게 결제대금의 지급을 청구할 때는, 결제대금 지급을 청구하는 청구서인 환어음을 작성해 선적 서류와 함께 수입자의 거래 은행을 통해 수입자에게 제출하는 방식으로 진행한다.

대금 지급 청구는, 수출자가 수출자의 거래 은행에 환어음 및 선적 서류 제출 → 수입자의 거래은행에 환어음 및 선적 서류 전달 → 수입자에 환어음 및 선적 서류 인도의 단계로 진행된다.

대금지급은, 수입자가 수입자의 거래 은행에 결제대금 지급 → 수출자의 거래 은행에 결제대금 전달 → 수출자에게 결제대금 지급의 단계로 진행된다.

추심 방식은 수입자가 결제대금을 지급하는 시기에 따라 D/P(Documents Against Payment)와 D/A(Documents Against Acceptance)로 구분할 수 있다.

D/P 방식은 수출자가 제품 선적 후에 환어음과 선적 서류를 수출자의 거래 은행을 통해 수입자의 거래 은행에 전달하고 선적 서류 도착 통지를 받은 수입자가 수입자의 거래 은행에 결제대금을 지급하면 수입자가 도착 물품을 찾을 수 있도록 통관에 필요한 선적 서류를 인도하는 방식이다.

수출 선적 서류와 결제대금을 서로 맞교환하는 방식이므로 수입자가 결제대금을 지급하지 않으면 선적 서류의 인도를 거부할 수 있으나 수입국에 도착한 화물을 처분해야 할지도 모르는 위험도 있다.

D/A 방식은 수출자가 제품 선적 후에 수입자의 은행을 통해 환어음과 선적 서류를 수입자에게 제출하면 수입자가 대금을 지급하지 않고 선적 서류를 인수했다는 서명만 하고 선적 서류를 받은 뒤 30일, 60일 등과 같이 일정 기간이 경과한 후 지급 만기일에 결제하는 방식이다.

이 방식은 수입자가 대금 결제를 하지 않은 상태에서 선적 서류를 받아 도착한 물품을 찾을 수 있으며, 수입통관을 거쳐 찾은 물품은 수입자의 소유가 되므로 타인에게 임의 판매하거나 사용할 수 있다.

수입자가 선적 서류 인수 후 일정 기간이 경과한 뒤에 결제하는 D/A 방식은 D/A 30 days, 또는 D/A 60 days라고 표기하는데, 수입자가 선적 서류를 먼저 인수하고 30일 후, 또는 60일 후에 수입자 은행에 대금을 결제하는 것을 의미한다. 수입자 은행은 수입자로부터 받은 결제대금을 수출자 은행을 통해 수출자에게 지급한다.

D/A 방식은 수입자가 도착 물품의 선적 서류 인수를 거절하거나 선적 서류를 인수하고 나서 도착 물품을 찾아서 팔거나 사용한 후에 대금 지급을 거절할 수 있으므로 수출자에게는 미수 위험이 크고 D/P 방식보다 불리한 조건이라고 할 수 있다.

추심 방식과 신용장 방식은 선적 서류 전달과 결제대금 지급을 수입자와 수출자 간에 직접 처리하지 않고 은행을 통해 처리한다는 공통점이 있다.

그러나 신용장 방식은 은행이 수출대금의 지급을 보증하는 반면 추심 방식은 은행이 선적 서류와 결제대금을 전달하는 대행 업무만 하며 대금 결제를 보증하지 않는다. 즉, 추심 방식에서 추심은행은 수입자가 대금 지급을 하지 못하면 수출자에게 수입자의 미지급 사실만 통보할 뿐이며 대금 지급의 책임이 없다.

만약 수입자에게 대금 결제를 요구하는 추심 서류인 환어음과 선적 서류가 수입자 은행에 도착한 후에 일정 기간이 지나도 수입자가 서류를 인수하지 않거나, 서류를 인수하고 나서 결제 만기일에 대금을 지급하지 않으면 결제 사고가 된다.

따라서 은행이 결제대금의 지급보증을 하지 않는 D/P, D/A 방식은 매우 신중히 검토해 선택해야 한다. 특히, D/A 방식은 수출자가 보낸 상품을 수입자가 찾아서 처분한 후에 대금지급을 거절할 위험이 매우 높기 때문에 확실히 믿을 수 있는지 확인해 신용도가 검증되지 않은 수입자와는 D/A 방식으로 거래하지 않는 것이 좋다.

note22

해외 미수채권 회수 방법,
끝까지 받아낼 수 있을까

상거래를 하면서 제품을 팔고 돈을 받지 못하는 것만큼 억울한 것이 있을까?

수출에서도 마찬가지다. 다양한 원자재를 구매하고 제품을 생산해야 한다. 원자재 구매와 제품 생산 과정에서 많은 비용이 들어간다. 이렇게 많은 비용을 들여 생산한 제품을 수출했으나 수입자가 물품을 받은 후에 결제대금 지급을 지연하거나 거절하는 결제 사고가 일어나기도 한다.

이처럼 수출대금을 제대로 받지 못한다면 수출 기업은 막대한 손실을 입을 뿐만 아니라 기업의 경영 안전성도 문제가 될 수 있다. 따라서 해외 미수채권, 즉 해외 수입자에게 수출하고 받지 못한 결제대금을 어떻게 받아낼 수 있는지 알아둘 필요가 있다.

해외 미수채권 회수 방법으로는 상사중재, 민사재판, 해외채권추심 전문기관 활용 방법이 있다.

첫 번째, 상사중재를 통한 채권 회수 방법이 있다.

상사중재는 대한상사중재원과 같은 제3의 중재 기관의 중재 판정을 통해 적은 비용으로 신속하고 공정하게 분쟁을 해결하는 방법이다.

중재판정은 국내뿐 아니라 외국에서도 동일한 효력을 발휘하므로 강제 집행이나 압류 등과 같은 조치가 국제조약에 의해 보장되며 법원의 확정판결과 똑같은 효력을 가지고 있다.

한국 수출자는 수출계약서에 분쟁 발생 시 대한상사중재원의 중재에 따른다는 조항을 명시하면 향후에 결제대금 미회수와 같은 분쟁이 발생했을 때 대한상사중재원에 중재를 요청할 수 있다. 따라서 거래계약서를 검토하면서 이러한 조항이 명시돼 있는지 반드시 확인해야 한다.

두 번째, 민사재판을 통한 채권 회수 방법이 있다.

민사재판은 해당 국가의 영내에서만 효력이 있으므로 채권자인 수출자가 채무자인 수입자의 나라에 소재하는 민사법원에 제기해야 한다. 수출자가 수입자의 국가에서 소송을 진행해야 하며 소송비용과 시간이 많이 소요되는 한계점이 있다.

세 번째, 해외채권추심 전문기관을 활용해 채권을 회수하는 방법이 있다.

해외 미수채권이 있으나 채권 금액이 적거나 승소 가능성이 낮아서 소송 진행이 적합하지 않다고 판단될 때 해외채권추심 전문기관에 의뢰해 회수하는 방법이다.

한국의 해외채권추심 전문기관은 해외의 채권추심 전문기업과 협력 네크워크를 구축하고 있다. 이들은 수출 기업의 의뢰가 있을 경우 해당 국가의 채권추심 전문기업에 요청해 미회수 결제대금을 회수하도록 한다.

그런데 같은 나라에서 진행한 국내 거래에서도 미수대금을 받기까지 수개월에서 수년이 걸린다. 하물며 다른 나라와의 국제거래에서 발생한 미수결제대금을 받기까지는 더 많은 시간과 비용이 소요될 것이라는 건 짐작할 수 있다. 따라서 거래를 시작하기 전부터 결제대금을 받지 못할 위험이 없는지 철저히 검토해 결제 사고 위험이 크다고 판단되면 거래 금액을 최소화하거나 거래를 시작할지 여부를 재고해야 한다.

때로는 결제 사고를 해결하는 데 투자하는 시간과 노력 때문에 새로운 수입자를 발굴하거나 신규 거래에 주력할 여유가 없을 수도 있기 때문이다.

실무에서는 계약금을 T/T 사전송금방식으로 받고 나서 물품 선적 후에 T/T 사후송금방식으로 나머지 잔금을 받기로 했으나 받지 못하는 경우도 있고, T/T 사전송금방식으로 오랜 기간 거래를 해 신뢰를 쌓은 뒤에 T/T 사후송금방식으로 결제 방식을 변경하자고 요구한 다음 변경해주면 거래 금액을 급격하게 늘려 수입 후 결제대금을 지급하지 않는 등 다양한 결제 사고가 발생하고 있다.

결제대금 미회수와 같은 결제 사고는 발생 후에 해결하는 것보다 발생하기 전에 예방하는 것이 최고의 방법이라 할 수 있다.

각 결제 방식의 특징을 정확히 이해해야 결제 위험을 예측해 수출자에게 불리한 결제 조건을 수용하지 않고 결제 위험이 낮은 조건으로 변경하자고 요청할 수 있다.

최근 국제 무역 시장이 수입자 주도 시장으로 변화하고 있어 수입자가 자신들에게 유리한 결제 조건으로 거래할 것을 요구하는 경우가 증가하고 있다. 그러나 아무리 매력적인 수입자와의 거래일지라도 미수채권이 발생할 가능성이 큰 결제 조건이라면 거래를 시작할지 여부를 진지하게 고민하거나 미수 위험에 철저하게 대비한 후에 거래를 시작해야 한다.

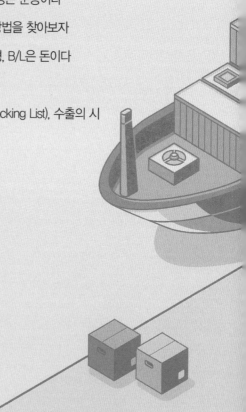

6

Chapter

운송 방식

note23 수출입 운송 프로세스, 수출의 완성은 운송이다

note24 수출입 운송 형태, 딱 맞는 운송 방법을 찾아보자

note25 수출입 운송 방식에 따른 B/L 유형, B/L은 돈이다

note26 적하보험, 안 들면 후회한다

note27 선적 서류(Commercial Invoice, Packing List), 수출의 시작이자 끝이다

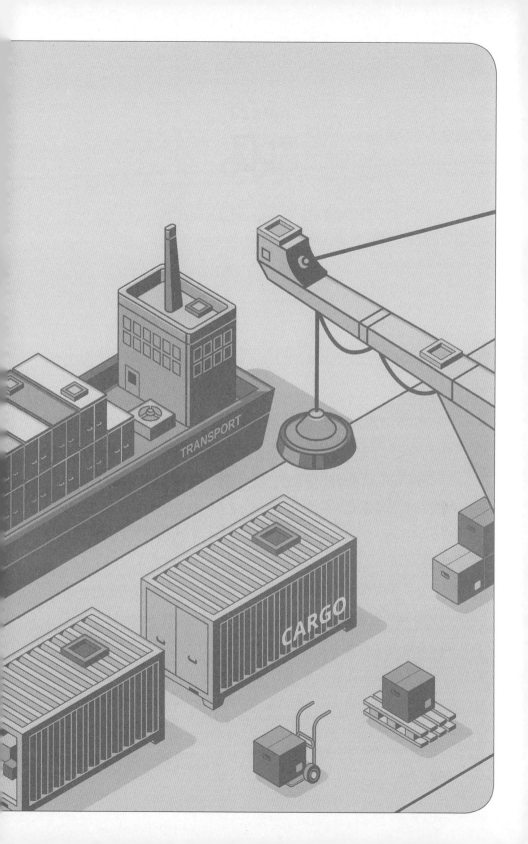

note23

수출입 운송 프로세스,
수출의 완성은 운송이다

국제 간 무역거래에서 가격, 결제와 더불어 중요한 것이 바로 운송이다.

국제운송은 국내에서 물품을 이동시키는 국내운송과 달리 배 또는 비행기에 물품을 선적해 한국의 국경 밖으로 이동시킨 후에 수입국의 국경을 통과하고 나서 수입자까지 도달하는 복잡한 과정을 거쳐 완료된다.

국제운송의 가장 큰 특징은, 해외로 발송하고자 하는 수출품은 수출신고를 해서 수출통관을 해야 하고 화물이 수입국에 도착하면 수입국 내로 이동하기 위해 수입신고를 해서 수입통관을 해야 한다는 점이다.

국내운송이 통상 이삼 일 정도 시간이 소요되는 것에 비해 국제운송은 항공으로 운송하느냐 선박으로 운송하느냐 하는 운송 방식과 운송

거리에 따라 소요일이 다르다.

국제운송은 수출자가 적합한 운송수단을 선택해 물품의 파손 없이 안전하게 수입자가 원하는 기한까지 도착시키는 것이 관건이다.

실무에서 수입자는 계약 물품의 선적 기한이 다가오면 수출자가 구체적으로 언제 출하할 계획인지 출하 예정일을 문의하기도 한다. 따라서 수출자는 수출품의 출하 준비 완료 시기를 예상해서 수입자에게 화물의 출발 예정일(ETD, Estimated Time of Departure)과 도착 예정일(ETA, Estimated Time of Arrival)을 사전에 알려야 한다.

또한 화물이 선적된 후에는 신속히 수입자에게 선적이 완료되었음을 통지해 수입자가 도착 화물의 수입통관을 준비할 수 있도록 협조하는 것도 매우 중요하다.

통상 수출자가 선적 후 삼 일 이내에 화물의 선적 서류인 Commercial Invoice, Packing List, B/L 사본을 이메일 또는 팩스로 보냄으로써 선적 통지를 한다.

실무에서 국제운송은 다음과 같은 프로세스를 거쳐 진행된다.

제품 생산 완료 → 국제운송사(Forwarder)에 화물 픽업 및 선적 예약 → 수출 선적 서류(Invoice, Packing list) 작성 → 국제운송사에 선적 서류 송부 → 화물 픽업 및 CY, CFS, 창고에 입고(국제운송사 진행) → 수출통관 진행(관세사 진행) → 화물 선적 → B/L 또는 AWB 발행(선박 회사/항공사 발행) → 수입자에게 선적 통지 및 선적 서류 송부 (Invoice, Packing list, B/L)

이와 같은 프로세스는 통상적으로 거치는 단계이나 실무에서는 상황에 따라 진행 순서가 바뀌기도 하고 동시에 진행되는 경우도 있다.

또한 신속하게 수출통관을 하려고 수출자 창고에서 화물을 픽업하기 전에, 또는 픽업과 동시에 수출통관을 진행하기도 한다.

수입자의 수입 프로세스는 일반적으로 다음과 같이 진행된다.

수출자의 선적 통지 접수 및 선적 서류 수령(Invoice, Packing list, B/L) → 수입국에 화물 도착 → 수입통관 진행(관세사 진행) → 수입자 화물 인수

수입 측면에서는 해외 공급처가 발송해 도착한 물품의 수입통관이 매우 중요하며 수출에 비해 진행할 프로세스가 간단하다.

실무에서 국제운송사를 통상 포워더(Forwarder)라고 지칭하는데, 포워더는 수출자 또는 수입자의 국제운송 의뢰에 따라 화물을 국가 간 이동시키는 국제운송 주선 업자다.

해상운송을 할 때는 화물을 안전하게 운송하고자 컨테이너(Container) 안에 화물을 적재한 후 배에 선적한다. 한 개의 컨테이너를 채우기에 양이 부족한 소량화물을 LCL(Less than Container Load) Cargo라고 하는데, 이렇게 화물 양이 적으면 한 컨테이너에 여러 수출자의 화물을 함께 적재해 운송한다.

반대로 운송 화물의 양이 컨테이너 한 개를 채우기에 충분한 양이라면 FCL(Full Container Load) Cargo라고 하며, 한 수출자의 화물만 단독으로 적재한다.

화물의 양에 따라 LCL 또는 FCL 운송이 결정되며, 배에 선적하기 전 또는 배에서 내린 후에 컨테이너를 보관하거나 작업하는 장소도 달라진다.

FCL 운송 시에는 CY(Container Yard)에 선적 전의 컨테이너나 선박에서 내린 컨테이너를 보관하고, LCL 운송 시에는 CFS(Container Freight Station)에서 선적 전에 여러 개의 소량 화물을 한 컨테이너에 함께 적재하거나 선박에서 내린 컨테이너의 소량 화물을 분리하여 하역하는 작업을 한다.

수출자가 발송한 제품이 수입자에게 도착하기까지 매우 복잡한 운송 과정을 거쳐야 하며 많은 비용이 소요된다.

대부분의 운송은 수출자가 직접 진행하지 않고 국제운송사인 포워더, 관세사, 선박회사 또는 항공사에 의뢰하여 진행해야 하며, 성공적으로 국제운송을 하려면 이러한 관련 기업들과 긴밀하게 업무 협력을 해야 한다. 특히, 국제운송 경험이 없는 수출자라면 국제운송 전반에 관한 풍부한 경험과 전문성을 갖춘 포워더 및 관세사의 협조를 얻어야 한다.

또한 정상품의 수출뿐만 아니라 수출품의 불량 반품으로 인한 수입, 불량 반품을 수리한 후 재수출하거나 새로운 제품을 대체품으로 다시 발송해야 하는 복잡한 클레임 대응 시에도 포워더와 관세사의 협조가 국제운송의 성패를 좌우할 만큼 중요하다고 할 수 있다.

실무에서는 수출자가 포워더, 관세사, 보험 회사, 선박 회사에 각각 연락해 업무를 개별적으로 진행하는 건 매우 번거로우므로 선적 예약, 수출통관, B/L 발행, 보험 가입 등 관세사나 선박 회사, 보험 회사가 처리하는 업무를 포워더가 일괄적으로 통합 관리하도록 요청하면 효율적으로 국제운송 업무를 진행할 수 있다.

　국제운송을 성공적으로 완수하려면 국제운송의 전체 프로세스와 각 단계의 핵심 사항, 다양한 파트너의 역할을 정확히 이해하고 적합한 운송수단을 선정해 합리적인 운송비용으로 수입자가 원하는 정상 제품을 원하는 기한까지 정확히 전달할 수 있도록 해야 한다.

note24

수출입 운송 형태,
딱 맞는 운송 방법을 찾아보자

　국제운송은 제품의 종류, 크기, 특성, 화물의 양에 따라 항공운송, 해상운송, 내륙운송, 복합 운송, 국제 특송 등 다양한 운송 수단으로 운송할 수 있다.

　모든 제품은 제품의 종류, 크기, 특성에 따라 적합한 운송 수단이 다르다. 수출자가 잘못된 운송 수단을 선정했다가는 도착 지연과 물품의 손상, 변질 또는 분실 등과 같은 운송 사고가 발생할 수 있으며, 이 때문에 수입자로부터 심각한 운송 클레임을 받는다면 큰 손실을 감수해야 한다.

　수출자는 최적의 운송 루트를 통해 빠르고 안전한 운송 수단으로 운송함으로써 물류비를 절감하고 수입자가 요청하는 기한까지 이상이 없는 정상 물품을 인도할 수 있도록 노력해야 한다.

또한 선적항, 도착항, 분할선적 여부, 환적 여부, 선적 기일 등 주문서 또는 거래계약서에 명시된 선적의 중요 조건을 정확히 준수해 운송해야 한다.

수입자가 발행한 주문서에 지정된 선적 기일 내에 선적하고 지정한 도착항이 있을 경우에는 반드시 지정 도착항에 도착시켜야 한다.

뿐만 아니라 계약 물품을 몇 번 나누어서 선적하는 분할선적을 허용하는지, 선적된 화물을 다른 배로 옮겨 운송하는 환적을 허용하는지도 운송 수단, 운송 경로, 운송 비용을 검토할 때 함께 고려해야 할 중요 사항이다.

실무에서 수출자는 화물의 양을 고려해 컨테이너에 적재해 운송할지, 박스 포장해 파렛트(Pallet) 위에 적재해 운송할지를 결정한다. 최근에는 국제운송 화물을 적재 또는 하역할 때 주로 지게차를 이용하므로 소량 화물이라도 박스 포장한 후에 파렛트 위에 적재해 최종 포장한 상태로 출하하는 것이 일반적이다.

또한 열처리가 안 된 나무 파렛트를 사용하면 수입국에 해충이 유입될 우려가 있어 열처리 마크가 찍혀 있는 나무 파렛트을 사용해야 하며, 이를 위반하면 수입국에서 화물 인수를 거부하거나 폐기 처분해야 하는 경우도 발생한다. 이러한 우려가 있어 나무 파렛트가 아닌 플라스틱 파렛트를 주로 사용한다.

또한 앞에서 말했듯이 화물의 양이 컨테이너 한 개를 채울 정도인지 여부에 따라 FCL Cargo 또는 LCL Cargo로 구분한다.

컨테이너 크기는 20피트 또는 40피트를 주로 사용하며 화물의 양에 따라 적합한 컨테이너를 선택한다.

또한 농산물이나 축산물은 일반 공산품을 적재하는 드라이컨테이너가 아니라 냉동컨테이너에 적재해 제품의 변질과 부패를 방지하고 안전하게 운송한다.

해상운송 및 항공운송의 특징은 다음과 같다.

해상운송은 선박에 화물을 적재해 해상으로 물품을 이동시키는 방식이다.

해상운송은 대량 화물, 무겁거나 큰 화물, 장거리 화물일 경우 주로 이용하며 운송비가 저렴한 반면 운송 시간이 오래 걸린다. 따라서 변질이나 파손이 우려되는 제품이라면 신중히 선택해야 한다.

해상운송은 국제운송사(포워더)가 수출자의 화물을 픽업해 선박 회사인 선사와 계약돼 있는 CY(Container Yard) 또는 CFS(Container Freight Station)로 화물을 입고한 후에 배에 선적해 출항한다.

항공운송은 비행기에 화물을 적재해 항공으로 물품을 이동시키는 방식이다.

항공운송은 해상운송에 비해 운송 기간이 짧아 신속하고 빠르게 화물을 도착시킬 수 있다.

최근 과도한 재고부담을 줄이고 적정 재고를 보유하려는 수입자가 필요 시 소량 주문하는 방식으로 변화하고 있어 항공운송의 이용이 점차 늘어나고 있다.

또한 수차례 화물을 싣고 내리고 장기간 장거리를 운송해서 제품 파손, 변질, 분실의 우려가 큰 해상운송과 달리 항공운송은 운송 중 화물의 파손 또는 변질 우려도 낮다.

이와 같이 항공운송은 빠르고 안전한 운송 수단이나 해상운송보다 운송비가 상당히 비싸다는 한계점이 있지만 전자제품, 고가의 보석류나 신선도가 생명인 과일, 식품의 항공운송 비중이 점차 증가하고 있다.

또한 수출자 창고부터 수입자 창고까지 Door-to-Door 서비스를 제공하는 DHL, Fedex 같은 국제 특송의 활용도 증가하고 있다.

국제 특송은 샘플 또는 소량 화물, 긴급 화물, 불량 대체품 발송 등과 같은 특수 상황에서 주로 활용하나, 실무에서는 전자부품, 자동차 부품 등과 같이 소형의 소량 주문품은 특정 국제 특송으로 발송하도록 지정하는 수입자도 있다.

또한 국제 특송은 화물의 양, 운송 거리에 따라 항공운송보다 운송비용이 저렴한 경우도 있고 특송 업체가 운송 전 과정을 진행한다는 편리성이 있어 실무에서 활용이 점차 늘어나고 있다.

내륙운송은 화물을 수출자의 창고부터 선적항 또는 공항까지 이동할 때, 수입국의 선적항 또는 공항에서 수입자의 창고까지 이동할 때 이용한다.

국제운송은 내륙운송과 항공운송 또는 해상운송 등 여러 운송 방식을 혼합해 사용하는 복합 운송이 많다.

화물은 보통 수출국에서는 트럭에서 비행기 또는 배로 물품을 옮겨서 적재하고, 수입국에서는 비행기 또는 배에서 다시 트럭으로 옮겨시 적재한다.

이러한 복잡한 적재 및 하역 과정과 장거리 운송 중의 파손, 변질, 분실을 방지하는 데는 수출용 포장이 매우 중요하게 작용한다.

수출 포장용 종이 박스는 국내용 종이 박스보다 튼튼한 수출 전용 포장박스를 사용해야 한다.

제품이 무겁고 크기가 큰 기계류, 금속 제품류는 나무 포장이 적합하다. 나무 포장은 포장비용이 비싸지만 튼튼해서 운송 중 파손 위험이 적고 제품의 사이즈에 맞게 맞춤식 포장이 가능하다.

특히 해상운송은 운송 중 습기 때문에 제품에 녹이 생기거나 성능에 이상이 생길 수 있으므로 습기에 민감한 제품은 방습포장 또는 실링포장을 해야 할 경우도 있다.

액체 화학제품은 뜨거운 적도를 지나며 제품이 폭발하거나 변질될 가능성이 있으므로 제품 특성과 해상운송 환경을 고려해 신중히 운송 방식을 선택해야 한다.

또한, 인도를 비롯한 일부 동남아시아 국가는 도로 포장 상태가 좋지 않고 내륙운송 환경이 열악해 장거리를 운송하다가 제품이 파손되기도 하므로 수입국 내에서의 운송 거리와 운송 환경을 고려해 제품 포장을 강화해야 할 필요도 있다.

수출자는 도착한 화물이 파손되었다며 수입자가 운송 클레임을 제기할 경우를 대비해 수출 포장을 완료한 다음 트럭과 같은 운송 수단에 적재하기 전, 후의 화물 상태를 사진으로 찍어 기록으로 남겨두어야 한다.

실무에서는 도착 화물의 파손, 품질 이상 등을 이유로 수입자로부터 클레임이 제기되는 경우가 빈번하므로 정상 포장 상태에서 문제없이 화물이 출하되었음을 증빙하는 근거를 기록으로 남기는 것이 매우 중요하다.

국제운송은 수출자가 수입자와 거래 계약을 체결한 후에 수입자에게 계약 물품을 도착시키는 핵심 과정이라 할 수 있다.

아무리 좋은 수입자를 발굴해 매력적인 거래 기회를 갖게 되었다 해도 계약 물품을 수입자가 원하는 장소까지 보낼 안전하고 확실한 운송 루트와 운송 방법을 확보하지 못하면 수출에 실패할 수밖에 없다.

수출을 처음 시도하는 국가나 정치, 경제적으로 불안한 국가에 국제 운송을 해야 하는 일이라면 먼저 안전하고 확실한 운송 루트가 확보돼 있는지 확인하고 운송 가능 여부를 판단해야 한다.

뿐만 아니라 제품 특성, 화물의 양, 각 운송 방식의 특성, 운송비용, 운송 소요일, 포장 방식 등을 종합적으로 고려해 최적의 운송방식을 선택해야 국제운송을 성공적으로 마칠 수 있다.

수출입 운송 방식에 따른 B/L 유형, B/L은 돈이다

국제 무역에서 수출자가 화물을 선박 또는 비행기에 선적해 발송했다는 증빙 서류로서 선박 회사 또는 항공사로부터 발급받아 수입자에게 제시하는 선적서류를 선하증권(B/L, Bill of Lading) 또는 항공화물운송장(AWB, Air Waybill)이라고 한다.

선하증권(B/L)은 선박 회사, 즉 선사가 수출자의 화물을 인수해 선적하였음을 증명하는 화물 인수증이며 유가증권으로 사고팔 수 있다.

실무에서는 선하증권보다 비엘(B/L)이라고 부른다. 또 B/L이라고 하면 통상 선박에 화물 적재가 완료되는 시점에 발행되는 On Board B/L을 지칭한다.

B/L은 사고팔 수 있는 유가증권으로 B/L을 제3자에게 양도하면 B/L을 인수한 사람이 화물에 대한 소유권을 갖게 된다.

B/L의 가장 큰 특징은 선사가 물품을 인수해 배에 선적했음을 증명하는 서류이므로 수입자에게 물품 선적을 완료했다고 통지를 하는 근거가 된다는 것이다.

또한 B/L의 소유자가 화물의 소유자가 되므로 수출자가 B/L을 가지고 있으면 화물의 소유권이 수출자에게 있으며, 수출자 또는 은행이 수입자에게 B/L을 넘겨줘서 수입자가 B/L을 소유하게 되면 화물의 소유권이 수입자에게 있다.

B/L의 주요 용어는 다음과 같다.

Shipper는 화물을 보내는 사람, 즉 수출자를 의미한다.

Consignee는 화물을 받는 사람으로 수입자를 의미한다.

Notify Party는 화물 도착 통지를 받는 사람, 즉 수입자를 의미한다.

항공사가 비행기에 화물을 선적하고 발행하는 항공화물 인수증이 항공화물운송장(AWB)이다.

해상운송을 할 때 선사가 발행하는 B/L은 화물 인수를 증명하는 화물인수증이자 유가증권으로서 사고파는 매매가 가능하나 AWB는 단순히 화물을 인수했음을 증명하는 인수증이므로 유가증권으로서의 효력이 없다.

또한 수출자로서 화물의 소유권을 지키거나 수입자가 원활하게 화물을 인수할 수 있도록 도우려면 Original B/L과 Surrender B/L의 차이점을 정확히 이해해야 한다.

선적 후에 수출자가 Original B/L을 가지고 있으면 화물의 소유권이 수출자에게 있으며, **수입자는 Original B/L이 없으면 화물을 찾을 수 없다.**

Original B/L은 하단에 'ORIGINAL'이라고 표기돼 있다. 수출자는 선사로부터 Original B/L을 발급받기 전에 반드시 Check B/L을 발급받아서 선적 화물에 대한 기재 사항이 정확한지 확인해야 한다.

실무에서는 수입자에게 Original B/L을 보낸 후 수입자가 결제대금을 지급하지 않을 위험이 크다고 판단되면 결제대금과 Original B/L을 서로 맞교환해 결제 사고를 방지하기도 한다.

수입자 입장에서는 결제대금을 지급해야만 수출자가 Original B/L을 넘겨주므로 도착 화물을 찾으려면 결제대금을 지급해야 한다.

Surrender B/L은 수출자가 화물을 선적한 후에 화물의 소유권을 포기할 경우 발행하여, **수입자는 Original B/L 없이 Surrender B/L로 화물을 찾을 수 있다.**

Surrender B/L은 하단에 'SURRENDERED'라고 표기하며 통상 '서렌더 비엘'이라고 부른다. 신속한 업무 처리를 위해 Original B/L이 발급되기 전에 Surrender B/L 발급을 요청하여 발급받을 수 있다.

수입자는 수출자가 팩스 또는 이메일로 보낸 Surrender B/L을 운송사에 제시하고 도착화물을 찾을 수 있다.

Original B/L은 수출자가 운송사로부터 원본을 받아 다시 수입자에게 국제우편으로 보내야 하므로 일본, 중국과 같이 거리가 가까운 수입국과 거래할 때는 Original B/L보다 화물이 먼저 도착하게 된다. 이런 경우에 Original B/L이 도착할 때까지 수입자가 화물을 찾을 수 없기 때문에 Surrender B/L을 팩스나 이메일로 보내 수입자가 화물을 찾을 수 있도록 허용한다.

그러나 Surrender B/L만 있으면 누구나 화물을 찾을 수 있으므로 신용도가 좋고 확실히 믿을 수 있는 수입자와의 후불 외상 거래나 수출대금을 선불로 미리 받은 경우에 주로 이용한다.

누가 B/L을 소유하느냐에 따라 화물의 소유권이 결정되므로 다양한 B/L의 특징을 명확히 이해하고 B/L의 취급 및 양도에 더욱 주의해야 한다.

〈선하증권 (B/L, Bill of Lading) 예시〉

Bill of Lading

Shipper/Exporter EMC CO., LTD. 123, GANGNAM-RO, GANGNAM-GU, SEOUL, KOREA	B/L No. : XYZ001
Consignee AAA CO., LTD 789, NIHONBASHI, CHUO-KU, TOKYO, JAPAN	
Notify Party AAA CO., LTD 789, NIHONBASHI, CHUO-KU, TOKYO, JAPAN	

Pre−Carriage by	Place of Receipt BUSAN, KOREA				
Ocean Vessel SEONG−A	Voyage No. 321	Flag			
Port of Loading BUSAN, KOREA	Port of Discharge TOKYO, JAPAN	Place of Delivery TOKYO, JAPAN	Final Destination (For the Merchant Ref.) TOKYO, JAPAN		
Container No. & Seal No. Marks & No	No. & Kinds of Containers or Packages	Description of Goods	Gross Weight (KGS)		Measurement (CBM)
EMC180910	1 CNTR	A U T O PARTS 50,000 PCS	3,000.00		24.000
Total No. of Containers or Packages(in words) ONE (1) CONTAINER ONLY		INV NO.: E180910−01 "FREIGHT PREPAID"	SURRENDERED		
Freight and Charges OCEAN FREIGHT PREPAID	Revenue tons	Rate	Per	Prepaid	(Collect
Freight prepaid at	Freight payable at	Place and Date of Issue SEP. 10, 2018, Seoul Korea Signature			
Total prepaid in	No. of original B/L THREE(3)				
Laden on board vessel Date Signature SEP. 10, 2018		XYZ TRANS Co. Ltd. As a Carrier			

note26

적하보험, 안 들면 후회한다

수출자는 내륙운송, 해상운송, 항공운송과 같은 국제운송을 통해 수입자에게 화물을 보내는 전 과정 중에 분실, 파손 등의 여러 위험이 있음을 인지해야 한다.

인코텀스 조건에 따라 수출자 또는 수입자는 복잡하고 긴 국제운송 과정에서 발생할 수 있는 잠재적인 손해를 보상받고자 보험에 가입하는데, 이것을 '적하보험'이라고 한다.

적하보험은 수출자 또는 수입자가 화물의 소유권자인 화주로서 보험계약을 체결하고 일정 보험료를 지불함으로써 운송 과정 중에 운송 사고가 발생할 경우 보험 조건에 따라 보상을 받는다.

적하보험은 통상 인코텀스의 정형거래규칙에 따라 수출자와 수입자 중 누가 계약을 체결할지가 결정된다.

적하보험은 화물의 분실, 파손 등의 위험이 있는 운송 구간에서 손실이 발생하면 보상을 받는 것이므로 책임 운송 구간이 긴 수출자 또는 수입자가 보험에 가입하는 것이 일반적이나 예외 조건도 있다.

수입국에서 발생한 분실 및 파손의 위험을 수입자에게 넘기는 계약 조건일 경우에는 수출자의 책임으로 수출국에서 수입국까지 안전하게 운송해야 하므로 수출자가 보험에 가입하는 것이 일반적이다.

특히 인코텀스의 조건 중에 DAP, DPU, DDP는 수출자의 책임 하에 수입국 지정 장소까지 운송한 후에 수입자에게 운송 사고에 대한 위험 부담이 이전되므로 책임 운송 구간이 긴 수출자가 보험에 가입한다.

반대로 EXW, FCA, FOB 조건과 같이 수출국에서 수입국의 목적지까지 수입자가 운송사고 위험을 책임지고 운송하는 경우는 수입자가 보험에 가입한다.

무역 거래 조건인 인코텀스의 중요 특징은 운송비용을 부담하는 당사자가 반드시 운송 사고 위험을 책임지는 당사자가 되는 것은 아니며 지정 장소까지의 운송비용은 수출자가 부담하지만 운송사고 위험 책임은 수입자에게 있는 조건도 있다는 것이다.

그 대표적인 조건이 CIF, CIP로 수출자가 운송비를 부담해 화물을 수입국 지정 장소까지 도착시키지만 수출자에게 운송 사고 책임은 없으며 수출국에서 화물을 배에 선적한 뒤에는 수입자에게 운송 사고의 책임을 부과한다.

그러나 CIF, CIP 조건은 수입자를 대신해 반드시 수출자가 보험사와 적하보험 계약을 체결해야 하는 보험 계약 체결 의무가 있다. 수출자가 수입자를 대신해 보험 계약을 체결하고 보험료를 지급하는 것이 므로 수출자는 수출품 가격에 보험료를 포함해 수입자에게 청구하고 운송 사고가 발생하면 수입자가 보험 회사에 보상을 청구한다.

적하보험은 보험사에 Commercial Invoice와 같은 선적 서류를 제출 하면 간단히 체결할 수 있으며, 실무에서는 국제운송사에 일괄 위임해 신속히 체결한다. 적하보험 가입 금액은 보통 Commercial Invoice 가 격의 110퍼센트다.

보험료 부담, 보험 계약 체결의 번거로움 때문에 보험에 가입하기를 주저할 수도 있으나 국제운송과 같이 복잡한 장거리 운송은 예측 불가 능한 위험이 국내운송보다 절대적으로 높다는 점을 고려해 보험에 가 입해서 잠재적인 손실에 대비해야 한다.

수출자와 수입자 어느 쪽도 보험에 가입하지 않은 상태에서 국제운 송 중에 사고가 발생한다면 거래 당사자 모두에 치명적인 영향을 줄 수 도 있으므로 잠정적 위험에 대비하는 편이 좋다.

그러나 전쟁, 테러의 위험이 매우 높은 수입국은 보험사가 보험 계약 체결을 꺼리거나 보험료가 매우 비싸 현실적으로 보험 가입이 어려운 경우도 있다.

이런 상황에서 수출자의 위험 부담으로 수입국 지정 장소까지 운송 책임이 있다면 무보험 상태로 국제운송을 강행할지 거래를 포기할지 어려운 선택을 해야 하기도 한다.

선적 서류(Commercial Invoice, Packing List), 수출의 시작이자 끝이다

국제운송으로 수출자가 수입자에게 화물을 발송할 때 준비해야 할 중요한 선적 서류가 상업송장(Commercial Invoice)과 포장명세서 (Packing list)다.

실무에서는 통상 '인보이스', '패킹리스트'와 같이 영어를 사용한다.

수출자는 해외 수입자에게 화물을 발송할 때 수출자의 수출통관과 수입자의 수입통관에 필요한 서류인 Invoice와 Packing List를 함께 보내야 한다.

상업송장인 Invoice는 수출자가 수입자에게 발송하는 수출품에 대한 상세한 상품명세서다.

Invoice에는 선적한 화물의 수출단가, 총금액, 수량 등이 표기돼 있으므로, 수출자는 Invoice에 기재된 금액을 기준으로 수입자에게 결제 대금을 청구하고 수입자는 Invoice의 금액을 기준으로 송금한다.

또한 Invoice 금액을 기준으로 책정된 관세를 납부한다.

Invoice에 표기된 주요 사항은 수출자, 수입자, 상품명, 규격, 수량, 단가, 총금액, 하인(荷印, Shipping mark), 운송 조건, 결제 조건 등이다. 또한 선박이나 항공기명, 선적항, 도착항, 출발일, 도착일 등 중요한 선적 정보를 기재한다. 수입자에 따라 Invoice에 HS 코드, 가격 조건, 결제 조건 등을 추가로 기재하도록 요구하는 경우도 있다.

실무에서는 보통 수출자가 화물을 발송하기 전에 수입자에게 화물의 출발 예정일인 ETD를 통지하는데 실제 선적일은 ETD와 달라질 수 있으므로 Invoice에는 실제 선적일을 기재하도록 한다.

특히 화물의 발송자와 수령자를 명확히 파악하려면 Invoice의 Shipper, Consignee, Notify Party의 의미를 정확히 이해하고 주의해 표기해야 한다.

Shipper는 화물을 보내는 사람으로 수출자를 의미한다.

Consignee는 'For Account & Risk of Messrs'라고 표기하기도 하며, 화물을 받는 사람, 즉 수입자를 의미한다.

Notify Party는 화물 도착 통지를 받는 사람, 즉 수입자를 의미한다.

실무에서는 대금을 지급하는 수입자와 실제 화물 도착지가 다른 경우도 있으므로 별도 지정 목적지가 있는지 또는 별도로 지정할 Notify Party가 있는지 제품을 출하하기 전에 수입자에게 재확인하도록 한다.

포장명세서인 Packing List는 선적된 물품의 포장 내용을 표시하는

선적 서류다.

Packing List에 표기하는 주요 사항은 선적화물의 포장수량, 순중량 (Net Weight), 총중량(Gross Weight), 총 화물의 크기(Measurement, CBM 단위로 표기) 등이 있다.

순중량은 포장하기 전 제품의 무게만 측정했을 때의 무게를 의미하고, 총중량은 포장한 상태에서의 무게를 의미한다.

Packing List의 화물 무게와 크기는 운송 요금 산출에 매우 중요하게 영향을 주는 요소다. 제품이 너무 크거나 무거워 정확히 측정이 어려울 경우에는 Packing List에 대략의 무게와 크기를 기재해 출하하면 선적 전에 정확한 무게 또는 크기를 측정해 운임을 산출한다.

통상 해상운송에서는 화물의 크기인 CBM 기준으로 운임을 책정하고, 항공운송은 화물의 무게를 기준으로 운임을 책정한다. 그러나 항공 운송이라도 화물 크기가 너무 크다면 무게가 아니라 CBM 기준으로 운임을 책정하기도 한다.

국제운송은 여러 화물과 함께 운송하므로 다른 화물과 혼동되지 않고 쉽게 찾을 수 있도록 독자적인 식별 표시인 Shipping Mark를 만들어 화물 포장에 부착하고 Invoice와 Packing List에도 표기한다.

Shipping Mark에는 수입자명, 도착항, Invoice No., 포장박스 No., 원산지 등 다른 화물과 구분할 수 있는 주요 사항들을 표기하는데, Invoice와 Packing List의 Shipping Mark는 수출 화물 포장의 Shipping Mark와 동일해야 하며 일치하지 않으면 화물을 찾기 어렵다.

실제 현장에서는 포장단위와 수량을 혼동해 제품 수량, 박스 수량,

파렛트 수량을 Invoice 및 Packing List와 다르게 작성하는 바람에 수입국에서 화물 검사 시 문제가 돼 수입통관이 거부되는 경우도 있었으므로 화물과 선적 서류가 일치하도록 유의해 작성해야 한다.

선적 서류인 Invoice와 Packing List가 잘못 작성되었다면 전적으로 수출자의 책임이므로 새로운 수입자와의 신규 거래일 경우, 첫 출하 전에 Invoice와 Packing List를 작성해 수입자에게 보내서 잘못 기재된 부분이나 누락된 사항이 없는지 확인 요청을 하는 것도 좋은 방법이라 할 수 있다.

보통 In-Box에 소포장 한 후에 더 큰 Out-Box에 포장해 파렛트 위에 적재함으로써 최종 수출 포장을 완료한다.

〈Invoice 예시〉

COMMERCIAL INVOICE

Shipper/Seller EMC CO., LTD 123, GANGNAM-RO, GANGNAM-GU, SEOUL, KOREA TEL +82 2 123 4567	No. & date of invoice EMC181230-001 Dec. 30, 2018
(above continued)	No. & date of L/C
Consignee (For account & risk of Messers) AAA CO., LTD 789, NIHONBASHI, CHUO-KU, TOKYO, JAPAN Tel: +81 3 123 4567 Fax: +81 3 123 4568	L/C issuing bank
Notify party Same as above	Remarks : P/O No.: A20181101 FOB Korea Country of Origin : Republic of Korea

Port of loading BUSAN, KOREA	Final destination TOKYO, JAPAN
Carrier SEONG-A 321	Sailing on or about Dec. 30, 2018

Marks & numbers of Pkg	Description of Goods	Quantity	Unit price	Amount
AAA CO., LTD	Auto Fuse (AAA-10)	10,000 PCS	US$ 0.50	US$ 5,000.00
EMC181230-001 C/NO. 1-10 MADE IN KOREA	TOTAL	10,000 PCS		US$ 5,000.00

Signed by _____

〈Packing List 예시〉

PACKING LIST

Shipper/Seller EMC CO., LTD 123-4, GANGNAM-RO, GANGNAM-GU, SEOUL, KOREA TEL +82 2 123 4567	No. & date of invoice EMC181230-001 Dec. 30, 2018
Consignee (For account & risk of Messers) AAA CO., LTD 789, NIHONBASHI, CHUO-KU, TOKYO, JAPAN Tel: +81 3 123 4567 Fax: +81 3 123 4568	Remarks : P/O No.: A20181101 FOB Korea Country of Origin : Republic of Korea
Notify party Same as above	

Port of loading BUSAN, KOREA	Final destination TOKYO, JAPAN
Carrier SEONG-A 321	Sailing on or about Dec. 30, 2018

Marks & numbers of Pkgs	Description of Goods	Quantity	Net Weight (Kg)	Gross Weight (Kg)	Measure ment (CBM)
AAA CO., LTD EMC181230-001 C/NO. 1-10 MADE IN KOREA	Auto Fuse (AAA-10) C/NO. 1-10	10,000 PCS	460Kg	480Kg	1.02 CBM
	TOTAL	10,000 PCS	460 Kg	480Kg	1.02 CBM

Signed by _____

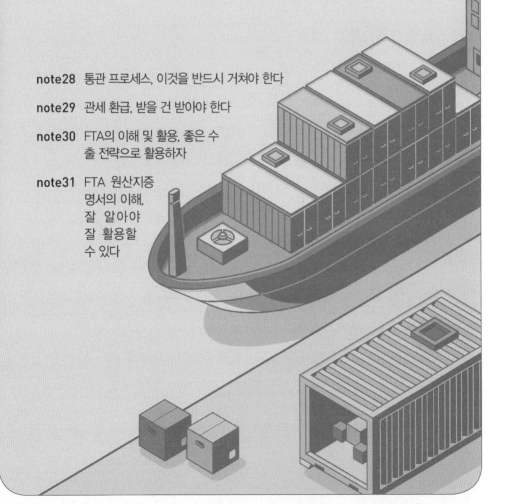

7

Chapter

통관 절차

note28 통관 프로세스, 이것을 반드시 거쳐야 한다

note29 관세 환급, 받을 건 받아야 한다

note30 FTA의 이해 및 활용, 좋은 수출 전략으로 활용하자

note31 FTA 원산지증명서의 이해, 잘 알아야 잘 활용할 수 있다

note28

통관 프로세스,
이것을 반드시 거쳐야 한다

국제거래와 국내거래의 큰 차이점은 수출품을 한국 국경 밖으로 이동시킬 때 수출통관을 해야 하고, 수입국의 국경을 통과해 수입국 내로 이동시키려면 수입통관이라는 절차를 거쳐야 한다는 점이다.

물품을 한 국가에서 다른 국가로 이동시킬 때 거치는 수출통관과 수입통관은 사람이 한 국가에서 다른 국가로 이동할 때 거치는 출국심사또는 입국심사와 매우 비슷하다.

수출통관은 수출하고자 하는 물품을 세관에 수출신고 한 후에 필요한 검사를 거쳐 수출신고필증을 교부받은 다음 물품을 선박 또는 비행기에 적재해 출항하기까지의 절차를 말한다.

수입통관은 수입자가 세관에 도착한 물품의 수입신고를 하면 세관에서 수입신고 사항과 현품이 일치하는지, 수입 관련 법에서 규정한 일정한 수입 요건을 준수했는지를 심사해 이상이 없을 경우에 외국 제품을 자국의 국경 내로 반입하는 것을 허가하는 절차다.

특히, 식품, 의약품, 화장품 등과 같이 사람의 인체에 영향을 줄 수 있는 제품은 수입 허가를 받는 데 필요한 규정인 수입 요건이 매우 까다롭다. 따라서 수입자는 자국의 수입 요건을 사전에 철저히 확인한 후에 수입을 진행해야 한다.

통관을 거치는 모든 물품이 국경을 이동할 때 관세가 부과된다.

관세는 'Tariff' 또는 'Customs Duty'라고 표기하며, 상품이 국가 간의 국경을 통과해 거래될 때 부과하는 일종의 세금이다.

관세는 수출, 수입 모두에 부과하는 것이 원칙이나 보통 수출 시에는 관세를 부과하지 않고 수입 시에만 관세를 부과하고 있다.

불량품을 반송할 때도 일반적인 수입 절차에 따라 진행되며 수입관세도 통상 수준으로 부과된다. 수입관세를 납부한 후에 반송품을 수리해 재수출하면 납부한 수입관세를 돌려받는다.

수입통관과 수출통관은 신속한 업무 처리를 위해 진행 순서가 바뀌기도 하고 일부 과정이 생략되기도 하는데 통상 아래와 같은 단계를 거쳐 진행된다.

수입통관절차는 '화물 도착/하역 → 보세 구역 반입 → 수입신고(관세사) → 서류 심사/화물 검사 → 관세 납부 → 수입신고 수리(수입신고 필증 발급: 세관) → 수입품 인수'의 프로세스로 진행된다.

수입신고는 신속하게 처리하려고 화물이 항구에 도착하기 전, 또는 보세구역에 반입되기 전에 진행하기도 한다.

수입품은 필요시 불특정 대상을 무작위로 선별해 엄격하게 검사하며, 수입관세는 CIF 가격(제품단가에 운임, 보험료 포함 가격) 기준으로 부과된다. 실제 거래 가격이 다른 조건이라면 CIF 조건 가격으로 환산해 관세를 부과한다.

또한 수입통관 시의 관세율, 수입 요건 및 규정은 HS 코드에 따라 결정되므로 HS 코드를 정확하게 부여해야 한다.

수출통관 절차는, 선적 서류 작성(수출자) → 선적 서류 송부(수출자가 관세사에 송부) → 수출신고(관세사) → 서류심사/화물검사 → 수출신고 수리(수출신고필증 발급: 세관) → 출항과 같은 프로세스로 진행된다.

최근 수출신고 및 수출신고필증 발급과 같은 수출통관을 신속하고 간소화하는 UNI-PASS(EDI 방식 수출통관 시스템)의 도입으로 수출자가 직접 수출통관을 하는 경우도 있으나 실무에서는 수출통관 업무를 전문으로 하는 관세사를 통하는 것이 일반적이다.

국제거래는 수출통관과 수입통관을 모두 무사히 마쳐야 수입자에게 물품이 전달된다. 수출국에서 이루어지는 수출통관은 일반적으로 큰 문제가 되지 않지만 수입국에서 수입통관이 거부되는 사고가 빈번히 발생한다. 수입국의 수입통관 규정을 제대로 준수하지 못해 부적합 대상이 된다면 불가피하게 손실을 감수해야 한다.

수출 경험이 없는 수출 초기에는 수출입통관 경험과 전문지식이 풍부한 관세사와 밀접하게 협력해 수출품의 HS 코드 판정, 수입국의 수입통관 시 규제사항과 관련 법규 확인, 수출품의 수입통관 거부 사례 등 다양한 정보를 공유함으로써 어렵게 수출한 제품이 수입통관에 실패해 반송되거나 폐기돼 막대한 손실을 보지 않도록 주의를 기울여야 한다.

수출자가 세관에 수출신고를 하면 세관은 수출신고를 완료했음을 증명하는 문서를 발급하는데, 이것을 수출신고필증이라고 하고 실무에서는 수출면장이라고 부르기도 한다.

수출신고필증에는 수출대행자, 제조자, 구매자를 표기하도록 되어 있다.

제조자가 생산만 하고 제3의 회사가 수출하는 경우에는 수출대행자명과 제조자명이 서로 다르며, 제조자가 생산해 직접 수출하는 경우에는 수출대행자명과 제조자명이 동일하다. 제조사가 생산하고 무역회사가 제조사로부터 물품을 구매해 수출하는 경우에는 수출대행자에 무역회사의 이름을 기재한다.

수출신고필증은 수출을 얼마나 했는지 증명하는 공식적인 수출 실적 증빙 자료이자 근거다. 국가의 수출 통계도 수출신고필증의 수출 금액, 수출 품명, 수출 국가를 근거로 자료를 만들고 수출 금액의 증가 또는 감소를 주시한다.

수출신고필증은 '갑'지와 '을'지로 구성돼 있는데 갑지의 신고 가격은 FOB Korea 기준으로 기재되므로 실제 거래 가격과 다소 차이가 있을 수 있다.

을지에는 품명, 수량, 단가, 총금액 등과 같은 거래 관련 중요 정보가 기재돼 있으므로 수출신고필증 을지를 유의해 취급해야 한다.

상황에 따라서는 수출자가 수출신고필증을 발급받은 후에 바로 선적하지 못하고 선적이 지연되는 경우도 있다. 이러한 경우에 수출자는 수출신고 수리일, 즉 수출신고필증 발급일로부터 30일 이내에 수출품을 선적해 해외로 발송해야 한다.

통관은 수출국과 수입국의 법을 준수해 합법적으로 수출입 거래를 하려면 반드시 거쳐야 하는 절차다.

〈수출신고필증 서식〉

수출신고필증(갑지)

※ 처리기간: 즉시

제출번호		신고번호	신고일자	신고구분	C/S구분
신고자					

수출대행자 (통관고유부호) 수출화주 (통관고유부호) (주소) (대표자) (사업자등록번호)	수출자구분 (소재지)	거래구분	종류	결제방법	
		목적국	적재항	선박회사 (항공사)	
		선박명 (항공편명)	출항예정일자	적재예정 보세구역	
		운송형태	검사희망일		
		물품소재지			
제조자 (통관고유부호) 제조장소	산업단지부호	L/C번호	물품상태		
		사전임시 개청통보여부	반송 사유		
구매자 (구매자부호)		환급신청인(1:수출대행자/수출화주, 2:제조자) 간이환급			

• 품명 • 규격 (란번호/총란수:)

품 명 거래품명	상표명				
모델 · 규격	성분	수량	단가		금액

세번부호	순중량		수량	신고가격(FOB)
송품장번호	수입신고번호		원산지	포장갯수(종류)

수출요건확인(발급서류명)			

총중량	총포장갯수		총신고가격(FOB) $ ₩	
운임(₩)	보험료(₩)		결제금액	
수입화물관리번호			컨테이너번호	
※신고인기재란			세관기재란	

운송(신고)인 기간 부터 까지	적재의무기한	담당자	신고수리일자

(1) 수출신고수리일로부터 30일 내에 적재하지 아니한 때에는 수출신고수리가 취소됨과 아울러 과태료가 부과될 수 있으므로 적재사실을 확인하시기 바랍니다.(관세법 제251조, 제277조) 또한 휴대탁송 반출시에는 반드시 출국심사(부두,초소,공항) 세관공무원에게 제시하여 확인을 받으시기 바랍니다.

(2) 수출신고필증의 진위 여부는 관세청 인터넷통관포탈에 조회하여 확인하시기 바랍니다.(http://portal.customs.go.kr)

note29

관세 환급, 받을 건 받아야 한다

관세 환급은 세관에 납부한 세금을 수출자 또는 수출품의 생산자에게 되돌려 주는 제도를 의미한다.

통상적으로 수출용 제품을 제조하는 데 필요한 원재료를 수입할 때 냈던 관세도 환급된다. 원자재를 수입하는 관세 때문에 수출품의 가격이 비싸져서 국제 가격경쟁력이 약화되지 않도록 지원하는 수출지원제도라고 할 수 있다. 관세 환급 대상은 수출품의 가공, 제조, 생산에 사용된 수입 원재료다.

관세 환급을 받으려면 관세 환급을 신청할 수 있는 수출자 또는 수출품의 생산자가 수입한 원재료로 제조, 가공한 생산품을 **수출한 날부터 2년 이내에 환급 신청**을 해야 한다.

관세 환급에는 간이정액환급과 개별환급이 있다.

간이정액환급은 중소제조기업인 수출자가 수출 물품 생산에 소요된 원재료의 납부 세액을 확인해 관세 환급을 신청해야 하는 번거로움을 해소하기 위해 절차를 간소화한 제도다.

간이정액환급 대상 중소기업은 수출품을 가공, 생산하는 데 사용한 수입 원재료의 납부 세액 확인 없이 수출 사실 여부를 증명하면 간단하게 정해진 금액을 환급받을 수 있다.

간이정액환급의 관세 환급금은 관세청장이 책정해 고시한 일정 금액을 수출용 원재료를 수입할 때 납부한 세액으로 간주해 산출한다.

수출자는 수출을 완료했다는 증빙 서류인 수출신고필증만 제시하면 책정된 정액환급율표에 따라 간편하게 관세를 환급받을 수 있다.

간이정액환급은 환급 신청이 간단하다는 장점이 있으나 정액환급율표에 정해진 환급금을 일괄적으로 지급하므로 개별환급 방식보다 환급금이 적을 수 있다.

개별환급은 정액환급율표에 따르지 않고 수출용 물품을 가공, 제조하는 데 사용한 원재료를 수입할 때 납부한 세액을 각 원재료별로 확인해 환급금을 환급받는다. 개별환급은 각 수입 원재료별로 환급금을 산출해야 하므로 제출 서류가 많고 매우 복잡하다. 특히 각 수입 원재료가 수출품을 생산할 때 얼마나 사용되었는지 계산한 소요량계산서를 작성해 제출해야 하는데 작성법이 복잡해 신청이 쉽지 않다. 하지만 간이정액환급보다는 환급금이 많을 수 있다.

note30

FTA의 이해 및 활용,
좋은 수출 전략으로 활용하자

FTA(Free Trade Agreement) 협정은 상품 및 서비스의 자유로운 무역 거래에 장애가 되는 관세 또는 무역장벽을 제거해 자유로운 무역거래 환경을 만들기로 상호 합의한 자유무역협정이다.

FTA 체결국 간의 주요 협의 주제는 수입관세의 철폐 또는 인하다. FTA는 상대국의 수입품에 책정한 관세율을 인하하거나 없애서 수입품이 저렴한 가격으로 국내시장에서 판매되도록 협조하는 대신, 자국의 제품도 상대국에 낮은 관세나 무관세로 수출해 상대국 시장 내에서 경쟁력 있는 가격으로 판매될 수 있도록 협조하기로 서로 합의한 무역협정, 즉 국가 간 무역거래 약속으로 이해할 수 있다.

수입관세를 인하 또는 철폐해 더 많은 양이 수입되거나 판매될 수 있도록 혜택을 주는 품목을 관세수혜품목 또는 관세특혜품목이라고 한다.

FTA 체결국의 모든 제품이 관세수혜품목이 아니며 FTA 협정 협의 시, 어떤 제품을 관세수혜품목으로 선정해 언제 어느 정도로 관세를 인하하거나 철폐할 것인지는 FTA 체결국 간에 상호 합의하에 결정한다.

일반적으로 자국의 제품 중에 글로벌 경쟁력이 높고 상대국에 잠재 수요가 많아 수출 가능성이 높은 제품을 FTA 관세수혜품목으로 선정해 협상한다.

이와 같이 각 국가가 자국의 경제 이익을 최대화하려고 관세수혜품목과 수혜관세율을 상호 협정함으로써 관세 장벽을 낮추고 서로 자유롭게 거래할 수 있는 무역 환경을 만든다.

한국이 체결한 대표적인 FTA로는, 한-EU FTA, 한-미 FTA, 한-아세안 FTA 등이 있다.

처음으로 2004년에 칠레와 한-칠레 FTA를 체결한 후에 한국과 유럽연합은 비교적 빨리 FTA를 체결했으며 한-EU FTA 체결 이후 많은 수출 기업이 FTA 활용에 적극적으로 관심을 가지기 시작했다.

2011년 한-EU FTA 협정 발효 당시는 FTA 도입 초기라서 유럽산 수입품이 한국의 주력 산업과 국내 시장에 치명적인 영향을 미칠지도 모른다는 우려가 있었으며, 특히 한국 소비자의 선호도가 높은 유럽산 자동차 수입에 대한 우려가 컸다.

그동안 높은 수입관세가 책정돼 있어 한국 자동차 시장에 큰 위협이 되지 않던 유럽 수입차의 관세가 대폭 인하되거나 철폐되면 한국 소비자들이 많이 구입해 한국산 자동차 산업이 큰 타격을 받을 수도 있다는 우려였다.

FTA가 체결되면 즉시 관세가 철폐돼 무관세가 되는 품목도 있으나 수입국에 미칠 경제적인 충격을 완화하고자 수혜품목별로 관세를 연차별로 차등 인하하는 등 점진적으로 FTA 협정을 적용한다. 즉, 모든 수혜품목의 관세를 동시에 인하하거나 철폐하지 않고 국가별 협정에 따라 관세수혜품목별로 1년, 2년, 3년 등과 같이 유예 기간을 두고 관세를 점진적으로 인하하거나 철폐하는 것이 통상적인 방식이다.

예를 들어 A제품은 1차 연도에 8퍼센트, 2차 연도에 5퍼센트, 3차 년도에 3퍼센트로 수입관세를 낮추고, B제품은 1차 연도에 5퍼센트, 2차 연도에 3퍼센트, 3차 연도에 0퍼센트와 같이 점진적으로 수입관세를 인하 또는 철폐해 수입품이 급격히 증가해 자국산 제품의 소비 감소, 시장 가격 하락 등 자국 경제에 미칠 영향을 최소화한다.

그러나 이러한 FTA 협정에도 불구하고 특정 품목에 세이프가드(긴급수입제한조치)가 시행되는 경우는 무관세를 적용할 일정 물량을 정해 두고 초과해 수입되는 수량에 높은 관세를 부과한다.

KITA 통상리포트 2018, 〈EU 세이프가드 잠정조치 등 주요국 동향 및 시사점〉에 따르면, 2018년 유럽연합은 미국이 철강 제품에 대해 232조 조치를 시행해 수입 규제를 하자 EU의 철강 제품 수입이 급증해 자국 산업에 심각한 타격을 줄 것이라고 우려한 나머지 한국산 포함 철강 제품에 세이프가드 조치를 발효했고 허용된 수입 할당량을 초과해 수입되는 수량에는 25퍼센트의 높은 관세를 부과했다.

한국농촌경제연구원의 보고서, 〈한 · EU FTA 이행 8년, 농식품 교역과 한 · 영 FTA 추진〉에 따르면, 2011년 한 · EU FTA 발효 후에 수입량이 증가한 대표적인 유럽산 제품으로는 돼지고기와 치즈가 있었다. 한·EU FTA 발효 전보다 유럽산 돼지고기는 100퍼센트, 치즈는 98.7퍼센트 수입량이 증가하였으므로 유럽은 FTA를 잘 활용해 수혜품목의 수출을 급격히 늘렸다고 할 수 있다.

마찬가지로 한국도 한·EU FTA 발효 전보다 유럽에 대한 농식품 수출이 100.7퍼센트 증가했으며 느타리버섯과 김치가 대표적인 수출 증가 품목이었다.

수출 목표 국가가 한국과 FTA 체결국이고 수출하고자 하는 제품이 FTA 수혜품목이라면 수입자와 상담할 때 FTA를 활용하면 수입관세 인하 혜택을 받아 수입국 시장 내에서 가격경쟁력이 높아진다는 점을 강조하는 식으로 적극적인 거래 제안을 할 수 있다.

실무에서는 FTA 체결 여부와 FTA 활용 방법을 잘 모르는 수입자도 많기 때문에 수입자와 상담 전에 해당 수입국이 FTA 체결국인지, 거래 품목이 FTA 수혜품목인지를 확인하도록 한다.

기존 수입관세가 10퍼센트인 제품이 FTA 수혜 품목으로 선정돼 3퍼센트의 수입관세만 납부하게 되면 수입 가격이 많이 낮아지게 되므로 수입국 시장에서의 가격 경쟁력이 높아진다. 그러므로 더 많이 판매될 수 있다.

이와 같이 FTA 미체결국의 수출자들과는 차별화된 가격 경쟁력으로 수입국 시장에서 판매할 수 있으면 수입자는 더 많은 수량을 주문하게 되므로 결국 수출자의 수출량이 증가하는 효과를 기대할 수 있다.

FTA 협정과 국내법이 서로 상이하면 FTA 협정이 우선 적용되며

FTA 협정의 국문과 영문이 서로 다른 경우에는 영문이 우선 적용된다.

한국의 FTA 체결국 및 협정별 상세 내용 등 자세한 정보는 무역협회의 FTA 종합지원센터(http://okfta.kita.net)에서 확인할 수 있다.

note31

FTA 원산지증명서의 이해,
잘 알아야 잘 활용할 수 있다

원산지증명서(C/O, Certificate of Origin)는 수출품의 원산지가 어디인지를 증명하는 서류다.

수출자 또는 수입자가 FTA 협정을 활용해 FTA 특혜관세 혜택을 받으려면 수출품이 FTA 협정에서 규정한 원산지 기준을 충족했음을 증명하는 FTA 원산지증명서가 필요하다.

따라서 FTA 협정에 따른 관세 수혜품을 수출할 경우에는 원산지증명서를 발급해 선적 서류와 함께 수입자에게 송부하도록 한다. 수입자는 수출자가 보낸 원산지증명서를 수입국에 제출함으로써 FTA 협정에 의해 인하된 관세를 납부하거나 무관세로 수입할 수 있다.

원산지는 제품이 생산, 제조된 국가를 말한다. FTA 원산지증명서를 발급받으려면 수출하고자 하는 제품의 원산지가 어디인지 결정할 명확한 원산지 기준을 알아야 한다.

하나의 제품은 다양한 국가에서 생산된 여러 원재료를 사용해 복잡한 제조 또는 가공 공정을 거쳐 생산되므로 최종 완성품이 어느 나라에서 생산되었는지를 결정하는 원산지 결정기준은 매우 중요하다 할 수 있다.

FTA 원산지증명서는 원산지 결정 기준에 따라 엄격하게 원산지를 판정한 후에 발급된다.

주요 원산지 결정 기준으로는 완전생산기준, 세번변경기준, 부가가치기준이 있다.

이러한 원산지 결정 기준은 각 국가와 체결한 FTA 협정별로 다소 차이가 있으므로 별도 확인이 필요하다.

완전생산기준은 농수산물, 광산물 또는 이들을 원재료로 생산된 제품의 전부가 해당 국가에서 수확, 생산, 가공되었는지를 확인해 요건을 충족하면 원산지로 인정한다.

세번변경기준은 각 제품별로 HS 코드를 확인해 요건을 충족하는지를 확인해야 한다.

하나의 제품은 여러 가지 원재료나 부품으로 제조 또는 가공을 거쳐야 완성품이 된다.

이러한 생산 과정을 거치며 최종 완성품의 HS 코드는 기존 원재료나 부품에 부여된 HS 코드와 완전히 다르게 변경된다. 이렇게 원재료나 부품이 제조 및 가공을 거치며 기존 HS 코드에서 원산지로 인정하는 특정 HS 코드의 제품으로 바뀌어 원산지로 판정되는 것을 세번변경

기준에 의한 원산지 판정이라고 한다.

세번변경기준은 국제적으로 통용되는 6자리 숫자의 HS 코드 중에 몇 자리까지 변경돼야 원산지 기준을 충족하는 것으로 판정할지가 중요하며 HS 코드 4자리가 변경되면 CTH 4단위 변경, HS 코드 6자리가 변경되면 CTH 6단위 변경이라고 표기한다.

부가가치기준은 원산국 내에서 일정한 수준의 부가가치가 창출된 경우 원산지로 판정하는 기준으로 계산 방법에 따라 집적법, 공제법, MC법이 있다.

하나의 제품을 생산하는 데 여러 국가에서 제조된 다양한 부품이 소요되는 경우에 원산국 내에서 제조된 부품의 총 가격이 제품 수출 가격(FOB가격)의 일정 수준 이상이 되면 부가가치기준의 직접법에 의한 원산지 판정이라 할 수 있다.

만약 제품 수출 가격에 대한 원산국 부품의 총 가격 비중이 35퍼센트 이상이 돼야 부가가치기준 충족에 의한 원산지로 판정될 경우에는 'BU35%'와 같이 표기한다.

FTA 원산지증명 방식은 FTA 협정별로 다르며 자율증명 방식과 기관증명 방식이 있다.

자율증명은 FTA 협정에서 정한 바에 따라 수출자, 수출자 또는 생산자가 자체적으로 원산지증명서를 발급하는 것으로, 한-미 FTA는 수출자, 생산자, 수입자가 발급할 수 있다.

기관증명은 원산지증명서를 세관, 상공회의소 같은 지정 기관에서 발급하는 것을 의미한다.

원산지증명서는 통상 FTA 협정에 의해 양국이 합의한 표준 양식을 이용하는데 양식은 FTA 협정 국가별로 다르므로 수출 대상 국가의 양식을 확인해야 한다.

또한 FTA 협정에 따라 상업 송장인 Commercial Invoice 하단에 특정 문구를 기재해 원산지증명서를 대체하기도 한다.

원산지증명서의 유효기간은 협정에 따라 1년, 2년, 4년으로 상이하다.

원산지증명서의 언어는 영어 사용이 원칙이나, 협정에 따라 협정 당사국의 언어를 사용하기도 한다.

원산지증명서는 통상 1회 사용을 원칙으로 하고 있으나, 1년의 범위 내에서 사용할 수 있도록 포괄증명 방식을 허용하기도 한다.

또한 FTA 협정에 따라 특혜관세를 적용받은 관세 수혜품이 해당 FTA가 정한 원산지 기준을 충족하는지, 원산지증명서가 적정하게 발급되었는지 등을 수입국 세관이 수출입 거래가 끝나고 사후에 확인해 위반 시 제재하는 FTA 사후검증제도가 있으므로 원산지 증명 관련 서류를 5년간 보관해야 한다.

FTA 협정별로 관세수혜품목, 원산지 판정 기준, 원산지 증명 방식 등이 다르다. 따라서 수출품이 수입국의 FTA 수혜 품목으로 관세 혜택을 받는지, FTA 관세 혜택을 받으려면 무엇을 준비해야 하는지를 국가별, 품목별로 확인하고 준비해야 한다.

수출 국가별, 제품별로 FTA 협정을 정확히 이해하고 잘 활용해 수출 경쟁력을 높이는 전략으로 활용한다면 성공적인 수출을 위한 발판이 될 수 있다.

한–미 FTA 협정에 따른 원산지증명서 양식

Certificate of Origin
Korea–US Free Trade Agreement

1. Exporter (수출자)	Name(성명)		2. Blanket Period(원산지포괄증명기간) YYYY MM DD YYYY MM DD (년) (월) (일) (년) (월) (일) From:__ /__ /__ To:__/__ /__ (부터) (까지)		
	Address(주소)				
	Telephone(전화)				
	Fax(팩스)				
	E-mail(전자주소)				
3. Producer (생산자)	Name(성명)		4. Importer (수입자)	Name(성명)	
	Address(주소)			Address(주소)	
	Telephone(전화)			Telephone(전화)	
	Fax(팩스)			Fax(팩스)	
	E-mail(전자주소)			E-mail(전자주소)	

5. 원산지증명대상물품내역

Serial No. (연번)	Description of Good(s) (품명 · 규격)	Quantity & Unit (수량 및 단위)	HS No. (품목번호 HS 6단위)	Preference Criterion (원산지 결정기준)	Country of Origin (원산지 국가)

6. Observations:
(특이사항)

I certify that:
본인은 다음 사항을 확인합니다.
-The information in this document is true and accurate and I assume the responsibility for proving such representations.
I understand that I am liable for any false statements or material omissions made on or in connection with this document.
상기 서식에 기재된 내용은 사실이고 정확하며, 기재된 사항에 대한 책임은 본인에게 있습니다. 이 증명서 또는 이와 관련한 허위 진술 또는 중대한 사실 누락에 대해서는 본인에게 책임이 있음을 확인합니다.
- I agree to maintain, and present upon request, documentation necessary to support this Certificate, and to inform, in writing, all persons to whom the Certificate was given of any changes that would affect the accuracy or validity of this Certificate.
본인은 이 증명서를 입증하는 데 필요한 문서를 보관하며, 요청이 있을 경우 이를 제출할 뿐 아니라, 이 증명서의 정확성이나 유효기간에 영향을 미치는 여타 변동사항에 대해서 이 증명서를 받은 관계자들에게 서면으로 통보할 것에 동의합니다.
- The goods originate in the territory of one or both Parties and comply with the origin requirements specified for those goods in the Korea -United State of America Free Trade Agreement.
해당 물품은 대한민국과 미합중국간의 자유무역협정에 따른 원산지결정기준을 충족하고 있음을 확인합니다.
This Certificate consists of _____ pages, including all attachments.
이 증명서는 첨부서류를 포함하여 총___장으로 구성되어 있습니다.

7. Authorized Signature (서명권자의 서명)	Company (회사명)	
Name: (작성자 성명)	Title (직위)	
YYYY MM DD (년) (월) (일) _____/____/____/	Telephone: (전화번호)	Fax: (팩스번호)

8

Chapter

무역 클레임

note32 무역 클레임 대응과 처리, 성의 있는 태도가 필요하다

note33 무역 클레임의 해결 방안, 양보와 타협으로 해결하자

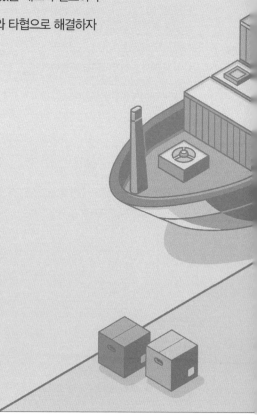

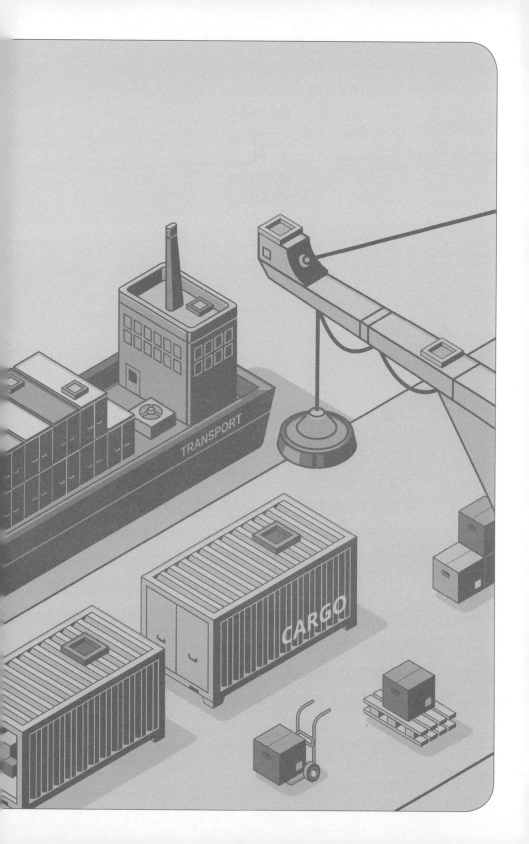

note32

무역 클레임 대응과 처리,
성의 있는 태도가 필요하다

수많은 기업이 새로운 수입자를 발굴하고자 전 세계 어딘가에서 뛰어다닌다. 때로는 정치, 경제, 지리적으로 불안정한 상황을 감수하고라도 수입자를 만나려 기꺼이 해외로 나선다.

수입자를 만나러 해외로 떠나는 기업은 간절한 소망을 가지고 비행기에 오르며 반드시 좋은 성과를 가지고 돌아오리라 다짐한다.

그러나 수입자와 한두 번 만나 상담한다고 해서 거래로 이어지는 것이 아니다. 글로벌 비즈니스는 새로운 수입자와 업무 협의와 검토, 협상, 거래 계약 체결의 과정을 거쳐 주문서를 받기까지 통상 1년 이상의 시간이 소요된다.

수입하는 바이어 입장에서는 수입 전에 시장 경쟁력, 시장 수요, 관세, 수입 허가 요건 등 여러 제반 조건을 철저히 조사해 수입할지 여부를 결정하므로 국내거래보다 훨씬 더 신중할 수밖에 없다.

이와 같이 국제 무역거래는 많은 시간과 비용, 노력을 들여 복잡한 과정과 검토를 거쳐야 시작된다.

그러나 이렇게 험난한 과정을 거쳐 결제대금을 받고 수입자에게 제품을 보내주고 나면 거래가 모두 끝났다고 생각해서 수입자로부터 클레임 통보를 받아도 무응답으로 대응하기도 한다.

실제 무역 현장에서는 수입자의 클레임 통보에 대한 수출자의 무대응 또는 불성실한 대응 태도 때문에 수입자의 불만이 커져 심각한 손해배상이 제기되거나 거래가 중단되기도 한다.

수입자는 품질, 수량, 포장, 납기 등과 같은 주요 사항이 무역 계약대로 이행되지 않았을 때 클레임을 제기한다. 주된 클레임은 품질 불량이며 품질 클레임에 신속히 대응하지 않는 무성의한 태도는 수입자를 불안하게 만들고 수출자에 대한 신뢰를 떨어뜨린다.

수입자의 품질 클레임에 대한 대응은 일종의 고객 응대 서비스이며 고객 관리 측면에서 매우 중요하다.

특히, 실무에서는 수입자의 품질 클레임 또는 불량 통보를 받았을 때 초기 대응을 잘해야 한다. 수입자가 품질 클레임을 제기했을 때는 24시간 이내에 이러한 문제 상황에 대한 원인과 관련 현황을 조사해 빠른 시일 내에 다시 연락하겠다고 답변해야 한다.

더불어 수입자에게 이러한 품질 문제를 어떻게 조치해주길 원하는지 묻고 가능한 한 수입자의 피해가 최소화될 수 있도록 빠른 시일 내에 수입자가 원하는 방식으로 조치하고 협조하겠다는 태도를 보여야 한다.

보통 규모가 큰 수입자는 수출 기업과 진지하게 거래를 검토할 때 가장 먼저 ISO 인증이 있는지를 확인한다. 특히, 수입자가 장기 거래, 대형 거래, 단독 거래를 하려고 검토할 때 품질 시스템 구축 여부를 좀 더 중요하게 고려한다.

실무에서는 특히 일본, 독일, 미국 등의 수입자들이 거래를 시작하기 전에 수출 기업을 방문해 실사하거나 서류 심사를 할 때 ISO와 같은 품질 시스템이 제대로 구축되어 있는지, 품질 시스템대로 실행되고 있는지를 중점적으로 확인한다.

이것은 품질 문제가 발생할 경우에 수출자가 ISO 규정에 따른 방식과 프로세스로 대응할 것인지, 시스템에 따라 적절히 조치하고 실행되는지, 원인을 분석해 같은 문제가 재발하지 않도록 대책을 수립하는지 등을 확인하기 위함이다.

실제 비즈니스에서는 국내외를 불문하고 품질 불량 대응 프로세스와 매뉴얼이 매우 중요하며 품질 대응 능력과 태도에 따라 향후 수입자와의 비즈니스 상황이 완전히 달라질 수 있다.

품질 불량이 고객의 생명에 치명적인 영향을 줄 수도 있고, 수입자가 고객사에 납품할 일정을 지연시킬 수도 있으며, 금전적으로 큰 타격을 줄 수도 있기 때문에 어떠한 경우라도 불성실한 대응을 해서는 안 된다.

대부분 이러한 문제를 해결하려면 불량품을 반송하거나 새로운 대체품을 다시 보내야 하므로 막대한 운송비가 들어가게 된다. 상황에 따라서는 수출한 금액보다 커서 손해를 보는 경우도 있을 수 있다.

하지만 그러한 손해를 보더라도 문제를 해결하는 데 최선을 다하겠다는 자세를 보임으로써 신뢰를 지켜 기존 수입자를 붙잡는 쪽이 새로운 수입자를 찾으려고 투자하는 시간과 비용보다 훨씬 저렴하다.

많은 수출 기업들이 품질 문제에 불성실한 대응 태도를 보였다가 각고의 노력 끝에 발굴한 수입자와 계속 거래할 기회를 놓치고 새로운 수입자를 찾아 방황하기도 한다.

수년의 고생 끝에 발굴한 기존 수입자를 잘 지키는 비용이 몇 년을 투자해 새로운 수입자를 발굴하는 비용보다 몇 배는 더 싸다고 할 수 있다.

수출자가 문제 해결에 최선을 다하는 자세를 보이면 수입자가 스스로 일부 손해를 감수하기도 하고 최소한의 조치만을 요구하기도 한다. 그러나 불성실한 대응 태도로 수입자의 신뢰를 잃으면 거래 중단뿐 아니라 막대한 손해배상을 감수해야 할 일도 생긴다. 고객 클레임에 대한 성실한 태도와 자세만큼 중요한 것은 없다.

때로는 물품의 소진 또는 판매 완료가 예상될 만큼 상당한 시일이 지난 후에 수입자가 클레임을 제기한다면 수출자는 난처할 것이다. 이렇게 오랜 시일이 지난 후에 수입자가 클레임을 제기할 수도 있으므로 도착 물품을 검사해 이상이 있을 경우 물품 도착 후 며칠 이내에 서면으로 공식적인 클레임을 제기할 수 있는지 계약서에 확실하게 정해 두는 게 좋다.

계약서에 클레임 제기 기한에 대한 별도 약정이 없으면 일반적으로 물품 도착 후 검사해서 즉시 클레임을 통지한다.

만약 합리적 또는 객관적 타당성이 없거나, 의도가 불분명하거나, 제품의 판매 부진이나 가격 하락 등으로 시장 상황이 좋지 않을 때 손실을 만회하려고 제기하는 Market Claim과 같이 부당한 클레임이 의심될 때는 수입자에게 상세한 자료나 품질불량보고서 등 객관적인 클레임 증거 서류를 요청한 다음 면밀히 검토해 대응해야 한다.

note33

무역 클레임의 해결 방안,
양보와 타협으로 해결하자

국제거래 당사자인 수출자와 수입자 간 클레임을 해결할 수 있는 다양한 방안을 연구해 두고 상황에 따라 적절한 해결 방법을 선택해야 한다.

클레임은 당사자 간에 해결하는 것이 가장 원만한 해결 방법이라 할 수 있다.

당사자 간의 해결 방법 중에 가장 가벼운 방식은 수입자가 손해배상이나 어떠한 조치를 요구하지 않고 향후 거래에서 동일한 문제가 발생하지 않도록 주의 또는 경고하는 수준에서 클레임을 종료하는 것이다.

실무에서는 피해 정도나 클레임의 정도가 미비하고 수출자가 신속하고 성실하게 대응했을 때 이러한 방식으로 마무리된다.

이렇게 피해 당사자가 경고 수준으로 클레임을 종료할 때에는 동일한 문제가 반복되거나 더 심각한 클레임이 발생하지 않도록 각별히 주의해야 한다.

또한 당사자 간에 합의해서 화해로 클레임을 해결하는 방법이 있다. 각자 조금씩 양보함으로써 클레임을 종료하는 것으로 실제 대부분의 클레임이 이렇게 해결된다. 이렇게 원만하게 클레임을 해결해야 상호 신뢰를 유지할 수 있고 지속적인 거래가 가능하게 된다.

실무에서 화해로 클레임을 해결하는 경우는 보통 수출자가 수입자에게 발송한 제품에 수량 부족, 품질 불량, 포장 불량이 있을 때다.

도착품의 수량 부족은 수출자가 운임을 부담해 부족한 수량을 발송함으로써 클레임을 종료하고, 불량품 또는 포장불량에 의한 제품 파손은 수출자가 운임을 부담해 불량품을 반송하고 새로운 제품이나 수리한 제품을 발송함으로써 클레임을 종료하는 것이 일반적이다.

이러한 클레임 처리 과정에서 수출자는 발송 또는 반송 비용, 신규 대체품 제작비용이나 수리비용 등을 감수하고 수입자는 납기 지연 때문에 발생한 손실을 감수함으로써 해결한다.

당사자 간의 협의에도 불구하고 원만하게 클레임이 해결되지 않아 분쟁이 되면 제3자가 개입해 클레임을 해결하게 된다.

제3자 개입에 의한 클레임 해결 방법으로는 알선, 조정, 중재, 소송이 있다.

알선은 법적 구속력이 없으며 상공회의소, 상사중재원 등과 같은 제3자의 단순 조언이다.

조정은 제3자가 제시한 분쟁 해결 방안을 당사자 모두 합의하고 수락하면 이것이 클레임을 해결할 분쟁 조정안이 된다. 이와 같이 양 당사자의 자유의사에 의해 합의된 조정안은 법적 구속력을 갖는다.

중재는 제3자인 상사중재원을 중재인으로 선정해 그의 판정에 따라 분쟁을 해결하는 방식이다. 민간기관이지만 상사중재원의 중재 판정은 강제성이 있고 법원의 확정판결과 동일하며 외국에서도 집행이 보장된다. 중재는 소송에 비해 비용이 저렴하고 신속하게 분쟁을 해결할 수 있어 실무에서 클레임 해결 방안으로 채택하는 경우가 많다. 중재 판정은 다른 나라에서도 유효하여 집행이 가능하므로 효력 범위가 소송보다 넓다. 또한 단심제로 한 번의 판정이 최종판정이 된다.

중재로 분쟁을 해결하려면 거래 계약서에 클레임 분쟁이 발생할 경우 중재에 따른다는 조항이 있어야 하므로 거래계약서를 체결할 때 중재 국가 및 지역, 중재 기관명, 준거법을 명확히 기재한다. 예를 들어, "대한민국 서울의 대한상사중재원의 중재 규칙 및 대한민국 법에 따른다"와 같은 조항을 기재하며, 한국 수출자의 입장에서는 한국법과 대한상사중재원의 중재에 따르는 것이 편리하다.

소송은 사법기관인 법원의 판정에 의해 강제적으로 분쟁을 해결하는 것으로 알선, 조정, 중재로 분쟁이 해결되지 않을 경우에 사용할 수 있는 마지막 해결 방안이라고 할 수 있다. 소송은 소송 국가의 판결이 해외 또는 제3국에서 효력이 없으며 소송비용이 비싸고 많은 시간이 걸린다는 한계점이 있다.

무역거래 당사자 간의 분쟁을 해결하기까지 많은 시간과 비용, 에너지가 소비된다. 특히 품질 클레임은 조기에 신속히 대응하지 못하면 제품 불량에 대한 클레임뿐만 아니라 수입자의 생산 지연, 납기 지연, 최종 소비자에 의한 시장 클레임 손실까지 손해배상을 청구하는 심각한 분쟁으로 확대될 수도 있다.

따라서 철저히 품질을 관리해 치명적인 클레임이 발생하지 않도록 예방해야 하며, 불가피한 클레임이 발생했다면 신속하고 적극적으로 대응해서 클레임 초기에 원만히 종료될 수 있도록 해야 한다.

이러한 노력에도 불구하고 분쟁 해결이 안 되더라도 소송에 의한 분쟁 해결은 가급적이면 피하고, 중재를 통해 적은 비용으로 신속하고 공정하게 해결하는 것이 가장 합리적이라 할 수 있다.

무역 실무의 노하우

Chapter9 무역언니의 무역 실무 Q&A 장부

Chapter10 무역 계약 서식

9

Chapter

무역언니의
무역 실무 Q&A 장부

note34 왜 미국과 중국은 무역전쟁을 하는가

note35 국가별 결제 유형은 어떻게 다른가

note36 국가별 거래 유형은 어떻게 다른가

note37 제품별 수출 유형은 어떻게 다른가

note38 해외 바이어와의 커뮤니케이션은 무엇이 다른가

note39 이렇게 하면 수출에 반드시 실패한다

note40 이렇게 하면 수출에 반드시 성공한다

note41 직접수출과 간접수출의 차이는 무엇인가

note42 환율은 수출에 어떤 영향을 주는가

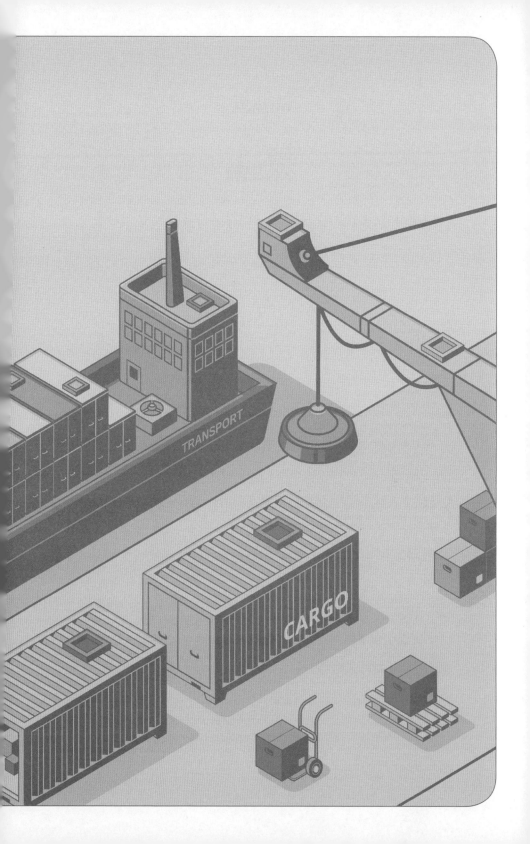

note34

왜 미국과 중국은 무역전쟁을 하는가

이제 세상은 국경과 언어의 장벽을 넘어 하나의 시스템으로 통합되는 시대가 됐다. 더 이상 무역은 전문 분야가 아닌 상식과 같은 영역이 되어 가고 있다.

매일 뉴스는 미국과 중국 간 주고받은 관세 폭탄을 빅 이슈로 다루고 전 세계가 주목한다. 미국과 중국이 상대 국가의 수입품에 대해 보복성 관세폭탄을 서로 주고받는 것이 왜 한국 뉴스에서 큰 이슈로 다루어지는가? 양국의 관세 폭탄으로 왜 한국의 주식시장이 심하게 타격을 받으며 폭락하는가?

전 세계가 하나의 거대한 시장으로 통합되면서 갈수록 국가 간 유기적인 영향이 커지고 있다.

미국이 2018년 7월에 340억 달러 규모의 중국산 수입품에 25퍼센트의 높은 수입관세를 부과하며 미중 무역 전쟁이 시작되었다. 이에 중국도 340억 달러 규모의 미국산 수입품에 25퍼센트의 높은 수입관세를 부과하며 반격했다.

2019년 5월까지 4차에 거쳐 미국은 총 2500억 달러 규모의 중국산 수입품에, 중국은 총 1100억 달러 규모의 미국산 수입품에 서로 보복성 관세 폭탄을 퍼부었다.

이와 같은 상황에서 미국은 3000억 달러 규모의 중국산 수입품에 추가로 관세를 부과할 것이라고 예고했으며, 미중 간의 관세 폭탄 뉴스가 보도될 때마다 세계경제가 심하게 요동쳤다.

우리가 뉴스에서 매일 접하는 이러한 이슈는 관세의 개념과 영향이 무엇인지와 같은 상식적인 정보를 습득함으로써 이해할 수 있다.

관세의 개념만 정확히 안다면 우리가 매일 접하는 국가 간의 무역전쟁을 보다 쉽게 이해할 수 있고, 상식적인 정보로서 무역을 일상생활 속에서 자연스럽게 받아들일 수 있다.

최근 미국과 중국의 무역전쟁은 엄밀히 말해 관세 전쟁이라고 할 수 있다. 관세에 대한 정확한 이해가 가능할 때 '보복성 관세 폭탄'이란 말의 의미도 알 수 있다.

관세는 다른 나라 제품을 수입하도록 허용하는 조건으로 수입품에 부과하는 일종의 세금이다. 보다 정확히 말하자면, 자국의 산업을 보호하기 위한 하나의 안전장치로 자동차가 주력 산업인 국가는 자국의 자동차 산업을 보호하고자 다른 나라에서 수입하는 자동차에 높은 관세를 책정한다.

수입품에 부과하는 세금, 즉 수입관세가 높아지면 결국 수입 자동차의 가격이 높아지므로 소비자들은 비싼 수입차보다 자국의 저렴한 자동차를 선택하게 된다. 이렇게 함으로써 자국의 자동차 산업을 보호할 수 있다.

이러한 이유로 미국과 중국은 상대국가가 자국에 많이 수출하는 제품을 대상으로 기존에 책정된 관세를 대폭 인상한다. 이러면 수입품의 시장 가격이 대폭 상승하므로 자국민이 수입품 구매를 기피하도록 하는 효과를 볼 수 있다. 결과적으로는 상대국의 수출은 감소할 수밖에 없다.

관세 인상으로 수출이 대폭 감소해 막대한 손실을 보는 국가는 상대국이 자국에 많이 수출하는 제품의 관세를 '폭탄' 수준으로 인상해 상대국에도 치명적인 타격을 주고자 한다.

이렇게 한 치의 양보도 없는 치열한 관세 전쟁을 벌이며 상대국에 관세를 내리라는 무언의 신호를 보낸다.

KBS는 〈시사기획 창, 미중 신냉전 시대 오나?〉에서 미중 무역 분쟁을 매우 비중 있게 다룬 적이 있다. 미국 상무부의 통계에 따르면, 미국의 대중 무역적자는 3752억 달러로 미국산 제품을 중국에 수출하는 금액보다 중국산 제품을 미국으로 수입하는 금액이 네 배가 더 많다. 이러한 수출과 수입의 불균형 탓에 미국은 불공정 무역이라고 주장하고 있다.

미국은 이러한 불공정 무역에 대한 강경 조치로 중국이 첨단 산업 육성 정책인 '중국 제조 2025'을 선언한 이후에 전기 제품, 기계, 자동차 등 미국에 주력으로 수출하는 제품들에 집중적으로 추가 관세를 부과했다.

《예정된 전쟁》의 저자이자 하버드대 교수인 그레이엄 앨리슨은 중국과 미국의 글로벌리더십 경쟁을 스파르타와 아테네의 대립, 즉 기존 세력과 신흥 세력의 불가피한 충돌인 '투키디데스의 함정'과 같다고 비유했다. 그레이엄 앨리슨은 "'신흥세력증후군'은 신흥 국가의 높아진 자의식, 관심사 그리고 국제적 인정과 존중을 받을 자격에 대한 권리 의식에 초점을 맞추고, '지배세력증후군'은 기존 세력이 '쇠락'을 경험하면서 지나친 공포와 불안감을 보인다"고 했다.

이와 같이 신흥 국가의 과장된 자기중심주의는 오만함이 되고 기존 세력의 비이성적인 두려움은 피해망상이 된다고 덧붙였다. 또한 그레이엄 앨리슨은 '일본판 먼로 독트린'을 발표하며 '극동 지역의 평화와 질서유지의 책임은 일본에 있다'고 선언한 신흥 세력 일본에 대한 미국의 무역 제제 조치도 전형적인 '투키디데스의 함정'이라고 한다.

일본이 '일본판 먼로 독트린'을 발표하자 미국은 일본에 강경한 무역 제제 조치를 시행하였으며, 결국 미국이 일본에 대한 석유 수출을 규제하자 일본은 이에 대한 보복으로 미국의 진주만 공격을 감행했다.

그는 이와 같이 "한 국가가 스스로 자국의 생존이 걸린 품목이라고 판단하는 수입품을 인정하지 않으려는 시도는 전쟁을 불러올 수 있다"고 언급했다.

각 국가가 주력 상품을 생산하는 방식으로 전 세계가 분업화되어 세계경제가 서로 유기적으로 영향을 주고받고 있으므로 이제 더 이상 다른 나라의 위기는 기회가 아니다. 마찬가지로 미중 무역 분쟁이 장기화되면 미국과 중국 당사국뿐 아니라 다른 나라에도 도미노 현상처럼 큰 피해를 줄 수 있다.

돼지고기의 주요 생산국이자 수출국인 중국은 돼지의 사료인 대두 공급을 미국으로부터의 수입에 전적으로 의존하고 있으며 미국산 대두의 주요 수출국도 중국이다. 그러나 중국이 미국에 대한 수입 제재로 미국산 대두 수입을 장기간 제한할 경우 대두 가격이 인상돼 중국의 돼지고기 가격이 폭등할 위험이 높을 뿐만 아니라 미국 대두 농가의 피해도 커질 수 있다.

마찬가지로 한국도 초정밀 전자부품의 일본 수입 의존도가 매우 높았다. 수입한 일본 전자부품으로 조립, 생산한 완성품을 다시 일본을 포함해 전 세계로 수출하는 경우가 많아서 일본 전자부품의 수입을 규제하거나 수급이 원활하지 못하면 한국산 전자 제품의 수출이 큰 타격을 입을 수 있다는 우려가 컸다.

이러한 우려 때문에 한국은 일본 전자부품에 대한 의존도를 낮추고 대일 무역 적자를 개선하고자 한국 전자부품의 기술력 향상과 일본 전자부품의 대체품 개발을 꾀했다.

베이징대 자칭궈 교수는 〈시사기획 창〉과의 인터뷰에서 "한 국가에서 생산한 제품에는 다른 나라에서 생산한 것도 다수 포함돼 있다. 예를 들면 미국으로 수출하는 중국산 휴대전화에는 미국의 기술과 다른 국가에서 생산된 부품이 들어 있다. 중국에서 조립만 할 뿐이다"라고 했다.

여러 나라의 부품이나 기술력을 이용해 중국에서 단순 가공이나 조립만 한 후에 중국산 제품으로 미국에 수출하기 때문에 중국 수입품에 높은 관세를 매겨 미국으로의 수출이 감소하면 결국 기술력을 제공하는 미국뿐만 아니라 중국에 많은 수출을 하는 한국 기업도 큰 타격을 받을 수밖에 없다.

무역협회의 〈미·중 무역 분쟁의 수출 영향, 2019〉에 따르면, 한국의 미국 수출의존도는 12.1퍼센트, 중국 수출의존도는 26.8퍼센트로 한국이 중국에 수출하는 품목의 79퍼센트가 완성품 생산에 사용되는 부품 또는 반제품, 즉 중간재다.

이와 같이 미국보다 중국에 대한 한국의 수출의존도가 더 높고 부품 수출의 비중이 높은 상황에서 미국의 중국산 제품에 대한 수입 제재가 강화돼 중국의 대미 수출이 감소하면 중국에서 생산, 조립되는 완성품에 소요되는 한국산 부품의 대중 수출 감소도 불가피 할 것으로 예측된다.

실제 미중 무역 분쟁이 시작된 이후 2019년 1분기 한국의 중국 수출이 5.9퍼센트 감소했으며 석유 제품, 전기·전자 제품의 감소가 두드러졌다. 이러한 미중 간의 무역 분쟁이 장기화될 경우에 한국의 수출 피해 규모는 더욱 커질 수밖에 없다.

이와 더불어 많은 전문가가 향후 미국이 '외국산 수입품이 미국의 국가안보에 위협을 끼칠 경우 긴급하게 수입을 제한하거나 고율관세를 부과할 수 있다'는 '무역확장법(Trade Expansion Act) 232조'를 대외적인 명분으로 내세워 한국산을 비롯한 다른 외국산 제품에도 확대 적용해 수입을 더욱 제한할 경우 무역 피해가 더 커질 수 있다고 우려하고 있다.

중국산 수입품에 부가된 고율 관세로 인한 소비자 물가 상승이라는 부담과 수출 감소에 따른 손실을 감수해야 하는 미국과 수출 감소로 인한 경기 침체 우려뿐 아니라 수출 피해를 직면해야 하는 중국의 치열한 무역 분쟁 속에서 미국과 중국은 과연 어떤 선택을 할 것인가?

치열한 무역 분쟁 속에서 2020년 1월에 합의한 미중 1단계 무역 협정에 따라 향후 2년간 2000억 달러 규모의 미국산 제품을 수입하기로 한 중국과 불공정 무역과 국가안보를 이유로 중국에 고율 관세를 부과해 강경한 수입 제한 조치를 단행했을 뿐만 아니라 향후 코로나19 사태에 대한 보상 청구 차원에서 중국에 추가 관세를 부과할 수 있다고 선언한 미국의 향후 행보를 전 세계가 주시하고 있다.

note35

국가별 결제 유형은 어떻게 다른가

최근 국제거래에서 수입자의 파워가 커지고 있고 국가별 거래 유형이 다양해져서 새로운 해외 거래처와 거래를 시작하고자 하는 수출자는 결제 조건, 가격 조건 등과 같은 핵심 거래 조건에 대한 협의를 어떻게 해야 할지 고민이 커지고 있다.

성공적으로 국제거래를 하려면 국가별 수입자가 선호하는 거래 방식을 이해하고 각 거래방식의 특성과 위험요소를 충분히 고려해 최대 허용범위를 정한 후에 협상에 임해야 한다.

최근 실무에서 수입자가 신용장 방식이나 추심 방식보다 T/T 송금 방식으로 거래를 요구하는 추세다.

수출자 입장에서도 수출 금액이 적거나 처음 거래하는 해외 수입자와는 신용장 방식보다 T/T 송금 방식 거래가 신속하고 간편하다.

그러나 상품을 선적한 후에 수출대금 전액 또는 잔금을 받기 때문에 결제대금을 받지 못할 위험이 큰 T/T 사후송금방식과 분할송금방식은 유의하여 채택해야 한다.

수출을 준비하는 기업은 한국과 무역거래가 활발한 국가와의 거래에서 통용되는 주요 결제 유형을 이해하고 대응해야 한다.

일본과는 주로 T/T 사후송금방식으로 거래한다.

일본 수입자들은 보통 제품 선적 후 30일, 45일, 60일 뒤 송금 방식을 선호하며 대부분 지정 일자에 정확히 송금하므로 결제 사고 리스크가 적다.

실무에서는 '선적 후 30일'이라면 선적 기준이 모호할 수 있어서 선적 서류인 Invoice 발행일을 기준으로 하여 'Invoice date로부터 30일', 또는 화물이 선적되면 발행되는 B/L의 발행일, 즉 'B/L date로부터 30일'로 표기해 결제 기준일을 명확히 한다.

결제 사고 위험이 큼에도 불구하고 일본과 T/T 사후송금방식 거래를 허용하는 이유는 일본의 국가 신용도가 높아 일본 수입자가 거래계약대로 결제대금을 지급할 것이라는 신뢰가 있고, 실제 일본 수입자와의 거래에서 대금을 결제받는 데 큰 어려움이 없었다는 평판이 있기 때문이다.

빈번하게 자주 수입하는 경우에 국내거래와 마찬가지로 수입자가 한 달 동안 여러 번 수령한 수입품의 수입 금액을 월말에 모두 합산해 마감한 후 30일, 45일, 60일 등 일정기일이 지난 뒤에 일괄 지급하기도 한다.

대금 지급 기준일이 Invoice 발행일인지, B/L 발행일인지, 화물 도착일인지, 월말 마감일인지에 따라 결제대금 수령일이 많이 차이 날 수 있다. 만약 수출자가 월 마감 후 60일 뒤 대금 지급 조건을 수락했다면 수출자 공장에서 물품을 출하하고 나서 대략 90일 뒤에 결제대금을 수령하게 된다.

구체적인 T/T 사후송금방식은 수입자별 결제 규정에 따라 조금씩 다를 수 있으므로 수입자에게 결제 기준일과 결제 방식을 정확히 확인해서 수출대금 수금계획을 수립해야 한다.

일본 수입자가 T/T 사후송금방식을 선호하는 주된 이유는 해외 공급자와 계약한 제품을 받아서 제품의 품질 상태를 확인한 후에 결제하고자 하기 때문이다. 통상 대금은 제품을 검사해 이상이 없는 경우에 결제한다.

실무에서 일본 수입자들과의 거래 시 결제 사고가 별로 없으나 일부 자금력이 부족한 일본 상사(무역회사)가 고객사로부터 받은 결제대금을 수출자에게 지급하지 않아 사고가 발생한 경우도 있으므로 일본 수입자가 모두 결제 위험이 없다고 단정하기는 어렵다.

중국과는 주로 T/T 사전송금방식으로 거래한다.

한국 기업이 중국과 거래할 때 T/T 사전송금방식을 선호하고 실제 거래에서도 주로 이 방식이 활용되는 이유는 중국의 경제력이 전반적으로 향상되었음에도 불구하고 중국의 국가 신용도에 대한 불안이 있고 T/T 사후송금방식으로 계약하면 수입자가 대금 지급 약속을 지키지 않을 위험이 크다고 판단하기 때문이다.

수출금액이 크면 일부 신용장 방식 거래를 하기도 하나 실무에서 중국 수입자는 거의 100퍼센트 T/T 사전송금방식으로 거래한다.

보통 주문서를 발행할 때 계약금 30퍼센트 송금, 선적 전에 잔금 70퍼센트 송금과 같은 방식으로 진행한다. 계약금과 잔금 비율은 수입자에 따라 다르며 서로 협의해 조정하기도 하지만 일반적으로 수입자의 방식에 따른다.

때로는 수입자가 주문 시 계약금 30퍼센트를 송금하고 물품 선적 후에 B/L을 보내주면 잔금 70퍼센트를 송금하겠다고 요구하는 경우도 있으나, B/L을 보냈는데 즉시 결제대금을 받지 못하고 결제가 지연되면 결제 사고로 이어진다.

따라서 실무에서는 선적 후에 B/L을 발송하면 잔금을 송금하는 것이 아니라 수출 포장을 해서 출하 준비를 완료한 후에 사진을 찍어서 보내면 수입자가 잔금을 송금하고 수출자가 수령 확인을 한 후에 출하하는 안전한 방식으로 진행하는 경우가 많다.

수입자 입장에서는 먼저 수출대금을 지급한 후에 수출자가 계약한 제품을 제대로 발송하지 않으면 큰 손실을 보는 위험 부담이 있으므로 수입자의 입장도 고려해 거래 계약대로 좋은 제품을 생산해서 납기 내에 발송하도록 해야 한다.

동남아시아 수입자와는 주로 T/T 분할송금방식 또는 사전송금방식으로 거래한다.

최근 국제거래가 증가하고 있는 베트남과는 베트남 수입자의 요구에 따라 주로 T/T 분할송금방식 거래가 많다.

실무에서 T/T 분할송금방식은 주문 시 계약금 30퍼센트 송금(보통 주문서 수령 후 7일 이내), 선적 후 B/L 송부 시 또는 물품 도착 후에 잔금 70퍼센트 송금과 같은 방식으로 진행한다. 계약금과 잔금의 결제비율은 수출자와 수입자 간 협의에 의해 결정할 수 있으나 보통 수입자의 방식에 따른다.

수출자 입장에서는 선적 직후 선적 증빙 서류인 B/L을 송부하고 잔금을 받는 것이 물품 도착 후에 잔금을 받는 것보다 빠르고 유리하다. 그러나 수입자 입장에서는 물품 도착 후에 물품을 확인한 후 송금하는 것이 안전하고 대금 지급일이 늦어 유리하기 때문에 물품 도착 후 잔금 지급 조건으로 거래를 요구한다.

이러한 결제 특성을 고려해 수출자는 제품 발송 후에 외상 방식으로 받게 되는 잔금을 가능한 빨리 회수할 수 있는 조건으로 거래하는 것이 좋다. 수입자에게 물품이 도착한 일자를 수출자가 정확히 확인하기 어려울 뿐만 아니라 잔금 지급일이 늦어질수록 수입자가 제품을 인수해서 판매한 다음 또는 사용 후에 대금 지급을 거절하거나 시장의 가격 하락 또는 제품 판매가 부진하면 마켓 클레임을 제기해 가격을 인하해 달라고 요구하거나 대금 지급을 지연할 위험이 커진다.

수출자의 주의에도 불구하고 분할송금방식은 여전히 물품 발송 후에 잔금을 받지 못할 위험이 존재한다. 실무에서는 잔금을 받지 못하는 결제 사고가 빈번히 발생하고 있으므로 수출자의 위험 부담을 최소화할 수 있는 방법을 고민해야 한다.

같은 동남아시아 국가라고 해도 국가별 경제력이 다르기 때문에 모든 동남아시아 국가의 거래 방식이 동일할 수 없으므로 국가별로 다르게 대응할 필요가 있다.

특히, 인도, 파키스탄, 방글라데시 등은 결제 사고 위험이 매우 높기 때문에 100퍼센트 T/T 사전송금방식으로 결제 조건을 정하는 편이 좋다.

그러나 중국, 인도 등과 같은 동남아시아 국가에 소재하는 글로벌 기업의 공장 또는 지사와 거래할 때는 글로벌 기업의 통상적인 대금 결제 시스템에 따라 T/T 사후송금방식으로 거래하는 것이 일반적이다.

실무에서는 100퍼센트 T/T 사전송금방식으로 거래를 시작해 초기에는 제품 발송 전에 대금 지급을 잘하다가 이후에는 대금 지급을 하지 않은 상태에서 수출자에게 긴급 발송을 집요하게 요구해 수출자가 제품 발송을 해주면 대금 지급을 완료하지 않은 채 신규 주문을 하기도 한다.

이러한 상황에서 수출자는 미수금을 받으려고 신규 주문을 접수해주고 초기에 계약한 결제조건과 다른 외상 거래 방식, 즉 사후송금방식으로 거래를 하게 되기도 한다.

실제 이러한 수법에 휘말려 외상 거래를 반복하다가 계속 미수금이 쌓여 수출자가 큰 타격을 입은 적도 있다.

그 외, 생활소비재, 자동차부품 등의 수출이 증가하고 있는 러시아와도 주로 사전송금방식 거래를 한다. 중국과 마찬가지로 100퍼센트 사전송금방식이 통상적인 결제 방식이다.

그러나 한국 수출자가 러시아 수입자로부터 수출대금을 선금으로 받은 후에 잠적하는 바람에 러시아 수입자의 요청으로 한국수출지원기관이 수출자의 행방을 조사한 사례도 있다.

이와 같이 T/T 송금 방식 거래는 수입자와 수출자가 서로 신뢰를 지키며 각자의 의무와 책임을 다하지 않을 경우에는 지속하기 어려울 뿐만 아니라 국가와 기업의 이미지에 큰 타격을 줄 수 있다.

그렇다면 결제 리스크를 방지할 수 있는 대책은 무엇인가?

국제무역거래에서 수출대금을 받지 못하는 결제 사고가 발생한 후에 해결하는 것은 매우 어렵기 때문에 결제 사고를 사전에 예방하는 것이 효율적이다.

T/T 송금 방식으로 거래하면서 근본적으로 결제 위험에 노출되지 않으려면 사전송금방식 원칙을 고수하는 것이 좋다. 그러나 수입자가 수입자의 결제 방식에 따르도록 요구하는 경우가 많기 때문에 현실적으로 모든 거래에서 사전송금방식을 고수하기 어렵다. 따라서 결제 사고를 방지하기 위한 다양한 노력에도 불구하고 불가피하게 발생하는 결제 사고에 대비해야 한다.

새로운 해외 수입자와 거래를 시작하기 전에 반드시 수입자의 신용을 조사해 안전한 거래를 할 수 있는 상대인지 확인해야 한다. 한국무역보험공사의 수출 보험에 가입하는 것은 결제 사고에 대비하는 좋은 방법이 될 수 있다.

한국무역보험공사는 수출자의 상황에 맞게 선택할 수 있도록 다양한 종류의 수출보험을 제공하고 있으며, 종류에 따라 보험가입 조건이 다르다.

수출 보험에 가입했다 할지라도 결제 사고가 발생했을 때 100퍼센트 보상을 받을 수 있는 것은 아니다. 수출 보험 보상 조건에 따르는지, 수출자가 성실히 의무와 책임을 다했는지를 심사해 보상이 결정된다.

K사는 T/T 사후송금방식으로 일본 수입자인 상사를 통해 일본 고객사에 수출했으나 상사가 고객사로부터 5만 달러에 달하는 결제대금을 모두 받고도 K사에 지급을 하지 않아 수차례 지급 독촉을 했으나 대금을 지급하지 않은 상태로 폐업했다.

K사는 수출 통합 금액 5만 달러까지 보상을 받을 수 있는 한국무역보험공사의 수출 보험에 가입된 상태였으나 정식 수출통관을 거치지 않고 긴급하게 핸드캐리로 운송하는 바람에 수출신고필증이 없는 일부 수출금액은 보상 대상에서 제외됐으며, 더욱이 수입자의 폐업으로 결국 수출 보험 보상 청구가 어렵게 됐다.

B사는 베트남 수입자와 약 1만 달러의 수출계약을 체결했다.

결제조건은 T/T 분할송금방식으로 주문 시 계약금 30퍼센트, 선적 후 B/L 사본 및 선적 서류를 이메일로 송부 시 잔금 70퍼센트를 지급하기로 하였다.

B사는 계약금 30퍼센트를 받고 선적 후 B/L 사본을 이메일로 발송한 뒤에 잔금 70퍼센트의 송금을 요청했으나 수입자가 장기 출장 또는 사고를 이유로 계속 대금 결제를 하지 않았다. 더욱이 수입자와 체결한 계약서에 선적일로부터 삼사 일 이내에 Original B/L, Invoice, Packing List, 원

산지증명서 등 수입통관을 위한 선적 서류를 모두 발송하도록 되어 있어 B사는 요구 서류 원본을 모두 발송하였고 수입자는 잔금을 지급하지 않은 상태에서 수출자가 보낸 Original B/L로 화물을 통관해 인수하였다.

B사는 선적 후에 한 달 동안 수입자에게 대금을 지급하라고 독촉했으나 결국 잔금을 받지 못해 그동안 수입자와 주고받은 이메일 전부, 수출신고필증, 선적 서류, 계약서 등을 한국무역보험공사에 제출하여 보상 청구를 했다.

한국무역보험공사는 B사가 선적 전에 수출 보험에 가입했는지, 수출신고필증이 있는지, 수출자의 책임을 성실히 이행했는지, 결제대금을 회수하려는 노력을 했는지 등 결제 사고 보상 조건과 보상 여부를 심사해 미수금 70퍼센트에 대한 보상금을 B사에 지급했다.

수출 보험 이외에도 수출자가 자체적으로 결제대금을 지급받지 못할 위험에 대비하려면 수입자가 도착 화물을 인수할 수 있는 Original B/L 발송 시기를 잘 판단해야 한다.

수입자가 선적 후 B/L을 발송하면 대금을 지급하는 조건으로 거래를 요구하면 B/L 사본을 이메일로 보내 선적했음을 증명하고 결제대금을 받은 후에 Original B/L을 발송하는 계약 조건을 요청하도록 한다. 이와 같이 구체적으로 Original B/L 인도 시기를 정해 제품 선적 후에도 결제대금을 확보할 수 있도록 한다.

G사는 인도 수입자와 100퍼센트 T/T 사전송금방식으로 거래를 시작

했다.

제품 선적 전에 수출대금 전액을 받는 조건으로 거래를 시작했기 때문에 별도 수출 보험에 가입하지 않았다. 거래 초기에는 선적 전에 수출대금을 모두 받아 별 문제가 없었으나 거래가 지속되자 수입자가 수출대금을 송금하지 않은 상태에서 긴급하게 제품 선적을 요구하기 시작했다. G사는 선적 전에 수출대금을 송금하라고 수입자에게 여러 번 요청했으나 수입자가 대금을 지급하지 않고 집요하게 긴급으로 제품 발송을 독촉하자 G사는 수입자와 원만하게 거래하고자 제품을 발송했다.

그러나 제품 선적 후에도 수입자가 대금을 지급하지 않은 상태로 신규 주문서를 발행했다. G사는 수입자와 관계가 나빠지면 미수금을 받지 못할 것이라는 우려 때문에 신규 주문서를 접수하고 새로운 수출품을 생산했다. G사가 미수금 송금을 재차 요청하자 수입자는 미수금 중 일부만 보내고 신규 주문 건에 대한 결제대금을 지급하지 않은 상태에서 또 다시 신규 주문서의 주문품 발송을 요청했다.

이렇게 외상 거래가 반복돼 미수금이 계속 늘어나자 G사는 미수금을 모두 지급하지 않으면 더 이상 제품을 발송하지 않겠다고 수입자에게 단호하게 선언했다. 그러자 수입자가 미수금을 몇 차례에 나눠 모두 지급했다.

기존에 거래 중인 수입자라 하더라도 계약 조건대로 정확히 대금을 지급하지 않는다면 단호하게 제품 발송을 거절해야 한다. 실무에서는 이것을 '물건을 잡는다'라고 표현하는데 이런 조치로 수입자와의 관계가 나빠질까 우려하기도 하지만 한 번 외상거래를 허용해 미수금이 누적되면 수습이 불가능한 상황이 돼서 수출자에게 큰 피해를 줄 수 있으므로 구매력이 없는 수입자라면 단호하게 거래를 정리할 필요도 있다.

수입자의 신용도는 수입국의 신용도와 밀접한 관계가 있으며 결국 수입자가 Buying Power, 즉 구매력이 있는가와 직결된다.

일본, 미국, 유럽과 같이 국가 신용도와 구매력이 높은 수입자는 일반적으로 한국을 포함해 제3국의 수출자가 이상이 없는 정상적인 계약 물품을 보낼까 하는 의심을 하기 때문에 도착한 제품을 확인한 후에 수출대금을 지급하려고 한다.

이러한 심리를 이해한다면 구매력이 큰 경제 강국의 수입자들이 한국 수출자에게 제시할 결제 조건을 예측할 수 있다.

그러나 실무에서는 이러한 경제 강국 수입자들과 거래하더라도 수입자에게 꼭 필요거나 다른 기업의 제품으로 대체 불가능한 제품, 또는 고객사가 지정한 특정품을 구매해야 하는 경우에는 수출자가 제시하는 결제조건을 수입자가 수용하기도 한다.

따라서 수입자와 결제조건을 협의할 때는 수출자에게 위험 부담이 있는 결제조건을 먼저 제시하지 말고 안전하고 유리한 결제 조건을 제시한 후에 서로 적절히 타협해 조정하도록 한다.

반대로 미국, 유럽, 일본의 공급자로부터 한국 기업이 제품을 수입할 경우에는 10만 달러 이상의 수입금액도 100퍼센트 T/T 사전송금방식으로 계약하기도 한다. 때로는 한국 수입자가 사전송금방식으로 선불거래를 제안해도 공급자가 거래를 거절하는 일도 있으며 기존 공급자와 거래하는데도 선불로 결제대금을 송금하지 않으면 주문서 접수 및 생산도 하지 않는 등 매우 확고한 방식으로 거래한다.

국제거래는 수출자, 수입자 중에 누가 더 주도권을 가지고 있느냐, 누가 더 파워가 있느냐, 누가 더 필요하고 절실하느냐에 따라 결제방식이 결정된다. 꼭 제품을 구매하는 수입자가 파워가 있고 물건을 파는 수출자가 파워가 없다고 단정하기 어렵다.

note36

국가별 거래 유형은 어떻게 다른가

국제무역거래는 수출자와 수입자가 여러 가지 세부적인 거래 조건을 합의해 결정했을 때에야 비로소 시작된다. 수출자와 수입자가 협의할 중요 거래 조건으로는 가격, 결제, 운송, 품질, 납기 등이 있다.

수입자에게 유리한 조건은 수출자에게 불리하고 수출자에게 유리한 조건은 수입자에게 불리할 수 있다. 따라서 최소한의 위험 부담으로 각자의 이익을 극대화하려고 수출자와 수입자는 협상하는 것이다.

일본 수입자의 주요 특징은 가격이 아무리 싸도 수출자를 신뢰할 수 없으면 거래를 시작하지 않는다는 것이다.

일본 수입자들은 사전에 수출자를 신중히 검토한 후 긍정적인 평가가 나와야만 직접 수출자를 방문해 다방면을 확인한다. 일본 수입자들은 거래 도중 수출자의 경영 불안으로 공급이 중단될 우려가 있는지, 품질 문제가 발생했을 때 손해배상 여력이 있는지를 중요하게 고려하기 때문에 대부분 수출자 신용조사를 한다.

또한 수출자가 제시한 가격이 수입자의 목표 가격에 미치지 못하면 무리한 조건으로 가격 협상을 요구하기보다는 회신하지 않는 것이 일반적인 태도다. 수출자가 제시한 가격이 수용 가능한 범위라 할지라도 수입 물량을 늘려 가격을 내리려고 하는 경우도 있으나 지나치게 무리한 가격 인하를 요구하지 않는다.

또, 새로운 수출자와 신규 거래를 시작한다면 시간과 비용을 투입해 검토해야 하고, 신규 거래에 따른 위험 부담도 감수해야 한다는 이유로 기존 거래처보다 15~20퍼센트 정도 가격이 싸지 않으면 거래를 검토하지 않으려 한다.

거래를 시작한 후에도 처음부터 많은 물량을 주문하지 않고 샘플 수준으로 소량 주문해 품질 수준을 체크하고 서비스 대응 태도를 계속 모니터링하며 조금씩 거래물량을 늘린다.

일본 수입자는 제품 가격과 기업의 역사, 기술력, 공급 실적, 품질, 서비스 대응력, 경영 안정성, 평판 등을 종합적으로 평가해 거래 여부를 결정한다. 그래서 거래을 시작하기까지 많은 시간이 걸린다. 수입자에 따라 다를 수 있으나 통상 어느 정도의 기업 규모가 있는 수입자와의 거래를 시작하기까지 이삼 년 정도 걸리므로 빨리 거래하고 싶다고 재촉하지 말고 최대한 수입자의 거래 방식을 존중하는 모습을 보여야 한다.

거래 중에 빈번히 품질 불량이 발생하거나 수출자가 불량 대응에 불성실한 태도를 보여도 감정적으로 대응하지 않지만 조용히 거래를 중단한다.

일본 수입자가 구매할 제품과 거래할 기업을 선정하는 기준은 세계적으로 비교해봐도 매우 까다롭다고 할 수 있으며 사실상 가장 진입이 어려운 국가다.

투자한 시간과 노력 대비 실제 주문 수량이 기대에 미치지 못하거나 까다로운 품질 기준에 맞추다 보니 품질 관리 또는 검사 비용이 상승해 판매 이윤이 적을 수도 있으나 일본 기업과 거래를 준비하는 과정에서 수출 기업의 기술력, 품질 등 전반적인 수준이 향상되므로 글로벌 기업으로 도약하고 성장할 가능성이 커진다.

따라서 까다로운 일본 시장 진출에 성공하면 일본 수입자와 같이 매우 까다로운 기준으로 해외 공급자를 선정해 거래를 시작하는 독일 기업, 미국 기업 등 글로벌 기업과의 거래 가능성이 높아질 뿐만 아니라, 그 이외 다른 국가에 진출하기도 쉬워질 수 있으므로 일본 시장은 어렵지만 도전할 만한 가치가 있는 국가라 할 수 있다.

중국 수입자의 주요 특성은 상담 시 호응이 좋고 많은 관심을 보이나 실제 거래 성사율은 낮다는 것이다.

수입자에 따라서 중국 제품의 가격 수준으로 한국 제품을 구매하려고 무리하게 가격 인하를 요구하기도 한다.

통상 수출자의 규모, 품질, 기술력보다 중국 시장에서 팔릴 수 있는 제품인가에 더 많은 관심이 있으며 거래 협상 시 가격이 가장 중요한 이슈다.

최근 중국 수입자가 많은 관심을 보이는 한국 소비재는 브랜드 인지도가 높아 중국 시장에서 잘 팔릴 수 있는 제품이며 수출자의 브랜드 인지도가 낮으면 수입자가 자사 브랜드로 OEM 주문 생산을 요청하는 경우가 많다.

실무에서는 수출자의 규모가 작으면 거래 초기에는 수입자의 브랜드로 OEM 방식으로 중국시장에 진출하고, 이후에 시장 진입이 안정되면 수출자의 자체 브랜드로 중국 수출을 진행하는 것이 일반적인 패턴이다.

중국 수입자는 이메일보다 위챗 같은 SMS로 업무 연락을 하기를 선호하며 가격을 SMS로 문의하기도 한다. SMS로 보낸 견적은 이력 관리가 어렵고 때로는 이전에 수입자에게 제출한 견적 가격을 찾을 수 없는 일도 생기므로 반드시 이메일로 견적을 보내고 언제 얼마로 제시했는지 견적 제출 이력을 관리해야 한다.

거래가 시작되면 제품의 품질을 이슈로 삼아 결제대금을 지급하지 않는 중국 수입자도 있으므로, 협상 시 수출자의 리스크가 큰 T/T 사후송금방식으로 거래를 요구한다면 수용하지 않는 편이 좋다.

또한 결제대금을 선불로 받았더라도 품질 문제가 발생하면 무리한 반품이나 대체품 발송을 요구하기도 한다. 중국 수입자의 무리한 가격 인하 요구를 수락해 수출품을 생산했으나 부단한 노력에도 불구하고 원가 절감에 한계가 있어 결국 손해를 감수하고 수출한 실제 사례도 있다. 따라서 중국 수입자가 무리한 가격 조건과 결제 조건을 요구할 때는 매달리지 말고 과감히 돌아서는 것이 좋다.

또한 중국 수입자의 호의적인 상담 태도를 보고 까다로운 일본보다 거래가 더 쉽고 빠를 것이라고 판단해 중국 수출을 시도하기도 하지만 오히려 중국 수입자와의 수출 계약에 시간이 더 많이 걸리거나 실패하는 경우가 많다.

그 외, 방글라데시, 파키스탄 등 동남아시아 국가들의 수입자들은 가격 문의가 필요할 때는 매우 적극적으로 연락해 견적을 보내달라고 재촉하지만 일단 견적을 보내고 나면 회신이 없거나 아무런 대응을 하지 않는 일이 많다.

또, 한동안 시간이 지난 후에 연락해 다시 견적 문의를 하는 등 빈번한 가격 문의에 비해 거래 성사율은 매우 낮다.

note37

제품별 수출 유형은 어떻게 다른가

전 세계 국가 간에 거래되는 품목은 매우 다양하다.

국제무역거래는 품질과 가격 경쟁력이 우수한 제품이나 자국에서 많이 생산되는 주력 생산품을 필요로 하는 다른 국가에 수출하고, 그 국가의 특화된 주력 생산품 중에 자국에 필요한 제품을 수입함으로써 각 국가의 주력 품목을 서로 교환하는 것이다.

무역거래는 제품별, 산업별, 국가별 특성에 따라 거래 방식, 협상 방식, 계약 체결 방식이 다르므로 수출품과 해당 산업 분야의 특성을 숙지하고 이해해 가장 효과적이고 위험 부담이 적은 방식을 채택해야 한다.

최근 한국의 다양한 제품이 해외로 수출되고 있다.

특히 반도체, 전자, 자동차, 기계, 건축, 화장품, 생활 소비재 등과 같이 기술과 디자인, 제품 성능이 뛰어나 수출 경쟁력이 높은 제품이 많이 수출되고 있으며 제품에 따라 수출 유형은 조금씩 다르다.

특히, 자동차, 전자, 기계 설비, 반도체 장비 관련 제품들과 같이 높은 기술력을 요구하는 제품의 주요 공략 시장으로 일본이 주목받고 있다.

일본은 매우 보수적인 시장으로 새로운 기업과의 거래에 매우 신중하며, 특히 제품의 성능과 품질을 중요시하는 자동차 관련 산업의 특성답게 제품의 테스트 및 검증에 보통 2년 정도의 시간이 걸린다.

2년 이상의 테스트와 검증을 거쳐야 거래가 시작되므로 지쳐서 포기하는 한국 기업이 많고 거래를 시작해도 샘플 수준으로 소량을 발주하며 수출자의 대응력을 주시하다가 조금씩 발주량을 늘린다.

그러나 이렇게 신중한 검토를 통해 거래를 시작하고 나서 품질과 기술에 특별한 문제가 없고 수입자의 요청에 잘 대응하면 거래가 오래 지속되는 장점이 있다.

자체적인 시스템에 따라 장기간에 걸쳐 여러 가지 다면적인 검토와 검증을 거쳐야 거래를 시작하는 일본 기업이 너무 까다롭고 시간이 오래 걸린다는 이유로 중국 시장으로 돌아서는 수출자도 있다.

일반적으로 중국 시장 진출이 더 쉬울 것이라고 생각하기도 하지만 제품의 기술 수준이 너무 앞서거나 고품질이어서 아직 시장 수요가 없으면 아무리 좋은 제품도 팔리지 않을 수 있다.

또한 중국 기업은 상담할 때는 우호적인 태도를 보이므로 거래가 쉽게 성사되리라 기대하지만 상담할 때의 반응과 실제 거래 성사 여부는 다르다는 점을 이해해야 한다.

많은 한국 기업이 다른 국가보다 쉽게 수출할 수 있을 것이라는 기대로 중국 시장에 관심을 가지고 많은 노력을 기울이지만 첨단 기술 기반 제품의 중국 시장 진출 성과는 아직 미미하다.

최근에는 중국의 기술력이 향상되고 중국이 첨단 산업 육성 정책을 펼침에 따라 반도체 관련 산업의 시장 수요가 늘어날 것으로 예상되고 있어 관련 기업들이 시장 수요와 변화를 주시하고 있다.

자동차 관련 제품도 자동차 성능에 치명적 영향을 주지 않고 자주 교환해야 하는 소모품은 러시아, 중동, 동남아시아 등과 같은 광범위한 시장에서 수요가 많다. 자동차 성능과 인체에 영향을 끼칠 수 있어 품질과 성능이 뛰어나야 하는 제품은 일본 시장도 수요가 있다.

건축 관련 제품은 토목용 자재인지, 인테리어용 내장재인지에 따라 진출 시장이 달라질 수 있다.

향후 공항, 철도, 도로, 수도 시설과 같은 공공 인프라 개발 프로젝트가 활발하게 진행될 가능성이 있는 동남아시아, 중동 국가에는 토지 개발에 필요한 토목 공사용 건축자재의 수요가 증가할 것으로 예상된다.

인테리어용 내장재는 공공 인프라가 구축돼 있고 생활수준과 경제력이 높아진 동남아시아 국가에 수요가 증가할 수 있다.

동남아시아와 중동에는 수많은 국가가 있으며 국가별로 경제력, 생활수준이 다르고 건축 관련 제품도 수많은 종류가 있어 제품에 따라 진출에 적합한 국가가 다르다.

또한 수입 허가에 필요한 의무 인증도 국가별로 다를 수 있으므로 진출하고자 하는 목표 국가를 구체적으로 선정해서 시장 적합성을 검토한 후에 진출 여부를 결정해야 한다.

포장용 기계, 공장 자동화 설비 같은 기계 설비는 제조 시설이 많지 않은 일부 CIS 국가나 동남아시아 국가에서는 시장 수요가 적기 때문에 수출 적합 국가로 보기 어렵다.

그러나 최근 일부 동남아시아 국가에서 한국에 공장 자동화 설비를 의뢰하는 건수가 점차 증가하는 추세이므로 장기적으로 시장 변화를 주목하고 진출 여부를 결정해야 한다.

화장품, 생활소비재는 중국과 베트남 시장에 많은 수요가 있으며, 특히 한국산 제품의 디자인과 품질은 크게 인정받고 있다.

중국에 진출하려면 수출자의 제품이 위생용품으로 분류돼 위생허가 수입 규정을 따라야 하는지를 사전에 확인해야 한다. 샴푸처럼 한국에서는 단순 생활용품으로 분류되나 중국에서는 위생용품으로 구분돼 위생등록 또는 허가가 있어야 수입이 가능한 제품도 있으므로 사전에 확인이 필요하다. 만약 위생등록이나 허가가 필요한 제품으로 구분된다면 중국의 수입 요건에 따라 위생등록을 하거나 위생허가를 획득하는 등 복잡한 절차를 거쳐야 한다.

또한 중국은 지역, 연령, 경제력에 따라 선호하는 제품이 다르므로 가격, 품질이 다른 다양한 제품군을 구축하거나 주력품을 선정해 특정 타깃에 집중해 판매하는 전략을 선택할 수 있다.

최근 베트남 시장에서 큰 인기를 끌고 있는 한국산 생활소비재는 포장 방식과 포장 크기가 매우 중요한 고려 사항이다. 특히 구매력이 떨어지는 베트남 지방 소비자는 대용량보다 일회용 소포장 제품을 부담 없는 가격으로 구매해 사용하는 쪽을 선호한다.

시장 수요는 많지 않지만 뛰어난 기술력에 비싼 고부가가치 제품인지, 높은 가격 경쟁력을 바탕으로 많은 수요가 있는 제품인지에 따라 적합한 수출 국가가 달라진다.

기업이 수출하고 싶은 국가와 수출할 수 있는 국가는 다르다.

실무에서는 수출을 희망하는 국가와 실제 수출이 가능한 국가가 달라 수많은 시행착오를 거치다가 수출 목표 국가를 변경하기도 한다.

그러므로 자사 제품의 특성을 정확히 이해하고 잠재 시장의 수요와 시장성을 검토해 적합한 수출 목표 국가를 선정하는 것이 시행착오를 줄이는 면에서 중요하다 할 수 있다.

note38

해외 바이어와의 커뮤니케이션은
무엇이 다른가

수출 경험이 부족한 한국 기업이 해외 바이어와 상담할 때 주로 겪는 커뮤니케이션 시행착오가 있다.

비즈니스 상담을 할 때 수출자가 하고 싶은 말을 모두 다 했는데 바이어가 별다른 거부감을 표현하지 않으면 상담이 매우 성공적이라고 착각하는 것이다.

일본 수입자들과 처음 상담하는 한국 기업은 일본 수입자가 거래 상담에서 "하이"라고 대답하면 수입자가 자신의 제안이나 요청을 수용했다고 생각한다. 하지만 일본 수입자의 "하이"는 당신의 말을 이해했다는 것이지 거래 제안을 수용했다는 뜻이 아니다. 수출 상담에서 "하이"라는 답변을 듣고 일본 수입자가 거래 조건을 수용했으니 곧 거래가 시작될 것이라는 기대를 했으나 거래 성사가 안 돼 실망하는 한국 기업들이 적지 않았다.

또한 일본 수입자와 상담할 때는 일어를 어느 정도 이해할 수 있다고 해도 영업 담당자의 통역을 거쳐 수입자의 의도를 정확히 다시 확인해야 한다. 통역을 거치지 않고 대략적으로 의미를 파악한 것으로 중요한 의사 결정을 했다가는 치명적인 실수를 할 수도 있다.

K사는 일본 수입자와 중요한 기술 미팅을 했는데 K사의 기술 책임자는 일본 수입자와 오랫동안 거래하며 자주 커뮤니케이션을 했기 때문에 영업 담당자의 통역 없이 일본 수입자의 기술 변경요청을 이해했다고 생각했다. K사 기술 책임자는 자신이 이해한 방식으로 금형을 수정하는 등 중요한 기술 변경을 해서 샘플을 제작한 후 발송했는데 일본 수입자는 왜 이렇게 수정했느냐며 우리가 이렇게 수정 요청을 했느냐고 강하게 항의했다. 결국 K사는 일본 수입자의 샘플 납기에 맞추지 못했을 뿐만 아니라 다시 금형을 수리하는 데 많은 비용을 지불해야 했다.

무역거래는 자국의 언어가 아닌 외국어로 의사소통을 해야 하므로 바이어가 하는 말을 완벽하게 이해하기 어렵다는 한계점과 위험 부담이 있다. 이러한 불완전한 의사소통이라는 리스크가 항상 잠재돼 있다는 점을 유의하여야 한다.

따라서 실무에서는 바이어의 말을 제대로 이해하지 못해 중대한 과실이 발생하거나 엉뚱하게 일이 진행되지 않도록 통역을 담당한 업무 담당자도 바이어의 의도를 자신이 정확히 이해했는지 바이어에게 재확인해야 한다.

중국 수입자들은 비즈니스 상담을 할 때 호응이 상당히 좋은 편이다. 하지만 "하오" 하며 좋게 호응하는 것이 거래를 하겠다는 의사 표시라고 단정해서는 안 되며 서로 좋은 관계를 유지하려는 태도라고 생각해야 한다. 좋은 분위기로 상담을 마쳐 거래 성사가 곧 될 것 같은 큰 기대감을 갖지만 실제 거래 성사율은 기대에 미치지 못한다.

미국 수입자는 가격과 같이 중요한 거래 조건에 대해 일관성 없는 답변을 하면 믿을 수 없다고 판단한다. 이러면 더 이상 거래 협의를 진척시키기 어렵다.

L사는 전시회에서 미국 기업과 상담하다가 가격을 제시했는데 전시회 후에 같은 미국 기업이 이메일로 다시 견적 문의를 해서 정식 견적을 제출했다. 그런데 미국 기업은 전시회 때 받은 견적과 달라 이해할 수 없다고 했다. L사는 전시회 상담자가 가격 제시를 잘못했으며 최소주문수량, 포장, 스펙 등 정확한 규격을 근거로 책정한 이번 가격이 맞는 가격이라고 해명했으나 미국 기업에서 더 이상 연락이 오지 않았다.

전시회와 같이 여러 명이 다수의 수입자와 상담해야 하는 상황에서는 전시회 참가 전에 포장, 최소주문수량 등 판매 규격을 표준화해 표준 가격을 책정해서 일관성 있게 제시해야 한다.

미국 수입자와는 주로 이메일로 업무 연락을 하는데 대면 상담을 할 때는 구체적이고 상세하게 커뮤니케이션 하지만 이메일은 매우 심플하고 명료하다. 통상적인 업무 연락이라면 두세 문장 내외로 간결하다. 그러나 회신하지 않으면 전화로 이메일 수신 여부와 업무 확인을 요청하기도 하므로 신속히 회신해야 한다.

반대로 수출자의 이메일 내용이 정확히 이해가 안 되면 회신을 하지 않는 경우도 있다. 실제 이메일 회신을 하지 않아 한국 기업의 요청으로 미국 기업에 확인한 적이 있는데 이메일 내용을 이해할 수 없어 회신할 수 없었다고 답변했다.

따라서 이메일로 연락할 때는 무엇을 알고 싶어 하는지 수입자의 입장을 배려해 전달하고자 하는 핵심 메시지를 간단, 명료하게 작성하고 정확하게 의미를 전달할 수 있도록 영업 전담자의 외국어 실력을 향상시킬 필요가 있다.

특히 대부분 이메일로 바이어와 협상하거나 클레임이나 요구 사항에 대처해야 하는 무역거래는 커뮤니케이션 응대 태도가 무엇보다 중요하다. 고객이 이해할 수 있도록 쉬운 용어를 사용해 일관성 있는 태도로 이메일이나 자료를 작성해서 보내지 않으면 바이어가 추가 질문을 할 수 있으며 이전 내용과 일치하지 않는다고 이의를 제기할 정도면 신뢰가 떨어진다.

만약 전화나 직접 상담하는 방식으로 커뮤니케이션을 했다면 협의한 내용을 정리해서 바이어에게 이메일로 보내 커뮤니케이션에 문제가 없었는지 재확인하고 분쟁의 여지가 없도록 협의 내용을 기록으로 남겨두어야 한다.

수출 경험이 부족한 기업이 겪는 또 다른 시행착오는 수입자가 알고 싶어 하는 정보가 아니라 자신이 전달하고 싶은 정보만 전달하려고 한다는 것이다. 수입자가 무엇을 알고 싶어 하는지, 무엇을 가장 중요하게 검토하는지, 어떤 것을 원하는지 파악하기도 전에 자신의 제품이 최고라고 강하게 어필하다 별다른 진척 없이 미팅이 끝나기도 한다.

간혹 수출자의 기업 규모가 작거나 역사가 짧은 것을 솔직하게 말하는 것이 겸손한 태도라는 생각에 불필요한 정보를 전달하다가 오히려 거래 매력도를 떨어뜨리기도 한다.

수출은 문화, 종교, 상관습, 정서가 전혀 다른 나라의 수입자에게 제품을 파는 것이다. 한국의 고객도 선호하는 것이 서로 다른데 하물며 다른 나라 사람은 우리가 전혀 예상하지 못한 것을 요청할 수도 있다. 열린 자세로 상담에 임하고 수입자의 요청을 경청해야 한다.

한국에서 일상적으로 통용되는 것이 다른 나라에서는 이상한 것일 수도 있다. 한국에서 더 이상 사용되지 않는 것이 다른 나라에서는 여전히 필요할 수도 있다.

한국에서는 더 이상 비디오테이프가 사용되지 않지만 아직도 여전히 비디오테이프를 사용하는 국가가 있다. 또한 한국에서 잘 타지 않는 오래된 중고 자동차를 수입해 이용하는 국가도 많다.

한국 사람들은 향이 강한 세탁세제를 좋아하지 않지만 베트남 사람들은 세탁세제 향이 강해서 오랫동안 옷에 남기를 바란다. 그렇기 때문에 한국에서 잘 팔리는 제품을 해외 수입자에게 자신 있게 소개해도 수입자는 구매를 거절할 수 있다.

수입자에게 일방적으로 구매를 권유하기보다 제품에 대한 의견을 묻고 피드백에 따라 제품을 변경 또는 개선해 수입자가 원하는 제품을 만들어서 다시 제안하고 협의하는 지속적인 커뮤니케이션을 통해야 수출 거래가 성사될 확률이 높아질 뿐 아니라 한국 상품의 세계 경쟁력이 더 높아질 수 있다.

수출자가 수입자와 지속적으로 커뮤니케이션 하면서 수입자의 의견을 반영하지 않으면 사실상 더 이상 거래 협의가 진척되기 어렵다. 다른 나라의 문화를 있는 그대로 수용하려는 자세가 되어 있지 않다면 더 이상 대화가 진전되지 않는다.

때로는 수입자의 질문을 정확하게 이해하지 못해 수입자가 납득할 만한 답변을 하지 못하는 경우도 종종 있다. 수입자와 한국 기업이 수차례 같은 질문과 대답을 반복하기도 한다. 한국은 기부 문화가 일반화되어 있으나 동남아시아는 아직 그렇지 않기 때문에 기부를 하는 이유를 반복적으로 질문을 하는 일도 있었다.

한국에서는 상식적인 문화와 관습이라도 다른 나라에서 이해하기 어려워 한다면 최선을 다해 그들의 눈높이에서 설명하고 이해시키려 노력해야 한다. 이러한 노력이 있어야만 해외 바이어들과 원활한 커뮤니케이션이 가능하며 비즈니스 또한 진행될 수 있다.

실무에서는 해외 수입자와 커뮤니케이션 방식이 달라 거래 성사에 실패하는 경우도 많다. 국제무역거래는 한국 국내의 비즈니스와는 체질적으로 완전히 다르기 때문에 수출을 하고자 하는 기업은 글로벌 커뮤니케이션이 가능한 기업으로 체질부터 바꿔야 한다.

note39

이렇게 하면 수출에 반드시 실패한다

수출을 위해 끊임없이 도전하고 노력했는데도 불구하고 실패할 수도 있다.

J사는 자동차부품 전문 제조사로 중동, 러시아, 동남아시아 국가의 수입자로부터 많은 문의를 받았다. 자동차부품 분야에서 오랜 업력을 쌓아 인지도가 있고, 품질이 좋은 다양한 모델을 생산하고 있어 해외 수입자들은 거래에 매우 적극적인 반응을 보였다. 한 이라크 수입자는 J사가 제시한 가격과 거래 조건을 수용한 후 구체적인 운송 방법을 협의했다. 또한, J사 제품을 수입해 이라크 시장에서 어떻게 판매할 것인지 마케팅 방안을 제시하는 등 매우 적극적으로 비즈니스 협력을 제안했다.

J사는 거래에 협조적인 좋은 수입자이자 파트너를 발굴했으니 향후 이

라크 시장에 성공적으로 진출할 수 있을 것이라고 기대했다. 당시, 이라크에서 내전이 일어날지도 모른다는 불안감이 있었으나 수입자와 운송 방법과 운송비용, 운송 루트 등 구체적인 운송 방식을 협의해 결정했다. 가장 안전하고 최적의 운송 루트로 터키의 지정 항까지 제품을 운송한 다음 다시 트럭에 옮겨서 시리아 국경을 넘어 이라크 수입자에게 보내기로 했다. 수입자의 요청으로 Proforma Invoice를 보낸 후에 100퍼센트 T/T 사전송금방식 결제 조건에 따라 수입자의 결제대금을 수령한 후에 수출 준비를 해서 제품을 발송할 계획이었다.

그런데 이라크의 내전 가능성이 점점 커지더니 상황이 심각해졌고, 결국 내전이 일어났다. 며칠 후 이라크 수입자로부터 연락이 왔다. 내전 때문에 제품을 무사히 받을 수 있을지 장담하기 어렵다고 했다. 그 후에 더이상 진행은 어려웠고 결국 수출에 실패했다.

전쟁 위험이나 정치, 경제, 사회적 불안이 큰 국가와 거래할 경우에는 많은 위험을 감수해야 하는데 수출에 실패할 가능성이 높다.

수많은 시간과 노력을 투자해도 수출자가 통제할 수 없는 위험이 있으면 수출에 실패할 가능성이 높기 때문에 전쟁, 내전, 테러, 정치, 경제, 사회적 위험이 큰 국가는 상황이 안정될 때까지 거래를 보류하는 편이 좋다.

D사는 한동안 성장 가능성이 매우 높은 시장으로 주목받은 CIS(독립국가연합) 국가 중 우즈베크스탄 수입자로부터 많은 문의를 받았다.

당시 CIS 국가가 신흥 시장으로 매우 주목받고 있었고 수입자도 매우 적극적이어서 D사는 우즈베키스탄 진출에 많은 기대를 하고 있었다.

거래에 매우 적극적인 우즈베키스탄 수입자와 가격과 결제조건 등 거래 조건을 결정하고 구체적인 운송 방식을 협의했다. 가격조건이 FOB Korea로 한국에서 우즈베키스탄 수입자에게 화물이 도착하기까지 소요되는 운송 요금을 우즈베키스탄 수입자가 지불하는 조건의 거래였다. 아직 수출한 적이 없는 우즈베키스탄까지 처음으로 화물을 운송해야 되는 상황이라 우즈베키스탄 운송 전문이라는 몇몇 한국 운송사를 소개받았는데 모두 수입자의 여권을 보내달라고 했다. 제품을 운송하고 난 후에 수입자가 운송 요금을 지불하지 않을 수 있어서 우즈베키스탄의 운송 파트너사가 운송 요금을 안전하게 받으려고 수입자의 여권 사본을 요구한 것이다.

한국 운송사는 우즈베키스탄으로 화물을 운송하려면 우즈베키스탄의 운송 파트너가 필요했는데, 사실상 하나의 운송사가 독점하고 있었다. 다른 우즈베키스탄 운송사가 없으므로 독점 운송사의 요구 조건에 따라야 했다. 수입자에게 이런 상황을 설명하고 여권 사본을 보내달라고 수차례 요청했으나 수입자는 끝까지 여권 사본을 보내줄 수 없다고 해서 결국 수출에 실패했다.

시장의 성장 잠재성이 아무리 큰 국가라고 할지라도 수입자에게 화물을 보낼 수 있는 안전하고 확실한 운송 인프라와 루트가 제대로 구축돼 있지 않다면 수출에 실패할 수 있다. 수출 목표 국가를 검토할 때는 수입자에게 화물을 성공적으로 보낼 수 있는 운송 인프라와 시스템이 제대로 구축돼 있는지도 중요하게 고려해야 한다.

W사는 혁신적인 공법의 건축자재를 개발한 다음 수출 상담회나 해외 전시회에 참가하며 해외시장에 진출하고자 다방면으로 노력하였다. 특히 W사는 유럽 시장에 진출하려는 목적으로 독일 전시회에 참가해 유럽 수입자들과 적극적으로 수출 상담을 하였고 수입자들은 좋은 반응을 보이며 거래에 많은 관심을 보였다.

그중에 한 독일 수입자가 W사 제품에 큰 관심을 보이며 샘플 테스트로 성능을 확인해보고 싶다고 했다. 신속하게 검토하겠다며 수입자는 전시품을 테스트 샘플로 요청했다. W사가 샘플을 전달하려고 하자 수입자는 DIN 인증의 안전 등급이 몇 등급이냐고 물었다. 한국에서는 안전성을 검증해야 하는 까다로운 건축자재로 분류되지 않기 때문에 안전 인증이 의무 인증이 아니었으나 독일에서 사용하려면 DIN 인증이 반드시 필요하다고 했다. 그리고 DIN 인증을 획득하지 못했다면 사용할 수 없으므로 샘플 테스트는 의미가 없다며 검토를 포기했다.

W사는 한국으로 돌아와 DIN 인증 획득에 필요한 비용과 시간을 확인했는데 1년 이상의 시간과 1억 이상의 비용이 들어간다는 답변을 받았다. 해외 인증 전문기업은 비용이 비싸고 시간이 많이 걸리는 DIN 인증의 대안으로 비용과 시간이 비교적 적게 들고 유럽시장에서 광범위하게 허용되는 CE 인증을 받으라고 제안했다.

그 후에 W사는 다른 유럽 수입자들을 만나 수출 상담을 하며 DIN 인증 대신 CE 인증을 허용하는지 확인했는데 CE 인증이 있다면 사용하는 데 큰 문제가 없다고 했다.

유럽 수입자들의 이러한 의견을 종합해 W사는 CE 인증을 진행하려 했으나 테스트 샘플을 유럽의 지정 시험 기관에 보내야 했고 국제운송, 테스트 진행, 보고서 발행 등에 천만 원 이상의 비용이 필요했다.

W사는 정부의 인증 지원 사업을 활용해 비용 중 일부를 지원받을 수 있었으나 기업의 경영 상황이 악화돼 기업이 부담해야 하는 비용을 충당하기 어려워졌다. 수입자들이 거래에 관심을 보였음에도 불구하고 CE인증 획득 문제 때문에 결국 유럽 시장 진출 및 수출에 실패했다.

한국에서는 의무 인증을 획득해야 하는 제품이 아니라 할지라도 수출 목표 국가에서는 의무 인증 대상일 수 있으므로 반드시 수출 목표 국가에서 요구하는 의무 인증이 있는지, 의무 인증 획득 대상인지를 확인해야 한다. 만약 의무 인증 대상품이라면 인증을 획득한 다음 수출 목표 국가에 대해 본격적인 마케팅 활동을 시작해야 한다. 인증 획득에 많은 시간과 비용이 소요되므로 의무 인증을 획득하지 않은 상태에서 수출 목표 국가에서 마케팅을 선행했다가 어렵게 발굴한 수입자를 놓칠 수 있다.

또한, 기업의 경영 상황이 좋지 않으면 해외마케팅 및 해외 인증 진행이 전면 중단될 수 있으므로 수출 활동을 추진하기 전에 기업의 매출을 늘려 경영을 안정화해야 한다.

P사는 장기간에 걸친 마케팅과 각고의 노력 끝에 일본 수출에 성공했다. 그러나 일본 수입자에게 공급을 시작한 후 지속적인 품질 문제가 발생했다.

몇 차례 동일한 품질 문제가 반복돼 수입자가 지정한 납기에 차질이 생겼을 뿐만 아니라 불량품을 버리고 새로운 제품을 다시 만드느라고 많은 손실이 났다. 초기에는 수입자에게 불량품 중 사용 가능한 것은 납품을 허용해 달라고 간곡히 부탁해 양해를 받았으나 동일한 불량 문제가 발생하자 수입자는 더 이상의 불량품 납품을 허용하지 않았다. 결국 이런 반복된 품질 문제 탓에 일본 수입자는 P사에 더 이상 주문을 하지 않았고 거래가 중단되었다.

P사는 이런 품질 문제를 대응하는 과정에서 생산 완료된 불량품을 버리고 비싼 원자재를 다시 구매하고 생산해 공급하는 큰 손실을 감수해야 했을 뿐 아니라 납기를 맞추려고 긴급 생산을 하는 등 여러 어려움을 겪었다.

이러한 진통을 겪은 다음부터 P사는 일본 수입자로부터의 견적 문의가 와도 소극적으로 대응했고 결국 일본 시장으로의 수출은 포기했다.

P사가 일본 시장 수출을 포기한 주된 이유는 품질 기준이 엄격해 양품 허용 기준이 높고 일본 기업이 요구하는 품질 수준에 맞추려면 엄격한 품질 관리 및 검사에 관리 비용을 많이 들여야 하기 때문에 결국 이윤이 남지 않는다는 이유에서였다.

국내 기업이 수출 기업으로 도약하려면 해외 기업이 요구하는 품질 수준에 맞출 수 있도록 품질 시스템을 구축하고 품질 관리 수준을 향상시켜야 한다. 수출 초기에 해외 수입자의 요구 수준에 맞춰가는 과정을 겪으며 직간접적인 수업료를 치르기도 하지만 그런 단계를 거치며 기업의 수준이 업그레이드돼 글로벌 기업으로 도약하게 된다.

막대한 수업료를 치르고 성공한 일본 시장 진출을 포기하고 다시 국내 내수 기업으로 물러선 P사의 실패 사례는 매우 안타깝다고 할 수 있다.

B사는 해외 수입자들로부터 호응이 좋은 제품을 본격적으로 수출하려고 해외마케팅에 주력했다. 제품에 대한 반응은 매우 좋았으나 운송비용에 대한 우려가 컸다. 제일 큰 어려움은 제품 크기가 커서 운송비가 많이 나오는 것이다. 저렴한 소모품이라서 때로는 수출 금액보다 국제운송비가 더 많이 나오기도 하고 비싼 운송비에 맞추려면 제품 가격이 많이 올라 시장 경쟁력이 떨어졌다. 결국 많은 노력에도 불구하고 수출에 적합한 품목이 아니라고 판단해 수출을 포기하고 내수 시장 판매에 주력하기로 했다.

C사는 토목 공사용 건축자재를 수출하려고 다양한 국가의 수입자를 만나 시장 진출 가능성을 확인하였다. 공공 인프라 시설의 건설이 시급한 동남아시아, 중동 국가의 수입자들이 많은 관심을 보였으며, 특히 사우디아라비아는 담수화 시설 구축 등과 같은 여러 공공 인프라 개발 계획이 잡혀 있어 향후 시장 잠재성과 수요가 매우 높을 것으로 예상했다.

C사는 이러한 시장 잠재성을 바탕으로 본격적으로 사우디아라비아 수입자들을 직접 만나 수입자 반응과 실질적인 수출 가능성을 확인했다. 그러나 사우디아라비아는 거대한 시장 잠재성에도 불구하고 자국산 제품 우선 사용 정책이 있어 외국산 제품을 수입 규제하고 있었다. 실질적으로 수출이 어렵다고 판단해 사우디아라비아는 포기하고 비교적 수입 규제가 적은 베트남으로 수출 국가를 변경했다.

이와 같이 수많은 기업의 다양한 시행착오를 살펴보며 실패를 줄이고 수출에 성공할 수 있는 지름길을 찾아야 한다.

note40

이렇게 하면 수출에 반드시 성공한다

K사는 전자부품 전문기업으로서 수출할 제품과 타깃 국가, 타깃 시장을 선정해 집중적으로 타깃 마케팅을 하는 수출 전략을 수립했다.

국내 시장에서는 전자제품 기업에 전자부품을 공급하는 사업이 K사의 주 사업 내용이었으나 수출품은 국내 시장 주력 제품이 아니라 기술과 품질 수준이 까다로운 자동차용 음향전자부품으로 선정하고 매우 보수적이고 진입이 어렵다는 일본의 카오디오 전문기업을 타깃 시장으로 선정해 공략했다.

K사는 거래 가능성이 있는 일본 카오디오 기업을 조사해 타깃 기업의 담당자 이름과 전화번호를 어렵게 확보한 다음 직접 전화를 했다. 하지만 새로운 거래처와의 거래에 매우 신중하고 보수적인 일본 기업의 담당자와는 연락조차 쉽지 않았다.

하지만 K사는 거래 가능성이 높은 일본의 메이저 카오디오 기업에 계속 전화하고 끈질기게 설득해 검토 기회를 얻었으며, 약 2년의 업무 협의와 제품 테스트 과정을 거쳐 처음 연락한 지 3년 만에 거래를 시작하게 되었다.

K사는 수출품뿐 아니라 타깃 국가와 타깃 시장을 명확히 선정하고 타깃 시장에 적합한 마케팅 방식으로 수출 전략을 실행함으로써 연간 500만 달러 규모의 수출 계약을 체결해 성공적으로 일본 시장에 진출하게 되었을 뿐만 아니라 거래를 시작한 이후에도 가격, 품질, 납기 등에 적절히 대응한 덕분에 지속적으로 거래할 수 있었고 3년 동안 1500만 달러의 수출실적을 달성하였다.

C사는 전 세계 다양한 국가의 전시회, 시장 개척단에 참가해 발로 뛰며 해외마케팅을 했다. 특히 미국 시장에 많은 시간과 노력을 투자했으나 별다른 수출 성과가 없었다.

C사는 수출 전략을 수정해 미국, 유럽, 등 시장 수요가 적은 성숙 시장으로의 마케팅을 중단하고 새로운 시장을 검토했다. 그리고 주력품인 생활 소비재의 수요가 많은 중국을 첫 번째 후보 국가로 정했다. 먼저 시장조사를 해서 시장 잠재성을 확인하고 동시에 중국 수입자들을 만나 수출품에 대한 반응을 조사했는데 생활 소비재의 수요가 높았다.

C사는 가장 먼저 치열한 가격 경쟁을 탈피하려고 홈페이지를 새로 제작하고 포장 디자인을 고쳐 프리미엄 이미지를 구축했다.

중국 수입자들은 C사 제품에 많은 관심을 보였는데, 특히 새롭게 제작한 제품 디자인과 향, 품질, 성능에 좋은 반응을 보였다. 수입자의 반응과 시장조사를 바탕으로 중국 시장의 가능성을 확인했고 중국을 수출 목표 국가로 선정했다. 또한 중국 시장에 본격적으로 진출하고자 수출 지원 기관인 코트라의 중국 무역관을 적극 활용하기로 하였으며, 넓은 중국 지역을 고려해 중국 중부와 남부 지역을 동시에 마케팅 대상에 넣기로 했다.

C사는 중국 공략 첫 해에 자사 제품을 상표등록해 본격적인 수출을 준비하는 한편, 중국 수입자들이 수입자 브랜드로 OEM 또는 ODM 생산 의뢰를 해도 적극적으로 대응하며 수출거래를 시작하는 데 의미를 두었다. 그러한 노력 끝에 중국 진출 2차 연도부터는 중국 수입자와 수출 계약을 체결하는 등 성과를 내기 시작했다.

C사는 중국 진출에 성공한 후, 베트남 시장을 다음 공략 목표로 정했다. 수출목표 국가는 시장조사보고서와 실제 수입자 반응을 종합적으로 검토해서 정해야 하는데, 베트남에는 시장 수요가 없어 수출이 어렵다는 시장조사보고서를 받았다.

하지만 C사는 시장조사보고서만 보고 포기하지 않았다. 다양한 수출 상담회에서 베트남 수입자들과 수차례 만나 수출 가능성을 재확인했다. 그 결과 베트남의 소비재 전문 유통 수입자와 첫 수출계약 체결에 성공하였다.

C사는 2년간 수출 경쟁력을 강화하려고 많은 노력을 기울이고 준비한 끝에 중국과 베트남 수출에 성공했다.

성과가 없는 수출 전략을 과감하게 전면 수정했으며, 시장조사보고

서와 수입자 반응을 동시에 종합적으로 확인해 수출 목표 국가를 신중히 선정하고, 선정한 수출 목표 국가에 마케팅을 집중함으로써 진출에 성공할 수 있었다.

G사는 국내 내수 시장에 전적으로 의존하고 있었다. 한국 내수 시장에 집중하느라 카탈로그, 회사소개서 같은 외국어 홍보 자료가 없고 홈페이지도 오래돼 수입자의 관심을 끌기 어려운 수준이었다.

G사는 자동차부품 및 금형가공 전문기업이다. 이러한 기술 기반 제품에 대한 수입자의 신뢰를 높이려면 글로벌 경쟁사의 기업 홍보 자료를 분석해 기존의 한국식 홍보 자료의 틀을 깨고 기술력이 뛰어나고 신뢰감이 가는 글로벌 기업 이미지를 구축해야 했다. 그리고 일어, 영어로 홈페이지와 카탈로그 등 외국어 기업 홍보 자료를 완전 새롭게 만들었다.

또한 G사는 기업의 장단점을 검토한 끝에 기술과 품질 요구 수준이 까다로운 일본 시장을 수출 목표 시장으로 선정했다. 그러나 일본 시장 진출은 쉽지 않았다. 거래 가능성이 있는 수입자들이 이미 한국 경쟁사들과 거래를 하고 있었고, 기존 경쟁사와 경쟁하려면 훨씬 싼 가격을 제시해야 했으나 현실적으로 불가능한 수준이었다.

G사는 포기하지 않고 기술력과 설비, 국내시장 공급실적을 강조해 도요타자동차의 계열사로부터 첫 주문을 받았으나 프로젝트 건별로 새롭게 수출 계약을 체결해야 하는 제품 특성상 경쟁사들과 끊임없이 가격 경쟁을 해야 했기 때문에 지속적으로 거래하기 어려웠다.

그러던 중에 G사는 일본 굴지의 반도체 장비 전문기업이 한국에서 수입하기를 희망한다는 Buying Offer 공고를 보고 거래제의서를 보냈다. 일본 수입자는 G사의 홈페이지와 카탈로그 등 회사 소개 자료를 모두 검토하고 긍정적인 평가를 내린 후에 구체적인 협의를 하러 직접 방문해 실사하였다. 수입자는 G사의 경영, 설비, 품질, 기술 등 기업 전반을 직접 확인한 뒤 만족해했으며, 이후 몇 차례의 실사를 추가적으로 더 실시한 후에 거래 조건 전반에 대한 정식 거래 계약서를 체결했다.

G사는 거래 계약서 체결 후 몇 달 뒤 수입자로부터 첫 주문서를 받으며 수출에 성공했다. G사는 기존에 주력했던 사업 영역에서 벗어나 더 어렵고 부가가치가 높은 반도체 시장에 도전해 성공함으로써 사업 영역을 확장할 수 있었다.

S사는 엔지니어링 설계 능력이 뛰어난 기계설비 전문기업이다.

그동안 자동화 생산설비를 설계, 제조해 국내 대형 기업에 공급한 실적은 있었으나 해외 기업에 직접 수출해본 경험은 없었다.

그런 상황에서 코트라를 통해 일본 수입자로부터 견적 의뢰가 왔는데 일본 수입자는 간단한 도면 몇 장을 보내 제작 가능 여부와 견적을 물어봤다.

기계설비 제작에 필요한 수백 장의 부품 도면을 만들고 복잡한 부품 제작과 세트 조립을 주력으로 하는 S사에게는 매우 간단하고 단순한 공정의 도면이었다. 그래도 성의껏 도면을 분석해 견적 의뢰를 받은 바로 다음 날 도면대로 제작이 가능하며 언제까지 견적을 제출하겠다고 일본 수입자에게 회신했다. S사는 며칠 뒤 약속한 대로 견적을 제출했고, 그 후에도 일본 수입자의 기술적 문의에 성의껏 답변하였다.

사실 한국에서 기계설비 부품을 수입하고 싶다는 일본 수입자의 의뢰를 받은 코트라는 S사에 견적을 의뢰하기 전에 다른 한국 기업에 견적을 의뢰했으나 2주가 지나도 가격 제시나 별다른 회신이 없어서 포기했다가 S사에 견적을 의뢰한 것이다.

그런데 S사가 적극적으로 대응하며 일본 수입자의 기술적 문의에도 전문가적인 답변을 하니 일본 수입자의 관심을 끌기 시작했다. 일본 수입자는 S사와 수차례 연락한 후에 긍정적 평가를 내리고 실사를 하러 S사를 방문하기로 했다.

S사는 기계부품을 설계한 후에 다른 기업에 부품 제작을 의뢰하고 최종 기계설비 세트 조립만 하므로 사내에 별다른 기계나 생산라인이 구축돼 있지 않았다. 일본 수입자가 S사를 방문해도 사실상 보여줄 것은 도면밖에 없었다.

매우 난감한 상황이었으나 기계설비 제품의 특성상 가공 실력이나 설비 보유 현황보다 기계를 설계하는 엔지니어링 능력을 중요하게 평가할 것이라고 판단하고 설계도면만 가지고 실사를 받기로 했다.

일본 수입자가 처음 방문했을 때 먼저 수백 장에 달하는 설계도면을 보여주며 그동안 고난이도의 기계설비를 설계하고 공급한 실적을 강조했다. 그 다음 부품 제작을 의뢰하는 외주 협력사들을 보여주고, 마지막으로 태국 고객사에 수출하려고 제작해 조립을 완료해둔 자동화 기계를 보여주었다.

일본 수입자는 매우 만족해했으며, 그 후에 몇 차례의 추가 견적 의뢰와 실사에도 S사는 성실히 대응하였다. 그 결과, 일본 수입자는 S사를 한국 생산 기지로 선정해 전체 생산량의 3분의 2를 맡기기로 했다. 이에 따라 구체적인 생산 시기와 생산량에 대한 협의를 완료했으며 연간 약 300만 달러 규모의 주문을 확정했다.

수출에 성공하는 특별한 비법은 없다.
S사와 같이 도면 몇 장에도 성의껏 대응하는 태도가 엄청난 수출 성과를 만들어낼 수 있다. 단순한 도면 몇 장이라고 시시하게 여겨 적극적으로 대응하지 않았다면 이런 성공적인 성과는 기대하기 어려웠을 것이다.

note41

직접수출과 간접수출의 차이는
무엇인가

수출을 처음 준비하는 기업이 많이 혼동하는 개념이 바로 직접수출과 간접수출의 차이다. 직접수출과 간접수출은 명확한 차이가 있으며 각각의 장단점이 다르기 때문에 수출하고자 하는 기업은 정확히 이해하고 어떤 수출 방식으로 수출할 것인지 선택해야 한다.

직접수출은 제조자가 제품을 생산하고 자체적으로 해외마케팅을 수행해 수입자를 발굴하고 수입자와 수출계약을 체결해 자사 이름으로 수출까지 하는 것이다.

다시 말하자면, 원자재 구매, 생산, 해외마케팅 및 수입자 발굴, 수출계약 체결, 수출통관, 국제운송, 수출 보험 및 적하보험 가입, 클레임 대응 등 수출 전반의 모든 과정을 직접 수행하는 것이다. 자체적으로 해외마케팅에 시간과 비용을 투자해 발굴한 수입자는 모두 직접수출자의 무형자산이자 글로벌 네트워크다.

따라서 수입자와 수출계약을 체결하는 주체이자 수출 결제대금을 받는 수혜자이며, 수출신고필증의 제조자이자 동시에 수출대행자가 된다. 또한 불량이나 제품 하자와 같은 품질 클레임, 손해배상 또는 AS의 책임과 의무를 진다.

수입자를 직접 발굴하려면 해외 전시회, 시장 개척단 등에 참가해 수입자와 거래 상담과 협상을 하고 수출계약을 체결해야 하므로 수출 현장을 뛸 전담 인력과 수출에 대한 실무 지식 그리고 경험이 없으면 수행하기 어렵다.

그러나 수입자와 직접 수출계약을 체결하므로 제3자를 통하지 않고 직접 결제대금을 받기 때문에 수입자에게 결제대금을 청구할 수 있는 권리, 즉 채권이 있다. 이와 같이 수입자로부터 결제대금을 직접 수령할 수 있으므로 제3자를 통하다가 결제대금을 받지 못할 우려가 없다.

또, 온라인과 오프라인 마케팅으로 세계시장에 기업과 자사 제품을 홍보함으로써 기업의 글로벌 인지도가 높아지며, 이를 통해 더 많은 수출계약 가능성이 생긴다.

간접수출은 제조자가 제품을 생산하지만 수입자 발굴을 위한 해외마케팅을 자체적으로 수행하지 않으며 제3자가 수입자와 수출계약을 체결해 제3자의 이름으로 수출하므로 수출신고필증의 제조자와 수출대행자가 다르다.

즉, 제조자는 원자재 구매와 제조만 하고 무역회사와 같은 수출자가 해외마케팅, 수입자 발굴, 수출계약 체결, 수출통관, 국제운송, 수출보험 및 적하보험 가입, 클레임 대응 등 수출 전반에 대한 모든 역할을 수행한다.

따라서 수출자인 제3자의 의뢰에 따라 생산만 할 뿐 수입자와 수출계약을 체결하는 주체가 아니므로 원칙적으로 수입자의 품질 컴플레인이나 손해배상 청구에 직접적인 책임과 의무는 없다. 이러한 이유로 생산자의 책임과 의무에 대한 사항을 수출자와 생산자가 별도로 약정하기도 한다.

간접수출은 엄격한 의미에서는 수출이라기보다는 국내 내수 판매로 보는 것이 더 정확하며 수출 실적으로 인정되지 않는다.

간접수출은 수출자가 주문한 대로 생산에만 집중하고 해외마케팅을 하지 않아도 되기 때문에 전담 인력이 별도로 필요하지 않고 해외마케팅 비용도 들어가지 않는다. 그러나 결제대금 청구권한이 없으며 수출자가 수입자로부터 수출대금을 받으면 수출자의 마진을 빼고 제조자로부터 물품을 구매한 구매대금을 제조자에게 지급한다. 따라서 수출자가 수입자로부터 수출대금을 받고도 제조자에게 지급하지 않을 수 있으며 실무에서는 그러한 경우가 빈번히 발생하고 있다.

실제 제조자가 수출 후에 장기간 판매대금을 받지 못해 원자재 구매대금과 소요비용을 지급하지 못하는 등 경영이 악화된 사례도 있다.

Y사는 수출자를 통해 고가의 기계를 동남아시아 국가에 수출했다.
Y사는 여러 부품업체에서 수많은 부품을 구매해 수억 원에 달하는 기

계 제작을 완료한 후 수출했으나 수출자가 수입자로부터 결제대금을 받고도 몇 달 동안 Y사에 구매대금을 지급하지 않아 협력사에 대금을 지급하지 못했을 뿐 아니라 경영이 악화돼 은행대출을 신청하는 등 극심한 자금난에 시달렸다.

직접수출과 간접수출의 큰 차이점은 수출 관련 업무 협의, 즉 커뮤니케이션을 수입자와 직접 진행하느냐 여부다. 보다 정확히 말하자면 수입자와 가격, 결제, 품질, 납기 등 수출 전반에 대해 이메일이나 전화로 직접 연락하거나, 또는 직접 만나서 상담하고 협의하는가 하는 것이다.

직접수출은 수출자가 수입자와 직접 수시로 연락해 전반적인 사항을 협의하고 결정한다. 따라서 정보 공유나 피드백이 빠르고 적극적인 업무 협의가 가능하므로 바이어와 지속적으로 거래할 수 있는 가능성이 높다.

간접수출은 제조자가 수입자와 직접 연락하지 않고 수출자를 통해 수입자의 요구사항이나 결정사항을 전달받는다. 따라서 수출 관련 정보를 파악하거나 생산자의 고충이나 요청 사항을 수입자에게 전달하는 데 한계가 있다. 또한, 수출자가 자체적인 마케팅으로 확보한 수입자 및 해외 네트워크는 수출자의 무형자산이므로 정보를 받거나 직접거래를 요구할 수 없다. 간접수출은 제조자가 직접 수입자를 발굴하지 않고 생산에만 주력할 수 있다는 장점이 있으나 자체적인 마케팅을 통해 직거래가 가능한 수입자를 발굴하고 확보하지 않기 때문에 수출에 한계가 있다. 또한 수출자가 가격과 제품 경쟁력이 있는 다른 생산자로 생산 루트를 바꿀 수 있어 안정적이고 지속적인 수출을 기대하기 어렵다.

이러한 직접수출과 간접수출의 장단점 때문에 최근에는 자체적인 글로벌 마케팅으로 해외수입자를 발굴해 직접 수출하려고 하는 생산자가 늘어나고 있는 추세다. 또한 수출자가 수입자의 수입 의뢰가 지속적으로 증가하는 제품이나 시장 경쟁력이 있는 제품을 발굴해 자체적으로 생산해 수출하려고 하는 경우도 있다.

직접수출과 간접수출의 장단점을 정확이 이해하고 기업의 여건과 상황을 고려해 적합한 수출 방식을 선택해야 한다.

note42

환율은 수출에 어떤 영향을 주는가

수출에 가장 큰 영향을 주는 외적 요인은 바로 환율과 국제 원자재 시세다.

환전이란 서로 다른 국가의 화폐를 교환하는 것으로 물건을 사고파는 것처럼 하나의 화폐로 다른 화폐를 사는 것과 같다.

환전은 정해진 환율에 따라 이루어지며 환율은 한국 원화로 다른 나라의 화폐를 사거나 다른 나라 화폐로 한국 원화를 살 때 기준이 되는 수치다. 예를 들어 미국 1달러를 사려면 한국 원화를 얼마나 지불해야 하는가와 같다. 미국 1달러를 사는 데 한국 원화 1100원을 지불하기도 하고 1200원을 지불하기도 하는 등 환율은 계속 변동한다.

한국 내에서 판매할 때는 한국의 화폐 단위인 원화로 거래하지만 거래 화폐가 다른 해외 기업과 수출 또는 수입과 같은 국제거래는 통상 국제거래 공용화폐인 미국 달러(USD)로 거래한다. 최근에는 수입자 요청에 따라 일본 화폐인 엔화(JPY) 또는 중국 화폐인 위안화(CNY)로 거래하기도 한다.

서로 다른 화폐를 사고파는 기준이 되는 환율은 계속 변동하므로 하루 동안의 거래기준환율인 일매매기준율 또는 한 달 동안의 거래기준환율인 월매매기준율과 같이 정해진 기준율에 따라 화폐를 사고팔거나 수출 가격을 책정해 국제계약을 체결할 수 있다.

수입자에게 수출대금을 미국 달러로 받아서 한국 원화로 바꾸는 것은 미국 달러로 한국 원화를 사는 것과 마찬가지다. 미국 달러를 한국 원화로 바꾸는 과정에서 적용 환율에 따라 손해를 보거나 이익이 날 수 있는데 손해를 보는 것을 환차손, 이익이 나는 것을 환차익이라고 한다.

동일한 제품이라도 국내에서 판매할 때는 마진이 높지만 수출할 때는 환율 변동에 따라 마진이 적거나 적자인 경우도 있다.

실무에서 수출 가격은 통상 원화로 책정한 제품 가격에 견적 제출 시의 매매기준율을 적용하거나, 최근 몇 개월 동안의 평균 환율과 향후 환율이 하락했을 경우의 리스크를 감안해서 자체적으로 결정한 환율을 적용한 미국 달러 가격으로 책정한다.

환율이 상승하면 수입자는 더 싼 가격에 구매할 수 있으므로 수출품의 수출 경쟁력이 높아져 수입자의 주문량이 늘어날 수 있다.

수출자의 입장에서는 환율을 얼마로 적용할 것인가가 수출 가격을 정하는 매우 중요한 요인이다.

환율이 하락해 마진이 줄어들 위험을 너무 크게 고려하면 수출 가격이 높아져 수출 경쟁력이 떨어지게 되고, 향후 환율 하락의 위험을 고려하지 않고 타이트하게 현재 환율을 적용했다가 환율이 급락하면 적자를 볼 위험이 있다.

환율에 따라 손해를 보거나 이익이 커지는 가장 큰 이유는, 미국 달러로 수출 가격을 책정할 때의 환율과 수출 이행 후에 미국 달러로 받은 수출대금을 원화로 환전할 때의 환율이 서로 다를 수 있기 때문이다.

만약 1200:1의 환율을 적용해 수출 가격 USD 0.83로 수출한 후에 같은 환율을 적용하여 다시 원화로 바꾼다면 동일하게 1000원이 되겠지만, 그 사이 환율이 하락해 1100:1이 된다면 USD 0.83은 원화로 913원이 된다. 결국 원화 가격이 하락하는 것과 같다.

이와 같이 환율과 제품 가격은 서로 밀접한 상관관계가 있으며 환율이 10퍼센트 정도 하락하면 제품 가격도 약 10퍼센트 정도 하락한다고 볼 수 있다.

따라서 실무에서는 환율이 떨어질 때 원화 자금이 필요하지 않으면 수출대금을 외화 그대로 외환통장에 보관하고 있다가 환율이 오를 때 원화로 환전해서 환차익을 보기도 한다.

만약 환율이 하락하는 시기에 국제원자재 시세가 상승하면 마진이 더 줄거나 손해를 볼 수도 있다.

M사는 제품원가에 20퍼센트의 마진을 더한 수출 가격으로 수출계약을 체결했는데 수출을 시작하고 나서 환율이 계속 하락했고 동시에 주요 원자재인 금시세가 급등했다.

이렇게 국제 경제 상황이 악화돼 마진 20퍼센트를 유지하지 못하고 결국 적자가 될 위기에 처했다. M사는 수입자에게 가격 인상을 요청했으나 수입자가 거절하며 큰 위기를 맞게 되었다. 그러나 그 후 원자재가격이 조금씩 하락하고 환율이 다시 안정되면서 M사는 위기를 벗어날 수 있었다.

이와 같이 수출은 판매 마진뿐 아니라 환율이 어떻게 변화하고 있는지, 제품 생산에 주로 사용하는 주요 원자재의 국제시세가 어떻게 변화하고 있는지 등 여러 요인과 국제 환경을 다각적으로 모니터링하고 신중히 검토해 적용환율과 수출 가격을 책정하는 것이 매우 중요하다고 할 수 있다.

국제무역거래는 환율 때문에 예상치 못한 이익을 얻을 수도 있고 손해를 볼 수도 있다. 국제거래와 국내거래의 가장 큰 차이점이 환율 적용 여부라고 하는 말도 있는 만큼 환율의 영향과 리스크가 크다는 점을 인지하고 국제 비즈니스를 진행해야 한다.

10

Chapter

무역 계약 서식

123-4, GANGNAM-RO, GANGNAM-GU, SEOUL, KOREA
TEL +82 2 123 4567   FAX +82 2 123 4568

OFFER SHEET

Messrs. AAA CO., LTD

Offer No. : EMC181230-01
Date : DEC. 30, 2018

We are pleased to offer under-mentioned goods as per conditions and details described as follows.

Origin : REPUBLIC OF KOREA

Packing : EXPORT STANDARD PACKING

Shipment : WITHIN 30 DAYS AFTER RECEIPT OF YOUR ADVANCE PAYMENT

Shipping Port : BUSAN, KOREA

Payment Terms : 100% T/T IN ADVANCE

Validity of Offer : 30 DAYS FROM ISSUING DATE

Commodity & Description	Quantity	Unit Price	Amount	Remark
Auto Fuse (AAA-10)	10,000 PCS	FOB KOREA US$ 0.50	US$ 5,000	MOQ: 10,000 PCS Lead Time: 30days
TOTAL	10,000 PCS		US$ 5,000	

Accepted by : _____

Date of acceptance :

Very truly yours,
EMC CO., LTD.

_____
E.KIM / President

PURCHASE ORDER

PO No. : AAA-001
PO Date : Feb. 10, 2019
Vendor Code: EMC001

AAA CO., LTD
789, NIHONBASHI, CHUO-KU,
TOKYO, JAPAN
Tel: +81 3 123 4567
Fax: +81 3 123 4568

PO TO: EMC CO., LTD
123-4, GANGNAM-RO, GANGNAM-GU,
SEOUL, KOREA
TEL +82 2 123 4567 FAX +82 2 123 4568
ATTN.: E.KIM

Currency : USD
Payment Terms : 100% T/T IN ADVANCE
Price Basis : FOB KOREA
Packing : EXPORT STANDARD PACKING

Description	Quantity	Unit Price	Amount	Delivery Date
Auto Fuse (AAA–10)	10,000 PCS	FOB KOREA US$ 0.50	US$ 5,000	MAR.10, 2019
Total	10,000 PCS		US$ 5,000	

REMARKS : PLEASE CONFIRM BY FAX OR EMAIL

AAA CO., LTD

_____

SALES AGREEMENT

This Sales Agreement ("Agreement") is made as of _____ ("E ffective Date") by and between:

_____, a company duly organized and existing under the laws of ____ and having its principal place of business at _____ (hereinafter referred to as "Buyer")

And

_____, a company duly organized and existing under the laws of ____ and having its principal place of business at _____ (hereinafter referred to as "Seller". Buyer and Seller are collectively referred to as "Parties").

WITNESSETH THAT:

WHEREAS, Seller desires to provide Buyer products as set forth in the Attachment A and all purchase orders placed by Buyer and accepted by Seller (the "Product") as per the terms and conditions in this Agreement;

WHEREAS, Buyer desires to purchase Product from Seller as per the terms and conditions in this Agreement;

THEREFORE, in consideration of the premises and their mutual covenants herein contained, Parties hereto agree as follows:

Article 1. Definitions

The following defined terms will have the meanings specified in the portion of this agreement indicated below, except where the context otherwise requires:

1.1 "Agreement" shall mean the terms and conditions set forth herein and in any attachments attached hereto or incorporated herein by reference.

1.2 "Product" shall have the meaning as specified above.

1.3 "Purchase Order" shall mean the purchase orders issued by Buyer to Seller for Product.

Article 2. Orders

Buyer shall from time to time place with Seller written purchase order for the Products by e—mail or fax.

Buyer shall clearly describe Product description, quantity, specifications, pricing, destination, delivery date, method of shipment, and shall include precise instructions for packaging, invoicing and shipping.

The orders shall not be binding unless and until they are accepted by Seller in its discretion.

Article 3. Quantity

Quantity shall be subject to a variation of (3)% plus or minus at Seller's option.

Article 4. Delivery and Shipment

Seller shall deliver the Product in accordance with the Delivery schedule in the Purchase Order. In the event that aforesaid Delivery schedule is changed, Seller shall immediately notify the changed schedule to the Buyer. Seller shall not change the Delivery date without a written consent by the Buyer.

The date of Bill of Lading shall be accepted as the conclusive date of shipment. Partial shipment and/or transshipment shall be permitted unless otherwise stated on the face hereof.

Article 5. Payment

Irrevocable Letter of Credit negotiable at sight shall be opened by Buyer immediately after each contract is concluded.

If Buyer fails to provide such Letter of Credit, Seller shall have the option of reselling the contracted goods for Buyer's account, holding the goods for Buyer's account and risk, and/or cancelling the contract and claiming for damages caused by Buyer's default.

Article 6. Inspection

Seller shall conduct a quality control of the Product before shipment thereof in accordance with the outgoing inspection criteria and other terms and conditions agreed upon by both parties during the term of this Agreement.

The inspection by Seller shall be considered as final. Should any specific inspector be designated by Buyer, all additional charges thereby incurred shall be borne by the Buyer.

Upon discovery of any failure or defect in the Product, Seller shall cure the failure or defect by repairing, returning and/or substituting the failed or defective Product or by any other mean as determined by Buyer within the time frame set forth by Buyer.

Article 7. Packing

Packing shall be at the Seller's option. In case special instructions are necessary the same should be intimated to the Seller in time so as to enable the Seller to comply with it.

Article 8. Insurance

In case of CIF or CIP basis, 110% of the invoice amount will be insured unless otherwise agreed. Any additional premium for insurance coverage over 110% of the invoice amount, if so required, shall be borne by Buyer.

Article 9. Claim

Any claims by Buyer of whatever nature arising under this contract shall be made in written(fax, e-mail, etc.) notice within ten (10) days after the date of arrival of the shipment at the port of the destination.

Buyer must submit with such particulars as Public Surveyor's report when the quality and quantity of merchandise is in dispute. A claim made after the said 10-day period shall have no effect and Seller shall not be obligated to honor it. Seller shall not under any circumstance be liable for indirect or consequential damages.

Article 10. Price

The price of the Products shall be agreed upon between the Parties hereto and set forth in the Purchase Order.

After the price of the Products is determined by the parties, in the event that there occurs any drastic change in the economic conditions such as either sudden rise or falling of product price in fair market, Buyer and Seller agree to make a good faith discussion on the revision of the price of the Products.

Article 11. Trade Terms

The trade terms used herein such as CIF, CIP and FOB shall be in accordance with Incoterms 2010. In all other respects, this Agreement shall be governed by and construed in accordance with the laws of Korea.

Article 12. Arbitration

All disputes, controversies, or differences which may arise between the parties, out of or in relation to or in connection with this Agreement or for the breach thereof, shall be finally settled by arbitration in Seoul, Korea in accordance with the Commercial Arbitration Rules of the Korean Commercial Arbitration Board and under the Laws of Korea. The award rendered by arbitrator(s) shall be final and binding upon both parties concerned.

Article 13. Patents, Trade marks, Designs, etc.

Buyer is to hold Seller harmless from liability for any infringement with regard to patent, trademark, copyright, design, pattern, construction, stamp, etc., originated or chosen by Buyer.

Article 14. Force Majeure

Neither party shall be liable in any manner for failure or delay upon performance of any obligation under this Agreement, directly or indirectly, owing to acts of God, governmental orders or restrictions, war, riots, acts of terrorism, strikes, lockouts, sabotages, epidemics, fires, floods, earthquakes, typhoons or any other causes or circumstances beyond such party's control.

Article 15. Waiver

The failure of either party to enforce at any time any provision of this Agreement or to require at any time performance by the other party of any of the provisions hereof shall in no way be construed to be a waiver by such party of such provisions nor to affect the validity of this Agreement, or any part thereof, or the right of such party thereafter to enforce each and every said provision.

Article 16. Entire Agreement

This Agreement shall be the final, complete and exclusive statement of the terms of this Agreement between Seller and Buyer. No addition to, deletion from or modification of any of the provisions of this Agreement shall be binding upon the parties unless made in writing and signed by a duly authorized representative of both parties.

Article 17. Severability

If any provision of this Agreement is declared invalid, illegal or unenforceable, then such invalidity, illegality or unenforceability shall not affect the validity of this Agreement and this Agreement shall be construed so as to effectuate as nearly as possible the intent of the invalid, illegal or unenforceable provision.

IN WITNESS WHEREOF, the parties have caused this Agreement to be executed on the date first above written, and each party retains one signed original.

_____   _____

Name,   Title   Name,   Title

Attachment A : Products

〈실제 PO 예시 1〉

ALPINE ®

ELECTRONICS HONG KONG LTD.
Hong Kong

PURCHASE ORDER

VENDOR CODE : S014

P/O NO. :	
P/O DATE :	6 Jun 2005
P/O REF# :	4200005188
CR. TERM :	30 DAYS
PAGE :	1

PRECISION CO LTD

KYUNGGI-DO, KOREA.

ATTENTION : KIM, EUN-JU

ITM#	PRODUCT CODE/DESC	COM#	DLY DATE	QUANTITY	U/M	U/PRICE	AMOUNT

LOT NO: 4200005188   TOTAL P/O AMOUNT (USD) :   47,000.00

REQUESTED BY :

ELECTRONICS HONGKONG LTD

무역 실무의 노하우 **331**

〈실제 PO 예시 2〉

DELPHI

Purchase Order

		PHONE
Automotive Systems Pvt. Ltd	C.S.T. NO.	
	L.S.T. NO.	
	C.E.	
India		FAX

PURCHASING LOCATION

00000589

TO   PRECISION
CO. LIMITED

Korea
S.Korea

Supplier Code

PO NUMBER	PO DATE	SHEET	OF
	10/06/09	1	1

Please quote this P.O. No. in all correspondence with us.
Prices are firm. In your Delivery Challan & Invoice, quote purchase Order no. supplier code and Delphi part no.

P.O. Effective from : 10.06.2009	P.O. Valid upto : 31.12.2009
Ref. REPEAT ORDER #	Buyer

We are pleased to place the following order on you subject to the terms & conditions given below and overleaf.

Item No.	Part No. & Description	Unit of Measure	Unit Price USD	Quantity	Amount USD	Basic (%) Excise Duty
1						
2						
3						
4						

Total Amount in Words :
(Exclusive of Taxes)

TOTAL AMOUNT   1692.80

SALES TAX : Not Applicable
PAYMENT TERMS : 30 days from Invoice dt.
PRICE BASIS : Ex your works
DELIVERY LEAD TIME : 4 weeks.
PACKING & FORWARDING : Inclusive.
FREIGHT : To be borne by us.
TRANSIT INSURANCE : To be covered by us at our cost.
MODE OF DISPATCH : By Air (as per Delivery Order).

Deliveries to be made as per schedules to be communicated to you from time to time. Payment subject to acceptance (Excise Duty documents to accompany material). Deliveries to be made as per schedules to be commnicated to you from time to time

FOR INTERNAL USE ONLY

PO Type : DIRECT
Indentor: MPC   PR # 433963~433966

FOR   AUTOMITIVE SYSTEMS PVT LTD

Authorised Signatory

INDPURW 9.5-1.3F-3

DISTRIBUTION : SUB CONTRACTOR, FINANCE, PURCHASE

SUBCONTRACTOR COPY

〈실제 PO 예시 3〉

PURCHASE ORDER

PO No: ▓▓▓▓▓▓

Standard PO

Print Date: 13-Oct-2012
Create Date: 12-Oct-2012

elestica™

▓▓▓▓▓▓▓▓▓▓
▓▓▓▓▓▓▓▓
MERRIMACK NH 03054
USA

Buy From:

▓▓▓▓ PRECISION CO., LTD (49691)
▓▓▓▓▓▓▓▓
▓▓▓▓▓▓▓
SOUTH KOREA
ATTENTION: E.J.KIM/▓▓▓▓

Ship To:

▓▓▓▓▓▓▓▓
▓▓▓▓▓▓▓▓
ONTARIO CA 91761
USA

Currency: USD
Payment Terms: 30 Days from Invoice Date
Reference Info:
Shipment Method: ▓▓▓LESTICA'S ROUTING GUIDE

Line No.	Part Number Description	Requested Delivery Date	Qty Ordered	Qty Received	Price	Per	U O M	Extended Price
10	▓▓▓▓▓▓	▓▓▓			▓▓▓	▓▓▓		▓▓▓
	Confirmation Delivery Date(s)/Quantities: 30-Nov-2012						▓▓▓	
	Incoterms: FOB Korea							
	▓▓▓▓▓▓							
	Vendor Part Number: ▓666-3-25							

Total PO value 5,742.40
Charge applicable taxes
Currency USD

Your invoice has to indicate the "line item" as specified on purchase order

Send Invoice To:

▓▓▓▓▓▓▓▓▓
▓▓▓▓▓▓▓
▓▓▓▓▓▓▓▓▓▓
▓▓▓▓▓▓▓▓
Attention: Accounts Payable

Form # CORP0002(0807)

Page 1 of 2

〈실제 PO 예시 4〉

PLUS (M) SDN BHD (Company No. 265997-A)

PENANG OFFICE:

Tel:
Fax:

KL OFFICE:

PURCHASE ORDER

To	: PRECISION CO LTD
	KYUNGGI-DO,
	KOREA
Attn	: E.J.KIM
Ship To Address	: PLUS (M) SDN BHD C/O
	EXPRESS (M) SDN BHD
	PENANG, MALAYSIA. ATTN:
Attn	:

PO Ref. No.	:	
Date	:	25 March 2013
Sales Agent	:	BU 3
Payment Terms	:	TT ADVANCE
Ship Terms	:	EXW KOREA
Ship Mode	:	BY COURIER
Forwarder	:	TBA
Page	:	1 of 1

No	MFG Part No / Description	U/ Price US$	Qty (PC)	Request Date (ETD)	Amount US$
1	-SG-R(AU0.3U) SOCKET			17 Apr 2013	1,604.59
	-SG-R(AU0.3U) SOCKET				
	CPN : 074904518				
	CPM PO : PP33685				

SHIPPING INSTRUCTION :

1. MUST STATE **DESCP, MPN, CPN & CPO** ON ALL LABELS & SHIPPING DOCUMENTS.
2. MUST HAVE LABELS ON INNER & OUTTER PACKING FOR ALL PARTS.
3. PLS ATTACH **COC** WITH SHIPMENT.

4. ATTACH (3 SETS) SHIPPING INV & PACKING LIST WITH SHIPMENT.
5. PLS EMAIL INV & SHIPPING DETAILS BEFORE SHIPMENT OUT.
6. TO ADV PACKING SIZE & WEIGHT (KGS) PRIOR TO COURIER PICK UP.
7. REF NO.:PP33685

US DOLLAR ONE THOUSAND SIX HUNDRED FOUR AND CENTS FIFTY NINE ONLY

Kindly Acknowledge Acceptance of Order And Advise Delivery Date Within 48 Hours

Total	1,604.59

PLUS (M) SDN BHD

Issue By

Authorised Signature

E & O.E

〈경기도 수출유공자상 수상〉

참고도서

1. 국가법령정보센터 (http://law.go.kr)

2. 한국무역협회 FTA 종합지원센터 (http://okfta.kita.net)

3. 통합무역정보서비스 TradeNavi (http://www.tradenavi.or.kr)

4. 한국무역협회 (https://www.kita.net)

5. 해외인증정보시스템 (http://www.certinfo.kr)

6. 한국무역보험공사 (https://ksure.or.kr)

7. ICC 인코텀스 규칙 (https://iccwbo.org/resources-for-business/incoterms-rules)

8. 한국무역협회 〈한 손에 잡히는 중국인증 길라잡이〉 2016

9. 코트라 〈중국 화장품, 식품 수출 핸드북〉 2017

10. KITA 통상리포트 〈2018년 통상이슈 점검 및 2019년 통상환경 전망〉 2018

11. KITA 통상리포트 〈EU 세이프가드 잠정조치 등 주요국 동향 및 시사점〉 2018

12. 한국농촌경제연구원 〈한 · EU FTA 이행 8년, 농식품 교역과 한 · 영 FTA 추진〉

13. 한국무역협회 〈미 · 중 무역분쟁의 수출 영향〉 2019

14. KBS 〈시사기획 창, 미중 신냉전 시대 오나?〉

15. 그레이엄 앨리슨 〈예정된 전쟁〉

16. 한국무역협회 〈알기 쉬운 무역실무 길라잡이〉 2017